착한 사람이 이긴다

성공하는 삶을 만드는 5가지 착함의 원리

착한 사람이 이긴다

· 곽근호 지음 ·

한스미디어

부족한 책을 내놓으며 부끄러운 마음이 앞선다. 특별히 책 제목을 '착한 사람이 이긴다'로 정한 후 복잡한 심경이었다. 자칫하면 나 스스로 '착한 사람'에 이르렀다는 교만한 선언으로 비칠 수 있기 때문이다. 더욱이 이제 겨우 60대 중반에 접어드는 나이에 삶과 성공에 대해 단정적으로 말한다는 게 몹시 망설여졌다.

분명히 밝히거니와, 착한 사람이 이긴다는 명제는 나와 우리 회사가 이미 그 경지에 도달한 상태에서 내려다보며 던지는 말이 아니다. 그보다는 나와 우리 회사의 지향점을 밝힌 것이라 할 수 있다. 물론 착한 사람이 이긴다는 사실에 대해 추호의 의심도 없다. 그동안 사업을 전개하면서 숱한 성취와 시련 속에서 그런 깨달음을 체화해왔기 때문이다.

우리 회사가 이룬 성과에 대해서 인정하고 칭찬해주는 목소리를 주변에서 많이 듣게 되었다. 참으로 감사한 마음이다. 그러나 이것을 찬사로만 받아들이고 안주할 수 없는 일이다. 착한 사람, 착한 마케팅, 착한 기업이란 '이 정도면 됐다'고 기준을 세울 수 없는 것이다. 만약 그런 기준이 가능하다면 이미 착한 사람, 착한 마케팅, 착한 기

4

업이 아니다. 끊임없이 추구해야 할 목표와 진정성을 상실하기 때문이다.

이 책은 착한 사람, 착한 마케팅, 착한 기업으로 가는 과정에 있는 나와 우리 회사의 도전기이다. 그 속에서 몇 가지 깨달은 점을 거친 필치로 기록했다. 이 책을 통해 우리가 가고자 하는 방향을 같은 업에 속한 사람들, 남다른 성공의 길을 찾고자 하는 직장인들, 지향점과 열정을 갈구하는 젊은이들과 공유하고자 한다.

내 이름으로 나오는 책이지만, 실제로는 A+그룹 구성원들이 이 책의 주인공이다. 그들 한 사람, 한 사람의 이야기를 담고자 했다. 나와 함께해온 A+그룹 모든 구성원에게 감사와 존경의 마음을 전한다. 아직은 부족하지만, 착한 사람이 이긴다는 증거로서 성숙하기 위해 끊임없는 노력을 다하겠다.

곽근호

CONTENTS

오늘도 변화를 향해 떠난다

고대 메소포타미아 지역의 번성한 도시에 한 남자가 살았다. 그는 수메르 문명의 중심지 우르Ur에서 태어났는데, 아버지를 따라 전 가족이 하란이라는 곳에 이주해서 살고 있었다. 그곳 역시 우르처럼 상업이 번성하고 종교와 문화가 발전한 대도시였다.

그는 제법 성공한 사람이었다. 목축업자로서 꽤 많은 소와 양을 키웠고 금은보화도 풍족했다. 그는 쾌적한 도시에서 풍요로운 삶을 만끽하며 하루하루를 즐겼다. 이렇게 여유롭고 무탈하게 늙어갈 수 있다면 더없이 행복할 터였다.

하지만 그의 기대는 허물어지고 말았다. 강렬하고 감히 뿌리칠 수 없는 변화에 마주한 것이다. 그는 신神의 음성을 들었다. "고향과 친척과 아버지의 집을 떠나 내가 네게 보여줄 땅으로 가라"는 명령이었다. 그리고 그가 큰 민족을 이루고 복의 근원이 될 것이라는 축복의 약속도 함께 들었다.

　신이 가라고 지시한 땅은 그가 태어난 우르나 성장한 하란과 같이 번영을 이룬 도시가 아니었다. 기후와 토양이 척박하고, 농사나 목축을 위한 관개가 갖춰지지 않았으며, 문명의 싹도 보이지 않는 불모지였다. 더군다나 그의 나이 75세. 새로운 땅에서 새로운 삶을 개척하기에는 고령이었다.

　그렇지만 그는 신비로운 명령에 영혼을 사로잡혔다. 거부할 수 없었다. 그는 변화에 운명을 걸기로 결단했다. 그리고 자신의 육체적 고향을 떠나 새로운 고향을 향한 험난한 길을 나섰다. 이 변화는 거대한 역사의 시작이었다. 이로써 그는 유대 민족의 선조가 됐다. 또한 아랍인들도 그를 조상으로 받들게 됐다. 유대교와 기독교, 이슬람교가 그를 신앙의 중요 인물로 삼아 존경을 보내고 있다. 그의 이름은 아브라함이다. 본래 '아브람'이었지만 후에 신으로부터 '열국의 아버지'라는 뜻의 새로운 이름을 받았다. 그 이름 그대로 믿음의 조상이 됐다.

　나는 가끔 아브라함이 용기를 내어 자기 집과 일터를 떠나던 장면을 떠올리며 위대한 변화에 대해 곰곰이 생각해보곤 한다. 신이 가리킨 땅 가나안을 향한 그의 한 걸음이 웅장한 역사의 서막이 됐다. 그의 결단과 떠남, 변화 그 자체는 나에게 깊은 감동을 주었으며 삶을 향한 묵직한 메시지가 됐다. 그리고 최근 한 설교를 들으며 그 의미가 더욱 뚜렷하고 풍부하게 다가왔다.

　'떠남'은 히브리어로 '에크르캄'이라고 하는데, 여기에는 4가지 뜻이 함축돼 있다고 한다. 첫째는 '결단해서 간다', 둘째는 '자기 스스로 간다', 셋째는 '본질을 향해 간다', 넷째는 '미래를 향해 간다'는 의미라고 했다. 이 풀이를 들으며 정신이 번쩍 들었다. 변화의 본질이 무엇인지, 어디로 향해야 하는지에 대한 깊은 성찰을 하게 됐다.

변화는 자기 자신의 단호하고 의지적인 결단을 통해 이뤄지며 본질과 미래로 방향을 맞춰야 한다는 깊은 깨달음을 얻었다. 그리고 여기에 나와 나의 일을 비춰보았다.

2007년 한국 보험과 금융의 새로운 지평을 열겠다는 다부진 결심으로 A+에셋을 창업했다. 나와 창업 동료들은 변화를 향한 의지에 불타올랐다. 모두가 그대로 머물렀다면 상당한 기득권이 보장될 직장을 박차고 나온 터였다. 그리고 10년이 넘는 세월이 흘렀다. 회사는 성장을 거듭했으며 외형과 내실 모두 인정을 받기에 이르렀다. 이 시점에 스스로를 향해 질문을 던질 필요가 있었다. 혹시 나는 성취에 젖지 않았는가? 끊임없이 혁신하겠다는 의지가 약해지지 않았는가? 고객이라는 본질, 따뜻한 금융이라는 미래를 향하지 않고 매출과 이익이라는 숫자에 연연하지는 않았는가?

나는 성공한 듯 보이는 현재에 안주하지 않기로 결단한다. 스스로 떠남을 계획한다. 고객이라는 본질을 중심에 놓고 혁신 금융의 미래를 위한 도전을 멈추지 않을 것이다. 더 나아가 A+그룹의 모든 서비스가 고객 전 생애에 걸쳐 행복을 창조한다는 비전에 다가서기 위해 뼈를 깎는 노력을 지속해서 기울일 것이다. 우리가 승부를 건 '착한 마케팅'이란 완성된 것이 아니라 부단히 노력하는 과정을 의미하기 때문이다.

지난 10여 년 수많은 위기를 넘기며 오늘날 A+그룹의 성장을 가능하게 한 '착한 마케팅'은 이 책에서 설명하는 5가지 '착함의 원리'에 기초를 두고 있다. 이 원리는 급변하는 경영 환경 속에서 A+그룹의 개인과 조직이 흔들리지 않고 '정직'과 '투명성'을 바탕으로 성장을 이뤄낸 원동력이며, 앞으로 우리에게 꿈과 희망, 지혜와 용기를 심어주는 아름답고 따뜻한 지침이다.

이 책은 나와 A+그룹이 떠남을 통해 끊임없는 변화를 할 것을 다짐하는 선언문과 같다. 독자 여러분이 이 책을 통해 가치 있는 떠남에 대해 생각할 계기를 얻는다면 부족한 글을 내놓는 사람으로서 더없이 행복할 것이다.

착함善을 다시 생각한다

착하지 않으면 성공도 없다

나약함을 착함으로 포장하지 말라

착한 직업이 따로 있나

착함은 지성이다

착함은 유익함이다

착함은 행동이다

착함은 성장이다

착함은 선한 지향이다

인생의 진정한 성공을 위해서는
인성이나 도덕성, 윤리의식 등으로 불리는
착함의 속성이 필요하다.

"하늘의 그물은 넓고 넓어서 성긴 듯하나 놓치는 것이 없다
天網恢恢 疎而不漏."_『노자』

착함은 지적이고 의지적인 역량이 따라야 한다.
다른 사람을 위하는 마음과 행동, 즉 이타성을 전제로 한다.

현대에 '용서받지 못할 죄Peccato Mortale' 2가지는
정치가나 공직자가 예산을 허비하는 것,
기업가가 이익을 창출하지 못하는 것이다.

회사 구성원들은 모두 지성으로 무장해야 고객에게 최선의
솔루션을 제시할 수 있으며, 이런 지성인이 착한 사람이다.

성공을 향한 집념은 매우 중요한 성취동기이나
내적인 성장을 간과하면 사상누각처럼 흔들리고 위험에 빠진다.
성장 없는 성공은 곧 걷힐 안개에 지나지 않는다.

우리는 무엇을 지향하는가?
무조건 돈을 많이 벌거나 출세하면 된다고 생각하는가?
아니면 인품과 지성을 갖춘 착한 사람으로 성장하길 바라는가?
지향하는 바에 따라 우리 자신은 물론 후손들의 삶이
바뀔 수 있음을 가슴에 새기자.

착하지 않으면
성공도 없다

착함 없는 성공의 결말

애초 취객끼리의 시비 같은 사소한 일로 여겨졌던 한 사건이 2019년 벽두부터 한국 사회를 뜨겁게 달구었다. 국내뿐 아니라 세계적인 유명세를 누리는 아이돌 그룹 멤버가 운영하는 클럽에서 폭행 사건이 일어났다. 인기 연예인이라는 자극적인 소재만 뺀다면 그저 가십으로 끝날 수도 있는 일이었다. 그런데 의혹은 눈덩이처럼 불어났다. 폭행, 성매매, 성폭력, 마약, 경찰과의 결탁, 탈세 등 온갖 범죄가 짙고 어두운 그림자를 드리웠다.

때마침 클럽 경영자인 가수가 그의 친구들과 메시지를 주고받았던 내용이 언론을 통해 공개됐다. 여자 친구와의 성행위 장면을 촬영해 공유한 이도 있었고 음주운전 적발 사실을 언론에 숨기기 위해 경찰과 결탁한 사람도 있었다. 그런데 이들은 자신의 악행을 자랑하 듯 떠들어댔고 그 친구들은 이를 대수롭지 않은 듯 키득댈 뿐이었다. 그들 일상의 어두운 부분이 백일하에 드러나자 대중은 분노했다. 불과 며칠 전까지 추앙과 부러움의 대상이었던 이 젊은이들은 한순간에 나락에 빠지고 말았다.

문제의 젊은이들은 자기 또래보다 훨씬 빨리 성공에 도달했다. 많은 돈을 벌었고 명성을 얻었으며 인기를 한 몸에 누렸다. 행운이라고 말할 수도 있다. 하지만 이들에게 노력이 없지는 않았을 터이다. 한국 아이돌 육성 시스템을 보자면 혹독한 고생을 거쳐 그 자리에 올랐을 것이다. 그렇다면 무엇이 그들을 무너뜨렸을까?

이들은 연예인으로서 필요한 자질을 두루 갖췄다. 수려한 외모, 탁월한 노래와 춤 실력, 대중을 휘어잡는 장악력 등. 성공을 위해서는 이것으로 충분해 보인다. 하지만 무엇보다 중요한 것이 간과됐다. 바로 착함善이다. 인성이나 도덕성, 윤리의식 등으로 불리는 착함의 속성이 빠졌다. 착함이 없는 성공은 뿌리 없는 나무와 같다. 뿌리 없는 나무는 죽은 나무요, 사실상 나무가 아니다. 잠시 살아 있는 나무로 보일 뿐이다. 그러나 이내 말라 비틀어져 흉측한 모습을 보일 것이다. 무슨 일을 하든지 착함이라는 뿌리를 내려야 진정한 성공에 도달할 수 있다.

나는 이들을 통해 착함 없는 성공의 당연한 귀결을 보았다. 구약성 서 「시편」의 "악인들은 그렇지 아니함이여 오직 바람에 나는 겨와 같 도다"라는 구절이 떠오른다. 착하지 않은 성공은 잠깐 화려해 보이기도 하지만, 바람에 이리저리 나부끼다 공중으로 흩어질 먼지와 같이 허망할 뿐이다.

챔피언은 어떻게 몰락하는가

보험회사 영업 조직에서는 최고의 실적을 올린 설계사들을 '챔피언'이라는 호칭으로 부르곤 한다. 여성 설계사 중심이었던 과거에는 이들을 '여왕'이라고 했다. 여왕 혹은 챔피언들은 높은 실적의 대가로 조직에서 영예를 얻었으며 많은 보수를 받았다. 그런데 간혹 이들에게 이해하기 힘든 일이 생기곤 했다. 화려한 성과를 자랑하며 고소득을 올리던 이들이 어느 날 허무하게 무너져 내리는 것이다. 내가 보기에 과거 챔피언급 중에서 재정적인 어려움에 빠진 이들도 더러 있는 것 같다. 왜 그렇게 됐을까? 그 성공이 착함에 뿌리 내리지 못하고 있었기 때문이다. 그들은 착하지 않다는 것이 자신의 직업과 삶을 통째로 망가뜨릴 강력하고 파괴적인 영향력을 가지고 있으리라 짐작하지도 못했을 것이다.

그들의 잘못된 영업 방식은 대개 이런 식이다. 예를 들어 대기업 경영자와 친분이 있거나 그를 고객으로 삼았다면 그에게 거액의 리베이트를 주면서까지 무리한 청탁을 한다. 그 회사의 협력업체 관계자들에게 보험을 권유해 자신을 통해 보험 계약을 하도록 부탁하는 것이다. 대기업 경영자에게 보험 가입을 요청받은 협력업체 관계자는 그 부탁을 거절하기 어렵다. 자신과 회사의 목줄을 쥐고 있는 것이나 마찬가지인 갑의 요구를 차마 외면할 수 없는 노릇이다. 그래서 필요에 상관없이 울며 겨자 먹기로 보험 계약을 체결한다. 이것은 전형적인 강매이다. 소중한 보험의 가치를 훼손시키면서 약한 사람들의 고혈을 짜내 자기 배를 불리는 파렴치한 짓이다.

이렇게 부도덕한 방법을 동원해 많은 건수와 거액의 계약을 체결한 이들은 돈의 덫에 빠진다. 부정하게 돈을 버는 게 마치 자신의 능력인 양 당연하게 여기고 사치에 빠져 허망하게 돈을 탕진한다. 그러는 사이에 하나둘 고객이 떠나면 찬란한 왕좌를 빼앗기고 빚더미에 앉게 된다. 나는 이런 안타까운 사례를 목격하며 마음이 쓸쓸해지곤 했다.

이들이 모두 처음부터 부도덕했던 건 아니다. 대개는 선량하고 성실하며 직업적 사명감과 윤리의식이 투철했었다. 그렇지만 이들에게서 착함이 사라지고 돈이 최상의 가치로 자리 잡았을 때 이미 몰락이 예정된 것이리라.

나는 꽤 오랜 직장 생활을 했고 임원의 지위에까지 올라보았다. 회사를 창업한 후 12년간 최고경영자의 직무를 수행했다. 그동안 수많은 사람을 만났다. 고객, 임직원, 설계사, 이해관계자 등 업무로 만난 사람들의 숫자는 셀 수조차 없이 많다. 또한 다른 사람들처럼 친지와 친구들이 있고 사적으로 알고 지내는 사람도 많다. 그런데 이렇게 많은 사람 중에서 악한 방법으로 항구적인 성공을 유지하는 사람은 한 사람도 보지 못했다.

악한 사람들은 그것이 언제가 됐든 어떤 계기로든, 미처 생각하지도 못한 작은 일로 무참하게 무너졌다. 재산이나 지위를 유지하는 사람들도 간혹 있었지만 그들의 마음속은 피폐하기 이를 데 없었다. 파멸을 향해 달려가는 것이 너무나 빤히 보였다.

『노자老子』「임위任爲」편에 "天網恢恢 疎而不漏천망회회 소이불루"라는 구절이 나온다. 직역하면 "하늘의 그물은 넓고 넓어서 성긴 듯하나 놓치는 것이 없다"이다. 더 깊게 생각하면 하늘의 법망은 크고 넓어서 빠져나갈 수 있을 것 같지만 악인은 빠짐없이 걸러낸다고 해석할 수 있다.

하늘은 반드시 악인을 벌한다. 나는 단언할 수 있다. 착함 없는 성공은 없다.

착함은 필수 요소

○—○

우리는 흔히 착함을 필수 요소로 생각하지 않는다. 우선순위를 부여하지도 않는다. 인성이 엉망인데 성적이 좋은 자녀가 있으면, 인성은 차차 기르면 된다고 생각하곤 한다. 그 반대의 상황이라면 성적을 올리기 위해 갖은 애를 쓸 터인데 말이다. 실적이 좋지만, 동료에게 상처를 주는 직원이 있을 때 그 위험성을 크게 느끼지 못한다. 당장 실적이 나오기 때문이다. 물론 학생이 학업 성취도가 낮거나 직장인이 업무 성과가 없는 것은 큰 문제이다. 이것을 옹호하지는 않는다. 당연히 개선해야 한다. 그런데 인성이 나쁘고 도덕성이 부족한 학생이나 직장인은 더 큰 문제다. 그의 성적과 성과는 머지않아 무위로 돌아갈 것이기 때문이다.

기업 경영에서 '착함'은 한가한 말처럼 느껴지기도 한다. 생사를 다투는 전장 같은 현장에서 경쟁을 펼쳐야 하는 기업 조직이 수단과 방법을 가리지 않는 것이 어쩌면 당연해 보인다. 그래서 착함은 홍보용 카피에 머무르는 경우가 많다. 하지만 이것은 본질을 벗어난 근시안적인 발상이다.

기업도 착해야 살아남는다. 고객이 중심이 되며 기업의 사회성이 증대하고 모든 정보가 낱낱이 공개되는 현대 사회의 기업은 더더욱 그렇다. 화려한 성장세를 구가하던 기업이 힘없이 몰락하는 이유 중 상당수가 착함이 없거나 성장 과정에서 착함을 상실했기 때문이다. 그래서 나는 착한 기업, 착한 마케팅을 외친다. TV 인포모셜 광고를 하면서도 '착함'을 중심에 놓는다. 이는 그럴듯한 광고 문구가 아니다. 나와 우리 동료들, 회사가 나아가야 할 주된 방향이며 존립의 근거가 되는 든든한 기반이라 생각한다.

법률 용어로 '독수독과毒樹毒果'라는 단어가 있다. 한자를 풀면 '독이 있는 나무에는 열매에도 독이 있다'는 뜻인데 위법한 절차를 통해 획득한 증거는 아무리 결정적이라 하더라도 법률상 효력이 없다는 의미로 쓰인다. 이 단어는 성공을 염원하는 우리에게도 그대로 적용된다. 선한 나무만이 선한 열매를 맺는다. 성공하고 싶다면 착해야 한다. 착하지 않다면 성공도 물거품이다.

나약함을 착함으로
포장하지 말라

'착함'이란 무엇인가

'착하다'는 말을 사전에서 찾아보면 "언행이나 마음씨가 곱고 바르며 상냥하다"고 돼 있다. 우리가 흔히 생각하는 상식과 크게 다르지 않다. 그런데 곱고 바르고 상냥한 기준은 무엇일까? 자신이 스스로 그렇다고 생각하면 될까? 그렇지 않을 것이다. 착함의 기준은 다른 사람, 상대방에 의해 정해진다고 볼 수 있다.

교육학자들과 '착함'의 의미에 관해 대화할 기회가 있었는데 이때 뿌리 깊은 편견이 깨어졌다. 우리는 흔히 유순한 성격과 착함을 혼동한다고 한다. 그러나 착함은 기본적으로 다른 사람을 위하는 마음과 행동, 즉 '이타성'을 전제로 하기에 유순함을 뛰어넘는다고 한다. 즉, 어떤 언행이 다른 사람을 진정으로 위하는지에 대한 판단력이 있어야 하고 그것을 행동에 옮길 실천력이 있어야 한다는 것이다. 이렇듯 착함은 지적이고 의지적인 역량이 따라야 하기에 쉽게 도달할 수 없는 경지이다. 따라서 착함은 유순함을 포함할 수 있지만, 유순함과 같지 않다. 때로는 유순하지 않게 나타날 수도 있다.

예를 하나 보자. 작은 회사 사장이 있다. 그는 온화하고 상냥한 사람이다. 무골호인無骨好人으로 불리는 그는 남에게 싫은 소리 한번 하는 적이 없다. 직원들이나 거래처에도 마찬가지다. 사업 초기 회사 직원들이나 거래처 담당자들은 그를 '착한 사람'이라고 여겼다.

그런데 그의 회사 경영은 엉망이었다. 다부지게 요구하지 못하는 그의 성격도 여기에 한몫했다. 사업은 부진에 빠졌다. 직원들의 급여가 밀렸으며 거래처 지불이 제대로 되지 않았다. 고객들은 품질이 형편없는 제품을 납품받았다. 이제 아무도 그를 '착한 사람'이라 여기지 않는다.

위와는 정반대 성격을 가진 사람이 있다. 그는 성격이 다소 급하고 거칠고 매사를 칼같이 날카롭게 추진했다. 직원들과 거래처도 엄격하게 다뤘다. 그와 함께 일하는 사람들은 '진땀이 난다'고 불평하곤 했다. 그런데 그의 사업은 꽤 잘 풀렸다. 열심히 일했으며 주위의 불만을 무릅쓰고 빈틈없이 관리했기 때문이다. 그는 직원들에게 두둑한 성과급을 챙겨줬고 경조사나 어려운 일이 있을 때는 허투루 넘어가지 않았다. 거래처에서는 계속 일감을 늘려주었다. 주위에서 그를 '착한 사람'이라 칭찬하는 목소리가 늘어가고 있다.

착함은 다른 사람을 진정으로 이롭게 하는 데서 그 본질을 찾아야 한다. 착함은 무능이나 나약함을 숨기는 포장지가 아니다. 지혜롭고 유능하고 강인해야 착함을 펼칠 수 있다.

용서받을 수 없는 죄

앞에서 말했듯, 착함은 자신의 지적이고 의지적이며 실천적인 역량을 쏟아서 다른 사람을 이롭게 하는 성실한 삶의 자세이다. 직업을 가진 사람에게 착함은 갖추면 좋은 미덕이 아니라 성취의 필수 조건이자 반드시 갖춰야 할 책임이 된다. 많은 사람의 생명과 안전, 행복, 이해관계와 관련된 중요한 직책을 맡았다면 이 책임은 더욱 커질 것이다. 만약 이 책임을 완수하지 못할 때 그것은 '죄'가 된다.

'페카토 모르탈레Peccato Mortale'라는 용어가 있다. 라틴어에서 유래된 이탈리아어인데, 우리말로 풀면 '용서받지 못할 죄'라고 한다. 원래 이 말은 중세 유럽의 종교재판에서 쓰였다고 한다. 마녀로 규정한 사람들에게 관용을 베풀지 않고 화형을 하면서 '용서받지 못할 죄'를 명분으로 삼은 것이다. 역사의 어둡고 무시무시한 장면이다.

현대에 와서 이 단어는 과거와 다른 의미로 쓰인다. 현대에 '용서받지 못할 죄'는 2가지다. 하나는 정치가나 공직자가 공공 예산을 허비하는 것이고 다른 하나는 기업가가 이익을 창출하지 못하는 것이다.[1] 국가 지도자와 기업 경영자에게 부여된 본질적 자기 책임을 다하지 못하는 것이 사회적 중죄라는 뜻이다. 이와 반대로 재정을 알뜰살뜰

운용해 국가나 지역을 발전시키는 지도자와 정당한 이윤을 남겨 기업을 살찌우는 경영자는 착한 사람이다. 그의 표정이나 목소리가 온화한지는 착함을 판단할 때 크게 중요하지 않다.

착함에 대한 협소한 정의와 편견을 벗을 필요가 있다. 무엇이 착한지 알아야 진정 착한 사람이 될 수 있지 않겠는가? 나약함을 착함으로 치장해 스스로를 속여서는 안 된다. 그리고 무지와 무능, 무책임과 불성실로 가득 찬 사람이 착함의 가면 뒤로 숨도록 내버려둬서도 안 된다.

7가지 사회악

◦—◦

마하트마 간디는 1925년 《영 인디아Young India》라는 잡지에 기고한 글에서 '7가지 사회악Seven Social Sins'에 대해 다뤘다. 그것은 원칙 없는 정치, 노동 없는 부富, 양심 없는 쾌락, 영혼 없는 지식, 도덕 없는 장사, 인간성 없는 과학, 헌신 없는 종교이다.[2] 이런 악덕이 만연한 사회는 결국 비참한 종말을 맞이하게 된다고 한다.

첫째, 원칙 없는 정치는 득표를 위해 신념을 버리고 미래에 사회적 해악을 불러올지도 모르는 정책을 내걸고 추진하는 것이다. 그리고 조변석개하듯 자신의 약속을 뒤엎는 행동이다. 대중에게 지금 당장 듣기 좋은 달콤한 말을 내뱉고 눈앞에 이익을 위한 일을 그때그때 유리한 대로 추진하는 정치는 중요한 사회악 중 가장 높은 순위를 차지

한다.

둘째, 노동 없는 부는 땀 흘리지 않고 돈을 모으고자 하는 탐욕이다. 공짜 점심은 없는 법인데, 불로소득에는 누군가의 노고와 희생이 담겨 있기 마련이다. "일하기 싫거든 먹지도 말라"는 성경의 교훈처럼 노력 없이 부를 얻으려는 탐욕은 죄가 된다. 이런 사람이 늘어날 때 사회는 부정과 부패에 빠질 수밖에 없다.

셋째, 양심 없는 쾌락은 자기 절제나 도덕관념 없이 즐거움을 누리려 하는 것이다. 배우자를 배신하는 불륜, 상대방의 영혼을 짓밟는 성폭력, 자신의 핏줄을 외면하는 뻔뻔한 이들의 이야기를 어렵지 않게 들을 수 있다. 이렇듯 무분별한 쾌락의 추구는 개인뿐 아니라 가족과 사회를 무너뜨리는 큰 죄악이 된다.

넷째, 영혼 없는 지식은 인격 없는 교육으로도 번역된다. 지식과 그것을 전달하는 교육이 선량한 가치를 상실하고 기능적 차원으로 전락할 때 사회적 죄가 된다는 것이다. 입시 위주의 교육은 돈벌이나 출세에는 유능하지만 인격이라곤 찾아볼 수 없는 기형적 지식인을 만들어낸다. 이들이 이끄는 사회는 불의와 부정이 만연하게 된다.

다섯째, 도덕 없는 장사는 사업 윤리를 저버린 것을 말한다. 영리 활동의 기본은 이윤이지만 이것이 궁극적 목적이 될 수는 없다. 도덕의 통제 없이 무한정 이익을 좇는 세상은 지옥이나 다른 바 없기 때문이다.

여섯째, 인간성 없는 과학을 경계해야 한다. 미래를 내다본 간디의 통찰력이 돋보인다. 현대 사회는 과학의 발전이 인류 존립의 위기를 불러올지도 모른다는 역설에 빠져 있다. 인간 복제, 환경 파괴, 인공지능의 지배 등 수많은 이슈가 산적해 있다. 효율성만 중시하고 인간성을 빼뜨린 채 과학의 이기利器를 받아들인다면 인류는 파멸을 맞이할지도 모른다.

일곱째, 헌신 없는 종교는 본질을 잃은 신앙을 말한다. 절대적 가치를 숭상하는 속성으로 볼 때 종교는 강력한 사회적 영향력을 발휘할수 있다. 그런데 이 힘을 종교의 숭고한 가치를 실현하기보다는 탐욕을 채우는 데 쓴다면 위험한 결과가 뒤따르게 된다. 우리는 종교를 빙자한 범죄 집단의 파렴치한 행각을 얼마나 많이 봐왔던가?

간디가 사회악으로 거론한 7가지는 100년 가까운 세월이 흘렀음에도 그 위험성이 여전히 강력하다. 인간사의 보편적 교훈을 담았기 때문일 것이다. 정치·부·즐거움·지식·사업·과학·종교는 그 자체로는 악하지 않다. 오히려 추구의 대상이 돼야 할 선량한 것들이다. 하지만 그것의 추구가 가치를 잃을 때 죄악으로 변질될 수 있다.

무엇을 좇느냐는 중요하지 않을 수도 있다. 사람마다 지향하는 가치가 다르다. 하지만 무엇을 좇든 무슨 일을 하든 놓치지 않아야 할것이 있다. 그것은 '착함'이다. 착하지 않으면 인류가 오랜 역사를 통해 일구어낸 성취가 무위로 돌아간다. 개인도 실패하고 사회도 무너진다.

나는 창업자와 최고경영자의 기득권 속에 태만해지지 않으려 애쓴다. 스스로 혹독하게 단련하지 않는다면 구조적 악에 빠질 가능성이 크기 때문이다. 우리 회사 역시 조직 전체나 구성원이 착함이라는 회사의 가치를 잃지 않도록 경계하고 또, 경계한다.

금융 마케팅 현장에서 일어날 수 있는 부정직과 부도덕성을 원천적으로 차단하기 위해 엄격한 시스템을 갖춰두고 있다. 혹시라도 착함의 가치를 심각하게 위배하는 일이 있으면 읍참마속도 마다하지 않는다. 성과라는 미명 뒤에 혹은 동료끼리 좋은 게 좋은 것이라는 낡은 사고 뒤에 악함을 숨기지 않는다. 또한 착한 마케팅을 추구한다는 명분으로 무능과 저성과를 용인하지 않는다. 그것은 균형 잡힌 착함이 아니기 때문이다.

착함은 온화한 미소나 부드러운 말투, 상냥한 행동 등으로 치부할 단순한 속성이 아니다. 개인의 삶과 사회에 반드시 존재하고 영속해야 할 지혜이고 유능함이며 의지이고 실천력이다.

착한 직업이
따로 있나

존경받는 직업들

○—○

우리나라에서 가장 존경받는 직업은 무엇일까? 이 질문에 답하는 구체적인 설문조사 결과가 있다. 인하대학교 학생생활연구소 조사팀이 2016년 발표한 '한국인의 직업관'에 따르면, 소방관이 가장 존경받는 직업이다. 2위 환경미화원, 3위 의사, 4위 교사가 다음 순위를 이었다. 이 조사는 1996년과 2001년, 2009년, 2016년 4차례 이뤄졌는데, 2001년 이후 3차례 조사에서 소방관이 모두 1위였다.[3]

소방관이 존경받는 것은 당연해 보인다. 다급한 화재와 재해 현장에서 위험을 무릅쓰고 자신을 희생해가며 다른 사람의 생명을 건지는 그야말로 착한 직업이기 때문이다.

소방관의 직업적 소명을 잘 드러낸 글로 「소방관의 기도」가 있다. A.

W. 스모키 린A. W. Smokey Linn이라는 미국 소방관이 아파트 화재 현장에서 건물 구조상 장해로 어린이 3명을 구조하지 못한 후 깊은 자책에 시달리다가 1958년에 쓴 시라고 한다. 우리나라에서는 2001년 3월 서울 홍제동 화재 때 순직한 김철홍 소방관의 책상 위에 이 시가 놓여 있었다고 한다. 현재 「소방관의 기도」는 전 세계 소방관들의 직업 신조로 여겨진다.

> 신이시여,
> 제가 부름을 받을 때는
> 아무리 뜨거운 화염 속에서도
> 한 생명을 구할 힘을 주소서.
> 너무 늦기 전에
> 어린아이를 감싸 안을 수 있게 하시고
> 공포에 떠는
> 노인을 구하게 하소서.
> 언제나 집중해
> 가냘픈 외침까지도 들을 수 있게 하시고,
> 빠르고 효율적으로
> 화재를 진압하게 하소서.
> 저의 임무를 충실히 수행케 하시고
> 제가 최선을 다할 수 있게 하시어,
> 이웃의 생명과 재산을 보호하게 하소서.

그리고 당신의 뜻에 따라

제 목숨이 다하게 되거든,

부디 은총의 손길로

제 아내와 아이들을 돌보아주소서.[4]

기도문에 담긴 고결한 직업윤리와 사명감 앞에 고개가 숙여진다.

조사 결과 2위를 차지한 환경미화원 역시 다른 사람들이 단잠에 빠져 있는 새벽 시간 악취와 싸워가며 삶의 터전을 깨끗하게 만드는 숭고한 일을 한다. 존경받아 마땅하다.

3위인 의사 역시 착한 직업이다. 그들의 상대적으로 높은 수입을 두고 논쟁이 오가긴 하지만 의사들이 사람의 생명을 살리고 건강을 증진하기 위해 노고를 아끼지 않고 있음을 부인할 수 없다. 많은 의사가 헌신적 의료와 높은 인격으로 존경을 받는다. 그중 한 사람이 고故 장기려 박사이다. 평안도에서 태어나 일본에서 의대를 졸업하고 북한에서 의대 교수로 봉직하던 그는 1950년 한국전쟁 중 둘째 아들 한 명을 뺀 처자를 남기고 월남한다. 그는 평생 재혼하지 않고 북의 가족을 그리워하며 살았다. 전쟁 중에는 부산에서 피난민과 가난한 사람을 무료 진료하면서 봉사했고, 빈민의 치료비 부담을 근본적으로 줄이기 위해 우리나라 최초의 의료보험조합을 설립했다. 종합병원 의사로 일할 때, 치료비를 내지 못해 퇴원하지 못하던 환자의 병실 문을 몰래 열어줘 내보낸 일화는 유명하다. 그는 누구보다 북의 가족을 만나고 싶어 했지만, 정부가 마련해준 2번의 소중한 상봉 기회를 기꺼이 버렸다. 특혜를 받으며 누군가의 기회를 빼앗고 싶지 않았기 때문이다. 그는 자신이 마지막 상봉자가 되고 싶어 했다. 또한 그는 유능한 의사였다. 1943년 우리나라 최초로 간암 환자의 간암 덩어리를 간에서 떼어내는 데 성공했으며 1959년에는 간암 환자의 간 대량 절제술에 성공했다. 그는 간 질환 치료 기술을 획기적으로 발전시켰고 미개척 분야였던 간장외과의 선도자로서 의료 인재를 양성하는 데도 큰 공헌을 했다. 선량하면서도 유능한, 진정으로 착한 의사였던 그는 지병인 당뇨병에 시달리며 좁은 사택에서 외롭게 기거하던 노년에도 가난하고 소외된 환자를 돌보는 일에 희생을 아끼지 않았으며 1995년 성탄절에 소천했다.

조사 결과 4위인 교사 역시 당연히 존경받아야 할 직업이다. 어린 시절 불우한 처지 때문에 비관하거나 잠깐의 방황과 실수로 절망에 빠졌던 사람들이 헌신적인 교사의 지도와 보살핌 덕분에 가치 있는 인생을 살게 되었노라고 회고하는 이야기들을 우리는 그리 어렵지 않게 들을 수 있다. "교사는 많지만 스승은 없다"는 비판의 목소리가 있긴 하지만, 지금도 여전히 교사들은 학교 현장에서 아이들의 미래를 위해 땀 흘리기를 마다하지 않고 있다.

직업이 아니라 태도가 착함을 결정한다

◦—◦

존경받는 직업에 대한 전 세계적인 조사 결과가 있는데 우리나라와는 조금 다르게 나왔다. 미국의 리서치 전문 회사인 해리스 인터랙티브Harris Interactive가 조사한 결과에 따르면, 전 세계인에게 가장 존경받는 직업의 순위는 1위 의사, 2위 군인, 3위 소방관, 4위 과학자, 5위 간호사, 6위 엔지니어, 7위 경찰관, 8위 성직자, 9위 건축가, 10위 운동선수이다.[5] 전형적인 봉사직 외에 직업 현장의 전문가들이 존경의 대상이 된 것이 우리나라의 경우와는 조금 다르다.

앞에서 소개한 '한국인의 직업관' 조사 결과에서 가장 하위 순위를 차지한 직업이 있다. 말하자면 우리나라 사람들이 가장 존경하지 않는 직업이다. 44개 직업 중 43위를 상인, 44위를 국회의원이 차지했다. 이들을 돈과 권력에 대한 탐욕에 불타는 부도덕한 직업인으로 본 것이다. 사람들의 인식이 일부라도 현실을 반영한다고 봤을 때 이런 현상은 매우 심각하다. 정치와 경제의 중추가 돼야 할 전문 직업인의 선량함이 의심받고 있다는 반증이기 때문이다.

나는 소방관, 군인, 경찰, 환경미화원, 교사, 의사, 간호사 등 공익성이 강한 직업을 갖고 헌신적으로 일하는 분들을 존경한다. 그리고 여러 산업 현장에서 수고하는 분들 역시 이에 못지않게 존경한다. 특히 우리 회사에서 일하는 여러 동료를 더더욱 존경한다. 선량한 직업이 따로 있는 것이 아니라, 그 직업을 어떻게 수행하느냐가 착함을 결정한다고 본다.

건설업 분야가 다른 직업에 비해 상대적으로 더 부패했다고 생각하는 사람들이 많다. 여러 공정이 복잡하게 얽혀 있고, 거칠고 남성적인 문화가 작용하는 영역이기에 더 그렇게 느껴질 수 있다. 실제로 현장의 좋지 못한 관행에 대해 비판하는 목소리도 높다. 하지만 건설업을 부도덕한 직업으로 치부하고 잘못된 부분을 그대로 둔다면 어떻게 될까? 인간 삶의 물리적 공간을 만들어내는 소중한 직업 영역에서 부패의 그림자가 더 짙어질 것이다. 그렇지만 이런 걱정은 부질없다. 선량한 건설업 종사자들이 끊임없이 옳지 못한 관행을 없애며 성실하고 창조적으로 일하고 있기 때문이다. 착한 태도로 일하는 사람들이 건설업을 착한 직업으로 만들어가고 있다.

보험업에 종사하는 사람으로서 부끄러운 이야기지만, 보험설계사라는 직업의 신뢰도는 그리 높지 못하다. 보험연구원과 고용정보원 등이 시행한 직업 평판 조사들은 이러한 결과를 보여왔다.

이런 조사들을 보면서 같은 업에 속한 사람으로서 참담한 심정이다. 고객의 신뢰를 바탕으로 고객을 위해 일하는 보험설계사라는 직업이 존경받지 못하는 현실이 몹시 안타깝다. 그런데 이런 상황이 초래된 데에는 보험 업계와 그 종사자들의 책임이 가장 크다고 할 수 있다. 고객의 편에 서서 고객의 유익을 위해 일하지 않고 회사의 단기 이익이나 보험설계사 자신의 수당 증가를 위해 일해왔기 때문이다. 고객은 결국 그것을 깨닫고 보험설계사라는 직업을 신뢰하지 않게되었다.

나는 업계와 종사자들이 철저히 반성해야 한다고 생각한다. 과거의 관행으로부터 완전히 벗어나야 한다. 고객 중심의 직업적 혁신이 일어나야 한다. '보험설계사들은 진정으로 고객을 위해서 헌신하는 사람'이라는 인식이 우리 사회에 깊이 심어져야 한다. 그래야 보험설계사가 착한 직업, 존경받는 전문직으로 정당한 대접을 받게 될 것이다.

모든 직업이 공공 봉사이며 성직이다

의사나 소방관이 사람의 생명을 구한다는 사실은 누구나 다 안다. 눈에 뚜렷하게 보이기 때문이다. 그런데 확연하게 드러나지는 않지만 거의 모든 직업이 사람의 생명을 다룬다는 것을 잘 느끼지 못하는 것 같다.

우리는 수많은 재해를 겪어왔다. 웅장한 건물이 무너지고 큰 다리가 두 동강 나고 대형 여객선이 침몰해 수많은 고귀한 생명이 스러지는 안타까운 모습을 보았다. 여기에 수많은 직업이 직간접적으로 얽혀 있었다. 그중 선량하고 용기 있는 몇몇 사람이 자기 직무에 좀 더 충실했다면 이런 불행을 막을 수도 있었을 것이다.

그러나 이와 반대의 생각도 가능하다. 우리가 차량이 고속으로 질주하는 도로를 거쳐 무탈하게 출퇴근하고 걱정 없이 식당에서 음식을 먹으며 큰 빌딩이나 아파트에서 쾌적하게 생활하고 고압의 전기를 안전하게 사용하며 문명의 이기를 누리는 것은 이와 관련된 셀 수 없이 다양한 직업 종사자들이 선량하게 자기 책임을 다하기 때문이다. 우리 사회는 씨줄과 날줄이 촘촘하게 엮여 만들어진 큰 천과 같다. 모두가 연결돼 있다. 이 속에서 우리 각자의 직업은 모두 공공적 성격을 갖는다. 무엇 하나 뺄 수 없이 소중하다.

나는 ROTC 출신의 장교로 군대 생활을 했다. 임관 초기 들었던 금언 중에 "작전에 실패한 지휘관은 용서할 수 있어도 경계에 실패한 병사는 용서할 수 없다"가 있다.

언뜻 이해가 가지 않았다. 막중한 책임감을 지니고 큰 권한을 행사하는 지휘관의 실패는 관대히 대하고 그보다 한참 책임과 권한이 작은 병사의 실패는 엄혹하게 처벌해야 한다니, 상식 밖이라 여겼다.

하지만 이 생각은 나의 오해였다. 이 말의 숨은 뜻은 병사의 경계 업무가 최고 사령관의 작전 업무보다 더 중요하다는 것이다. 경계를 맡은 병사는 그 순간 부대 전체의 안전, 더 나아가 전선戰線의 사활을 책임지는 중대한 역할을 부여받는다. 아무리 계급이 낮더라도 이 직무의 중요성은 장군의 작전 지휘를 뛰어넘는다.

현대 사회에서 우리가 수행하는 모든 직무가 이처럼 막중한 것인지도 모른다. 우리가 무심코 하는 작은 업무에 사람의 생명이 달려 있기 때문이다.

같은 기독교에 속하지만, 개신교는 가톨릭과 달리 신부나 수녀 같은 성직이 따로 존재하지 않는다. 전문 목회자가 있는데, 이를 성직으로 분류하지는 않는다. 하지만 성직이 아예 사라진 것은 아니다. 모든 직업을 성직으로 본다. 각자 주어진 직군에서 최선을 다해 일하는 것이 거룩한 소명이다. 이런 정신이 현대 자본주의의 모태가 됐다. 우리는 모두 성직에 종사하고 있다.

성직을 수행하듯 일하기

우리 회사 업무의 상당 부분이 영업과 마케팅이다. 무엇인가를 파는 일이다. 앞에서 한국인들이 상인을 그리 존경하지 않는다는 조사 결과를 소개했다. 세일즈 직군에 종사하는 사람들에 대한 사회적 존경심은 낮은 편이다. 종사자들의 직업적 자긍심도 상대적으로 낮다고 할 수 있다. 나는 우리 회사에서는 이런 의식이 사라지기를 간절히 바라며, 이를 위해 노력하고 있다.

A+그룹이 다루는 것은 여러 상품과 서비스이지만 궁극적으로는 고객 전 생애에 걸친 행복과 연결된다. 위험 및 사망 보장, 건강, 부동산, 금융, 상조 등 태어나서 숨질 때까지 그리고 그 이후의 준비에 이르기까지 행복을 창조한다는 것을 목표로 삼는다. 이것이 나와 우리 회사 구성원들의 자부심이다.

A+그룹에 속한 사람들이 직업적 자긍심이 낮고 선량한 사명감이 없었다면 지금과 같은 발전은 없었을 것이라 생각한다. 우리가 노력하지 않는다면 어떤 일이 일어날까? 비싼 보험료를 치르면서 꼭 필요한 보장을 받지 못하는 사람이 늘어날 것이다. 자산을 효과적으로 늘려가는 기회를 누리지 못하는 사람 역시 더 늘어날 것이다. 건강관리, 치매 예방, 노인 장기 요양, 실버 케어 등의 가치 있는 사회 서비스가 그만큼 줄어들 것이다. 실속 있게 부동산을 매입하거나 처분할 기회가 줄어들 것이고, 긴요한 자금을 구하지 못해 발을 동동 구르는 사람이 더 많아질 것이다. 데이터 기술을 활용한 첨단 금융의 발전

기회 역시 그만큼 사라지고 말 것이다. 이 모든 과정에서 고민하는 사람은 늘고 행복을 느끼는 사람은 줄 것이다. 우리가 착하게 일하지 않는 딱 그만큼 이런 불행이 일어날 것이다. 우리가 선량한 직업인으로서 자부심과 사명감을 품고 성실히 일하는 이유가 바로 여기에 있다.

착함은
지성이다

알아야 착하다

"알아야 면장이라도 한다"라는 말이 있다. 지역 공무원을 얕보는 느낌이 드는데, 여기서 '면장'은 면사무소 책임자인 면장面長이 아니다. 한자로 '面牆'이라고 쓰는데, 공자가 말한 '면면장免面牆'에서 비롯된 용어라고 한다. 면면장에서 '면免'은 '피하다', '면面'은 '대하다', '장牆'은 '담벼락'이다. 즉 '담벼락에 가로막힌 듯한 답답함을 피하다'는 의미다. "알아야 면장이라도 한다"는 말은 무슨 일을 하든지 기본 지식을 갖춰야 최소한 갑갑한 상황이라도 벗어날 수 있다는 뜻이 된다.[6]

착함도 마찬가지다. 뭘 알아야 착할 수 있다. 앞에서 말했듯 착함은 다른 사람을 진정으로 위하는 마음과 언행이다. 그런데 무엇이 다른 사람을 위하는 언행인지 모른다면 착해지고 싶어도 착할 수 없다. 자신은 다른 사람에게 선하게 대하려고 노력했는데 상대방은 결과적으로 불쾌함이나 피해를 겪는 일이 벌어지기도 한다. 의도는 선량하지만, 몰라서 착함을 실현하지 못하는 경우가 뜻밖에 많다. 착함에는 반드시 지성이 동반돼야 한다.

독립운동가 윤봉길 의사는 20살 무렵 한학 교육기관인 오치서숙烏峙書塾을 졸업했다. 집으로 돌아가던 윤 의사는 공동묘지 근처에서 한 청년을 만났다. 그 청년은 무엇인가를 애타게 찾아 헤매고 있는 것처럼 보였다. 청년은 윤 의사에게 대뜸 글을 아느냐고 물었다. 윤 의사가 그렇다고 대답하자 청년은 묘지 쪽으로 급히 들어갔다. 그러고는 묘지의 팻말을 한 아름 뽑아와서는 윤 의사 앞에 펼쳐놓았다. 자신이 글을 읽지 못해 아버지 묘를 찾을 수 없으니 윤 의사가 가려내달라고 했다. 윤 의사는 청년에게 부친의 함자를 물어 팻말을 찾아냈다. 하지만 청년은 팻말을 뽑아오면서 묘지에 아무런 표시도 해놓지 않았다. 어느 무덤에서 뽑아왔는지 전혀 알 수 없었다. 결국, 청년은 영영 아버지의 무덤을 찾을 수 없었다. 그뿐 아니라 다른 사람들의 무덤도 찾을 수 없게 돼버렸다. 이 일을 겪은 윤 의사는 의분에 휩싸였다. 무지가 어떤 피폐함을 불러오는지 절절하게 깨달았고 문맹 퇴치에 앞장설 것을 결심했다.[7]

아버지의 무덤을 찾던 청년은 아마도 심성이 고운 사람이었을 것이다. 난관에 부닥쳤는데도 포기하지 않고 갖은 방법을 동원했던 것을 보면 선친에게 참배하려는 효심이 가득했을 터이다. 하지만 결과적으로 그는 착하지 못했다. 자기 뜻을 이루지 못했을 뿐 아니라 다른 사람들에게도 크나큰 폐를 끼치고 말았다. 그가 무지했기 때문이다. 글을 깨치지 못했고 팻말을 뽑을 때 표시를 해둬야 함을 헤아리지 못했다. 그는 지식과 지혜가 모두 부족했다. 그것이 그를 착하지 못하게 만들었다.

공부하는 회사가 착한 회사

어떤 분야든 직업을 가진 사람은 그에 걸맞은 지성을 갖춰야 한다. 알아야 면장이라도 할 수 있다. 자기 분야의 지식과 안목, 지혜가 없다면 본인이 일하기 힘든 것은 물론 고객과 동료들에게 불이익을 줄 가능성이 크다. 만약 조직의 리더가 무지하다면 그에게 의지하고 있는 수많은 구성원은 안갯속을 헤매는 고초를 겪어야만 한다.

나는 이런 교훈을 늘 가슴에 새기고 있다. 기질 자체가 지적인 것과는 거리가 있는 사람이지만 책을 가까이하려고 애를 쓴다. 책을 읽다가 모르는 것이나 다른 의견이 궁금하면 젊은 직원들에게 묻거나 토론을 청하는 것을 부끄럽게 여기지 않는다.

그리고 우리 회사 구성원들이 모두 지성으로 무장해야 한다고 생각한다. 특히 일선에서 고객을 대하는 사람들은 지적으로 무장해야 한다. 경제와 사회 상황에 대해, 상품에 대해, 고객이 처한 환경에 대해 최신 정보와 지식이 풍부해야 한다. 그래야 최적의 솔루션을 제시할 수 있다. 그렇지 못하다면 고객이 손해를 본다.

착한 회사가 되기 위해서는 지식이 넘치는 회사가 돼야 한다. 이를 위한 가장 효과적인 방법은 교육이다. 그룹의 모태인 A+에셋 교육 프로그램은 다른 GA와 차별되는 최고의 강점이라 자부한다. 연차에 따라, 전문 분야에 따라 체계적인 교육이 제공되고 중요한 사회와 경제 이슈에 대한 특강이 수시로 마련된다. 그룹 내 다른 계열사도 마찬가지로 교육에 큰 비중을 두고 있다.

나는 공식 프로그램도 중요하지만, 지식을 쌓는 것이 회사의 문화로 자리 잡아야 한다고 생각한다. A+그룹은 구성원들에게 교육을 적극 권하지만 강제하지는 않는다. 자발적인 참여 의지가 없이 강제로 교육에 끌려 나온 사람들에는 교육 효과가 생기지 않기 때문이다. 그런데도 교육 참여율이 매우 높다. 회사가 정기적으로 마련하는 '토요 강좌'에는 1,000명 내외가 참석한다. 전 구성원의 5분의 1에 가깝다. 교육 참석이 의무가 아니라 자율적 선택이며, 더욱이 주말인데도 참여 열의가 높다. 나는 이것이 자율적인 학습 문화의 힘이라고 생각한다.

이렇듯 끊임없이 학습하고 그 지식을 개인과 회사에 축적해나가는 과정을 통해서 기업이 발전할 수 있다. 또한 이 지식을 고객과 공유하면서 진정으로 착한 기업으로 커나갈 수 있을 것이라 믿는다.

A+그룹이 착한 회사를 표방하는 것은 바꿔 말해 지성이 넘치는 기업을 추구하는 것이다.

진정한 지성은 변화와 성장을 이끈다

서점에 가보면 책 제목 중 흥미로운 것이 꽤 많다. 특히 인문학 분야에서는 '지적 대화를 위한~'이나 '~읽은 책 매뉴얼' 같은 제목이 눈길을 끈다. 대화에 끼고 자신의 지적 수준을 인정받고 싶은 욕구를 반영하지 않았나 생각한다. 물론 이것도 책을 읽거나 공부하는 일의 한 목표가 될 수 있을 것이다. 과시하려는 의도가 있다 하더라도 공부하는 것 자체로는 좋은 일이다.

그렇지만 과시욕은 지적 활동의 궁극적 목적이 될 수 없다. 정보로 머리를 채우고 자신의 지적 능력이나 사회적 신분을 드러내는 포장을 마련하려는 공부는 한계를 가질 수밖에 없다. 지성은 이런 차원을 뛰어넘는다. 수많은 지식과 정보 속에서 깨달음과 통찰을 얻고 이를 자신의 변화와 성장을 위한 원동력으로 삼아야 한다. 진정한 지성인은 지식을 통해 변화와 성장을 끌어내는 사람일 것이다.

독일의 철학자이며 소설가인 페터 비에리는 『페터 비에리의 교양 수업』이라는 책에서 지성의 가치와 행복에 대해 이렇게 설명한다.

세계를 조금 더 잘 이해하고 그 세계 안에서 자신의 방향성을 더 잘 세우는 것, 어리석은 미신을 떨쳐냈을 때 느낄 수 있는 해방감, 역사적 인식을 향해 새로운 문을 활짝 열어주는 책을 읽을 때 느끼는 행복, 다른 곳에서는 인간의 삶이 전혀 다르게 흘러간다는 것을 보여주는 영화가 안겨주는 감동, 자신의 경험을 자신만의 방식과 언어로 느낄 때의 황홀한 기쁨, 어

느 한순간 자신의 생에서 중요한 것이 무엇인지 알아채게 됐을 때의 신선한 행복.[8]

페터 비에리는 지식은 과시하거나 지배하기 위한 것이 아니라 자신의 정체성을 발견하고 삶의 방향성을 설정하는 데 필요한 삶과 세상에 대한 이해라고 힘줘 말한다.

고도 지식 사회를 사는 우리가 지성의 가치를 너무 얕잡아보는 건 아닌지 한 번쯤 돌아봐야 하겠다. 기껏해야 논쟁에서 이기고, 상대를 누르고, 말과 글을 통해 자신을 과시하는 사치품 정도로 여기는 건 아닌가. 지성의 능력은 이보다 훨씬 강하다. 성숙한 삶을 창조하는 조각칼 같은 것이다. 정보와 지식을 통해 자신의 삶을 변화시키고 성장하는 사람, 그리고 다른 사람을 이롭게 하는 사람이 진짜 지성인이다. 이런 지성인이 착한 사람이다.

착함은
유익함이다

즐겁게 이용당하기

○—○

착함은 달리 말해 이타성이다. 다른 사람을 위하는 진정성과 실천이다. 착함은 다른 사람을 이롭게 하고 그를 위해 유익을 제공하는 속성이다. 착한 사람은 자신이 다른 사람들에게 유익한 존재가 되기 위해 애쓴다. 다른 사람의 근심과 슬픔을 덜어내고 고민을 줄여준다. 더 즐겁고 기쁘고 행복해지도록 힘을 쏟는다. 다른 사람이 더욱 안전하고 건강하고 풍요롭게 삶을 누리는 것이 착한 사람의 행복이다. 착한 사람은 다른 사람에게 유익한 존재이다.

'이용당한다'는 말의 어감은 기분 나쁘게 느껴진다. 실제로도 그렇게 쓰인다. 하지만 기만당하거나 범죄와 악행에 동원된 경우가 아니라면 이용당하는 것을 굳이 나쁘게 생각할 필요는 없을 것 같다. 어쨌든 내가 쓰임새가 있다는 뜻이기 때문이다.

너에게 묻는다.
연탄재 함부로 발로 차지 마라.
너는 누구에게 한번이라도 뜨거운 사람이었느냐.

안도현의 「연탄재」라는 시이다. 짧은 시에 담긴 시인의 깊은 통찰은 큰 울림을 주었다. 요즘은 거의 보기 힘들지만, 과거 연탄은 가정의 주된 난방 연료였다. 그런데 다 사용한 희멀건 연탄재가 골칫거리였다. 골목이나 공터 곳곳에 연탄재가 흉하게 나뒹굴었다. 이렇게 처치 곤란한 연탄재도 사실은 자신의 몸을 바쳐 사람을 위해 아낌없이 온기를 제공한 유익한 존재가 아니었던가. 이용당하는 것이 뭐 어떤가. 안목 없는 이들이 그것을 알아주지 않아도 괜찮다. 누군가를 위해 쓰임 받는 것 자체가 즐거움이 된다면 마냥 행복할 것이다. 사실 우리가 하는 모든 일의 본질은 이용당하는 것이 아닌가.

미국의 시인이자 사상가인 랄프 왈도 에머슨은 「무엇이 성공인가」라는 시에서 이렇게 말했다.

(…) 아이를 낳든 한 뙈기의 정원을 가꾸든 사회 환경을 개선하든 자기가 태어나기 전보다 세상을 조금이라도 살기 좋은 곳으로 만들어놓고 떠나는 것. 자신이 한때 이곳에 살았음으로 해서 단 한 사람의 인생이라도 행복해지는 것. 이것이 진정한 성공이다.[9]

오이처럼, 치약처럼

한 개에 1,000원 남짓 팔리는 오이의 쓰임새가 얼마나 큰지 아는 가? 우연히 오이의 유용성에 관한 글을 읽고 꽤 놀랐다. 오이는 풍부한 영양소를 담고 있다. 비타민 $C \cdot B_1 \cdot B_2 \cdot B_3 \cdot B_5 \cdot B_6$, 엽산, 칼슘, 철분, 마그네슘, 인, 아연 등이 함유돼 있다. 오이는 필수 에너지를 보충하며 피로를 푸는 데 효과적이다. 또한 오이는 기능성 식품이다. 포만감과 상쾌함을 함께 주어 다이어트를 돕는 간식이 된다. 숙취 해소제로도 효능이 크다. 구취를 없애는 구강 청결제로도 쓰인다. 오이 조각 하나를 혓바닥 위에 올려놓고 입천장에 붙이고 30초 정도 입을 다물고 있으면 된다. 오이는 천연 화장품이다. 피부를 팽팽하게 만들어 주름살을 일시적으로 없애주고 뾰루지를 감추는 데 탁월하다. 끓인 오이는 아로마 대체품으로 간단하게 얼굴 마사지나 스파를 할 수 있게한다. 때로는 천연 세제나 소독약 역할을 한다. 오이는 욕실 거울에 서린 김을 닦을 때 쓰인다. 마당 화단이나 텃밭의 굼벵이나 달팽이 같은 벌레를 쫓아낸다. 급하게 구두를 닦아야 할 때 구두약 대신 쓰면 광택을 내기에 좋다. 경첩 등이 삐걱거릴 때 윤활제 대신 써도 유용하다. 수도꼭지나 스테인리스 등을 닦을 때 세제 대용으로 쓰면 얼룩 없이 반짝반짝하게 닦을 수 있다.

오이 이야기를 읽으면서 문득 치약이 떠올랐다. 지금은 어떤지 모르겠지만 보급품이 넉넉하지 않던 과거 군대에서 치약은 병사들 사이에서 그야말로 만능 도구였다. 청소할 때 많이 쓰는데 화장실 청소에 효과적이다. 변기나 세면대의 찌든 때를 없앤다. 그 밖에 내무반 침상이나 창문, 창틀 등을 닦으면 냄새도 좋아지고 묵은 얼룩이 깨끗하게 빠진다. 살균 효과도 있다고 한다. 시커멓게 된 걸레를 빨 때도 세탁 세제 대용으로 쓸 수 있다. 위생 점검을 나가면 막 청소를 끝낸 내무반에서 치약 냄새가 가득했던 기억이 난다.

나는 오이나 치약 같은 사람이 되고 싶다. 한 개 1,000원짜리 보잘 것없고 흔해 빠진 물건처럼 보이지만 무한한 쓰임새를 가진 그런 유익한 존재가 되고 싶다. 꼭 다용도일 필요는 없다. 나로 인하여 일상의 작은 부분이라도 나아지고 행복해질 수 있다면 얼마나 행복하겠는가? 이처럼 착함의 중요한 속성은 유용함이다. 그 반대도 가능하다. 유익해지려면 착해야 한다.

언젠가 들었던 설교의 내용이 어렴풋이 떠오른다. 어느 목사님 댁에 오래된 놋요강이 있었다고 한다. 요강을 쓸 일이 없는 데다 보기도 좋지 않고 둘 곳도 마땅치 않아 버릴까 생각했는데, 부모님이 남긴 물건이라 함부로 처분하지 못했다고 한다. 그러던 어느 날 교인인 놋기술자가 목사님 댁에 방문했다가 그 요강을 발견했다. 그는 요강이 필요 없으면 자기에게 달라고 했다. 목사님은 그러라고 했다. 놋 기술자 교인은 요강을 가지고 갔다. 시간이 한참 흐른 후 목사님은 놋 기술자로부터 좋은 선물을 받았다. 놋으로 만든 밥그릇과 국그릇이었다. 언뜻 봐도 은은한 광택을 내뿜는 고급품이었다. 목사님은 "비싼 물건일 텐데 고맙습니다"라고 말했다. 그러자 놋 기술자 교인은 겸연쩍게 웃으며 말했다. "아닙니다. 목사님, 그때 주신 요강을 녹여 만든 겁니다." 요강이 그릇으로 변신했다니 재미있다. 그런데 처치 곤란 흉물이었던 요강이 고급 그릇으로 탈바꿈할 수 있었던 이유는 놋이라는 속성이 변하지 않았기 때문일 것이다. 나는 놋을 착함으로 바꿔 생각해봤다. 사람이 착하다면 누구에게든 귀하게 쓰일 수 있다. 요강이든 그릇이든 말이다.

유익한 사람으로 탈바꿈하기 위해

신약성경 중 「빌레몬서」라는 한 장짜리 짧은 문서가 있다. 로마 감옥에 수감 중이던 사도 바울이 빌레몬이라는 교인에게 보낸 편지이다. 바울이 이 편지를 쓰게 된 계기는 오네시모라는 도망 노예를 구제하기 위함이다.

'오네시모'라는 이름은 '유익한', '쓸모 있는', '도움이 되는' 등의 뜻을 가지고 있다. 지금 들으면 좋은 의미 같지만, 그 당시에는 전형적인 노예의 이름이었던 것으로 보인다. 오네시모는 자기 이름과는 달리 유익한 인물은 아니었다. 내막이 자세하게 나오지는 않지만, 주인에게 큰 손실을 입히고 도망친 상태였다.

도망 노예인 오네시모는 바울의 옥바라지를 하게 된다. 그리고 회심하기에 이른다. 바울은 오네시모를 구명하고 싶었다. 로마의 노예는 물건이나 다름없었다. 특히 도망 노예의 생사와 처벌 권한은 전적으로 주인에게 있었다. 바울은 오네시모를 주인이었던 빌레몬에게 돌려보낸다. 편지 한 장과 함께 말이다. 바울은 자신을 존경하던 교인 빌레몬에게 권위적으로 명령하지 않는다. 그 대신 간곡하게 관대한 용서를 요청한다. 오네시모 때문에 손해 본 것이 있다면 자신이 갚겠다고까지 약속한다.

이 장면을 머릿속에 그려보았다. 편지 한 장 달랑 들고 자신이 도망쳐 온 주인집으로, 어쩌면 무시무시한 매질과 죽음이 기다리고 있을지도 모르는 두렵기 이를 데 없는 곳으로 되돌아가는 오네시모의 심정은 어땠을까? 자신을 배신한 노예를 용서하고 자유를 달라는 교회 지도자의 서신을 받아든 빌레몬에게는 어떤 생각이 들었을까? 교인의 사회적 권리를 인정하면서도 도망 노예를 위해 간곡히 부탁하는 서신을 쓰는 바울은 어떤 마음이었을까?

「빌레몬서」에는 결말이 나오지 않는다. 바울이 간청하는 편지이기 때문에 이후의 사건이 소개될 리 없다. 교회의 전승을 통해 이후 이야기를 알 수 있다. 빌레몬은 기꺼이 오네시모를 용서하고 그에게 자유를 준다. 회심한 오네시모는 수십 년 세월이 흐른 후 에베소 교회의 감독이 됐고 성인으로 추앙받게 된다. 물론 오네시모를 용서하고 형제로 받아들인 빌레몬도 성인의 반열에 올랐다.

바울은 빌레몬에게 보낸 서신에서 오네시모에 대해 이렇게 말한다. "그가 전에는 네게 무익하였으나 이제는 나와 네게 유익하므로"(「빌레몬서」 1:11). 오네시모는 바울에게나 심지어 옛 주인 빌레몬에게조차 유익한 사람으로 변모했다. 그 변모를 이끈 힘은 무엇이었을까? 진정으로 유익한 사람으로 거듭나고자 하는 근본적 회심이었을 것이다.

그리고 두려움을 억누르고 옛 주인을 찾아가 용서를 구하는 용기가 뒷받침되지 않았을까. 물론 바울과 빌레몬의 포용과 관대함이 없었다면 이 위대한 변화는 이뤄지지 않았을 것이다.

고객을 유익하게 하기

A+에셋이 '착한 보험', '착한 마케팅'을 감히 외칠 수 있는 밑바탕에는 고객에게 가장 유익한 제안을 하고 있다는 자부심이 깔려 있다. 우리는 진정으로 고객의 입장에 서서 투명하고 정직하게 모든 사항을 보여준다. 회사나 설계사에게 유리한 상품을 제안하기보다 고객이 가지고 있는 가족력이나 환경을 종합 분석해 미래를 위해 그분이 필요한 보장을 적절하게 준비해준다는 자세로 고객을 위해 진정한 생애 설계를 해주려 한다. 고객에게 유익을 제공하는 실천을 통해서 우리는 착함을 이뤄가고 있다.

착한 사람이 된다는 것은 달리 말해 남에게 유익한 사람이 된다는 것이다. 모든 생물의 본능은 자신을 이롭게 하는 쪽으로 흐르기에 이 것이 말처럼 쉽지 않다. 자기희생과 용기, 결단력, 실천이 필요하다. 이용당한다는 느낌, 이용당한 후 제대로 인정받지 못하고 버려질지도 모른다는 찜찜함과 두려움도 이겨야 한다. 즉, 수준 높은 착함의 경지에 올라야 한다. 착한 사람이 되려면 오네시모가 그랬듯 유익한 존재로의 변화를 내적으로 이뤄내야 한다.

착 함 은
행 동 이 다

착함은 행동으로 완성된다

◦—◦

무더운 여름날이었다. 남루한 옷을 입은 할머니가 꽤 크고 무거운 가방을 들고 지하철역 계단 앞에서 비지땀을 흘리고 있었다. 사람들이 할머니의 곁을 스치듯 지나갔다. 몇몇 사람은 혹시 할머니에게 부딪쳐 옷을 버리거나 다치지나 않을지 염려하며 피해 갔다. 또 몇몇 사람은 '이렇게 더운 날, 할머니가 고생하는구나. 가족들은 뭐 하지. 왜 할머니를 저렇게 힘들게 만들었지'라고 딱하게 생각하며 연민 어린 눈빛을 보내며 발걸음을 재촉했다.

그러던 와중에 한 청년이 할머니 앞으로 다가섰다. 한없이 온화한 표정을 짓고는 부드러운 음성으로 "할머니 힘드시죠. 기운 내세요"라고 말했다. 그러고는 계단 위로 올라갔다. 계단을 걸어 오르면서도 그는 딱한 표정으로 할머니를 향해 뒤돌아보았다.

이때 갑자기 한 아주머니가 나타나 할머니의 가방을 빼앗듯 낚아챘다. 그녀는 잔뜩 화가 난 목소리로 "할머니, 뭐 하세요! 이러다 다쳐요"라고 말하며 가방을 들고 층계를 올랐다. 그러다 휙 돌아보며 "어디로 가세요?"라고 무뚝뚝하게 물었다. 할머니가 행선지를 이야기하자 "저 따라오세요"라고 말하고는 지하철 승차장으로 발걸음을 옮겼다. 그녀는 결국 할머니와 같은 지하철을 탔고, 할머니가 딸을 만날 때까지 가방을 옮겨주었다. 할머니가 거듭 고맙다고 인사하자 그녀는 특유의 무뚝뚝한 말투로 "신경 쓰지 마세요. 가는 길이라 그래요"라고 말하며 총총히 사라졌다. 사실 그녀는 할머니를 따라 자기 집과 정반대로 가는 지하철을 탔던 것이다.

지하철역을 오가며 이 할머니를 봤던 수많은 사람 중에서 착한 사람은 누구이며 그렇지 않은 사람은 누구일까? 할머니의 가방을 들고 동행해줬던 아주머니 한 사람만이 착한 사람이다. 마음속으로 할머니를 걱정했던 사람들이나 할머니에게 위로의 말을 건넸던 청년이 피하거나 무관심했던 사람보다 조금 낫긴 하지만 그렇다고 할머니에게 실제적인 도움을 주지는 않았기에 착하다고 평가할 수는 없다.

성경에서는 착함의 기준을 명확하게 제시한다. "만일 형제나 자매가 헐벗고 일용할 양식이 없는데 너희 중에 누구든지 그에게 이르되 평안히 가라, 덥게 하라, 배부르게 하라 하며 그 몸에 쓸 것을 주지 아니하면 무슨 유익이 있으리요"(「야고보서」 2:15~16). 착함은 마음이나 말로는 충분하지 않다. 그것은 행동으로 완성된다.

착한 친구들

○—○

감동적인 실화 하나를 소개해보겠다.

한 중년 직장인이 퇴근길에 자신을 찾아온 누군가와 마주쳤다. 초라한 행색의 아줌마였는데 기억을 더듬어보니 중학교 동창의 부인이었다. 그녀는 남편이 병원 중환자실에 있다며 절박한 사정을 호소했다. 말기 암으로 죽음이 며칠 남지 않은 남편이 밀린 병원비 때문에 쫓겨날 지경이라고 했다. 마지막 가는 길이라도 편하게 보내고 싶다며 눈물을 글썽거렸다. 딱한 사정을 듣고 안타까웠지만 어찌할 바를 몰랐다. 자신도 하루하루 연명하는 처지이기 때문이다. 고민 끝에 친구들을 떠올렸다. 온라인 메신저로 상황을 알리고 자신이 먼저 1,000만 원을 마련하겠노라고 했다. 모임 총무를 맡은 친구는 자신은 500만 원을 만들 수 있다고 했다. 두 사람 모두 넉넉한 형편이 아닌데, 그나마 가진 적금을 해지했던 것이다. 그러자 친구들이 많게는 몇 백만 원부터 적게는 몇 만 원까지 송금해 3,000만 원이 조금 넘는 돈이 만들어졌다. 그리고 친구는 숨을 거뒀다.

세월이 흐른 뒤 친구의 부인은 서울 변두리에서 조그만 식당을 차렸는데, 장사가 처음이라 솜씨가 보잘것없었다. 하늘이 야속한 만큼 어려운 일이 많았지만, 그녀는 그 모든 걸 딛고 일어섰다. 노력을 기울인 끝에 자신만의 훌륭한 요리를 개발했다.

마지막 치료비를 모으기 위해 나섰던 친구들은 물심양면으로 그 식당을 도왔다. 천안에 사는 친구가 가족 행사를 서울의 그 식당까지

와서 할 정도였다. 친환경 양계장을 하는 친구는 원가에 닭을 납품해 주기도 했다. 이처럼 식당이 자리를 잡는 데는 친구들의 도움이 컸다. 이 식당과 음식에 대한 소문이 퍼졌고 『식객』의 저자 허영만 화백이 최고의 맛이라는 찬사까지 보내는 최고의 맛집이 됐다.

죽은 친구의 자녀도 훌륭하게 장성해 대기업에 입사했고 성실하고 유능한 인재로 인정을 받았다. 그러던 어느 날 모금에 앞장섰던 친구에게 부인으로부터 문자 메시지 하나가 왔다. 동창들이 모여 있는 온라인 커뮤니티에 정식 멤버로 가입하고 싶다는 뜻을 전했다. 그리고 그동안 친구들이 보여준 애정에 깊이 감사하며 자기 자녀가 회사에서 높은 성과를 거둬 보너스로 받은 5,000만 원을 동창회 발전 기금으로 내놓고 싶다고 했다. 지금도 동창들은 그 식당을 아지트 삼아 모인다고 한다.

이들의 착한 우정은 절망에 빠진 한 가정을 일으켜 세웠다. 생각이나 말에 머물지 않고 작으나마 행동으로 옮겼기에 가능한 일이었다.[10]

지금 바로 착한 행동을 하자

뉴욕의 한 택시 기사가 어느 날 콜을 받고 지정 장소로 갔다. 하지만 그곳에는 사람이 나와 있지 않았다. 꽤 기다린 끝에 그 집 초인종을 눌렀다. 90세쯤 되는 작은 할머니 한 사람이 손에 여행 가방을 들고 문가에 서 있었다. 택시 기사는 가방을 받아 들고 할머니를 부축해 택시에 태웠다.

할머니는 목적지를 말하면서 시내 한가운데를 가로지르지 말고 갈 것을 부탁했다. 택시 기사는 의아했다. 많이 돌아가야 하기 때문이다. 궁금해하는 택시 기사에게 할머니는 자신이 호스피스 병원으로 가는 중이며 의사가 자신의 생명이 얼마 남지 않았다는 이야기를 들려주었다. 이 말을 들은 택시 기사는 미터기를 껐다. 그리고 할머니에게 "어디 가보고 싶은 곳 있으세요?"라고 물었다. 그 후 2시간 동안 할머니는 자신의 추억이 서린 시내 곳곳을 돌아보는 마지막 여행을 하게 된다. 젊은 시절 리셉셔니스트로 일했던 호텔, 남편과 함께 살았던 집, 어린 시절 다녔던 댄스 스튜디오를 둘러보고는 목적지인 병원에 도착했다. 그곳에는 2명의 간호사가 할머니를 기다리고 있었다. 택시 기사는 요금을 치르려는 할머니를 만류하며 꼭 안아주었다. 할머니는 눈물이 그렁그렁한 채로 "늙은이의 행복한 마지막 여행을 선물해줘 고맙습니다"라고 인사했다. 택시 기사는 할머니를 태웠던 그날의 운행이 인생에서 가장 의미 있는 시간이었다고 회고하고 있다.[11]

택시 기사는 가치 있고 착한 일을 할 인생의 기회를 발견했고 행동에 옮김으로써 그것을 누렸다. 약간의 돈과 시간을 벌려는 작은 욕심으로 그것을 대체하지 않았다. 그렇다면 이 택시 기사에게만 유독 착한 일을 할 엄청난 기회가 주어진 것일까? 우리의 일터나 일상에서도 평생 기억에 남아 두고두고 기쁨과 의미를 줄 특별하고 착한 일을 할 기회가 주어진다. 하지만 행동하지 않기에 그것을 놓칠 뿐이다. 그리고 착한 일을 다음으로 미룬다. 이런 삶의 패턴에 대해 한 시인이 절절하게 묘사했다.

> 오늘 쓰지 못한 편지는 끝내 쓰지 못하고 말리라. 오늘 하지 않고 생각 속으로 미뤄둔 따뜻한 말 한마디는 결국 생각과 함께 잊히고 내일도 우리는 여전히 바쁠 것이다. 내일도 우리는 어두운 골목길을 지친 걸음으로 혼자 돌아올 것이다.[12]

미국의 한 대학교 수업 중에 교수가 칠판에 '당신이 3일 후에 죽는다면'이라는 주제를 적고 토론을 이끌었다. 학생들은 저마다 꼭 해야 할 일들을 이야기했다. 여러 가지가 나왔지만, 큰돈이 들거나 거창한 것은 거의 없고 대개가 평범한 희망들이었다. 학생들의 이야기를 듣던 교수는 다시 칠판 앞으로 걸어간 후 한 문장을 썼다.

'Do It Now!'

어수선한 강의실이 숙연해졌다. 지금 행동으로 옮겨야 할 진정으로 가치 있고 착한 일들을 언제까지 미룰 것인가?

행동이 착함을 증명한다

착함은 말이나 생각 속에서만 머물지 않는다. 분명한 실체가 있다. 그것은 행동으로 나타난다. 나는 우리 회사가 착함을 이뤄가고 있음을 점검하는 분명한 지표를 가지고 있다. 그것은 고객 만족도이다. A+에셋의 경우는 '보험 계약 유지율'로 표현된다. 고객의 상황에 가장 적합하면서도 유리한 상품을 선택했다면 만족도가 높고, 특별한 일이 없는 한 그것을 해지하지 않을 것이기 때문이다. 그래서 '보험 계약 유지율'은 전 세계 보험에서 가장 중요한 고객 만족 지표로 사용된다.

A+에셋의 유지율은 GA 업계 최고이며 대형 생명보험 3사(삼성·한화·교보)보다 높다. 2018년 A+에셋의 13회차 유지율은 85.3%, 25회차 유지율은 74.2%였다. 대형 생보 3사보다 13회차 유지율은 5%, 25회차 유지율은 무려 9% 더 높다. 생명보험 유지율은 업계 1위, 손해보험 유지율은 근소한 차이로 2위인데 생명·손해보험 전체 순위에서는 1위를 기록하고 있다.

하지만 이 정도로 만족하지는 않는다. 적어도 13회차 유지율이 일본 생명보험회사 수준인 93% 이상을 유지하기 위해 노력하고 있다.

A+에셋은 모집 지표 관리에 있어서 업적 지표뿐 아니라 회차별 유지율 관리 지표를 설정하고 지표가 상대적으로 떨어지는 영업 점포에 대해서는 이유를 파악하고 개선을 유도한다. 이와 동시에 준법 감시 협의제에 따른 영업 점포 현장 점검 때 유지율 부진 설계사와의 개별 면담 등을 통해서도 지속적인 관리를 하고 있다. 또한 영업 관리자와 설계사 성과 보상 체계에서도 유지율 항목을 적용해 유지율에 따른 성과 지급 제도를 운영하고 있다.

GA 수익 구조상 유지 수당이 원수사에 귀속되고 GA에는 지급되지 않고 있다. 유지율을 중시하는 것이 회사 이익 측면에서는 크게 유

리하지 않다는 의미다. 물론 이 부분이 아쉽기는 하다. 하지만 A+에
셋은 이런 구조에 연연하지 않고 유지율 지표를 소중하게 여긴다. 행
동으로 착함을 증명하는 길이기 때문이다.

착함은
성장이다

성장은 죽음을 통해 이뤄진다

착함은 이타적이고 지적이며 실천적이고 타인의 유익함을 창조하는 차원 높은 인격적 경지임을 강조했다. 사람이 어느 날 갑자기 이런 경지에 오를 수 있는 것은 아니다. 영화를 보면 히어로는 갑자기 탄생한다. 고압 전류에 감전되거나 벼락을 맞거나 방사능에 피폭된다거나 하는 식이다. 하지만 착한 사람은 하루아침에 생겨나지 않는다. 착함은 끊임없는 성장의 결과로 존재한다.

생명체의 성장은 아이러니하게도 죽음을 통해 이뤄진다. 쇠퇴한 세포가 죽고 그를 대신하는 새로운 세포가 생겨나는 과정이 성장이다. 삶과 죽음이 이미 우리 몸속에서 공존하고 있다. 사도 바울은 이런 깊은 깨달음을 가지고 살았다. 그는 자신이 "날마다 죽노라"고 고백

했다.

뱀은 매년 두세 차례 허물을 벗는다. 만약 신체적인 이상이 있어 허물을 벗지 못하면 그 허물에 몸이 갇혀 죽고 만다. 뱀이 허물을 벗는 것은 성장하기 위해서이다. 몸이 자라는데, 허물을 이루는 비늘은 자라지 않기에 그것을 벗어던지고 더 많은 비늘을 만드는 새로운 껍질을 만들고자 함이다.

기독교인으로서의 '회심'은 '거듭남'으로 표현된다. 아예 다른 존재가 된다는 뜻이다. 과거의 존재는 죽고 새로운 존재가 태어나는 실로 극적인 변화가 인간 내면에서 일어나야 함을 강조한다. 진정한 성장은 이렇듯 죽음을 통해서 이뤄질 수 있다.

실제로 변화와 성장으로 가는 길은 죽음과 같이 고통스럽다. 기업들의 혁신 진행 과정을 상세히 기록한 책을 보면 조직 변화 과정에서 구성원들에게 극도의 스트레스가 따른다. 이때 몇몇 사람들은 극단적인 선택을 하기도 한다. 과거의 습관, 행동 양식, 사고방식, 성공 패턴, 기득권 등을 버리고 변화를 통해 성장을 이루는 것이 죽음보다 두렵고 고통스럽기 때문이다.

착한 존재로의 성장을 결단하자

◦—◦

1900년대 초반 미국 필라델피아의 한 보육원에서 2명의 아이가 자랐다. 절친한 사이인 두 아이는 똑똑하고 공부도 잘했으며 불우한 과거를 딛고 빛나는 미래를 열고자 노력했다. 두 사람은 규정에 따라 18세 되던 해 보육원을 떠나게 됐다. 헤어지면서 둘은 30세가 되면 당당하게 우뚝 선 모습으로 다시 만나 의로운 일을 하자는 약속을 한다.

그로부터 10년이 흐른 후 두 사람의 인생은 극명하게 갈렸다. 한 사람은 5개의 업체를 거느린 사업가가 됐고, 다른 한 사람은 알코올 중독에 빠져 거리를 헤매는 노숙자가 됐다. 공원에서 기거하던 노숙자는 우연히 본 신문에서 사업가 친구의 근황을 알게 된다. 그는 자신의 꿈 많던 어린 시절과 보육원을 나서며 다짐했던 것을 떠올리고는 나락에서 빠져나와야겠다는 결단을 하게 된다.

노숙자는 뭔가 시작하려면 최소한의 발판이 있어야겠기에 사업가 친구에게 도움을 청하자고 생각했다. 그리고 회사 앞에서 경비로부터 몇 차례 문전박대를 당한 끝에 간신히 친구를 만날 수 있었다. 노숙자는 자신의 상황과 결심을 털어놓고 간곡히 도움을 청했다. 사업가 친구의 청을 들어주겠노라면서 3가지 조건을 달았다. 첫째, 당장 술을 끊을 것. 둘째, 병이 들지 않는 한 일할 것. 셋째, 매주 일요일이면 교회에 나갈 것. 이 조건을 빠짐없이 지키면 5년 후에 자신이 운영하는 사업체 중 하나를 맡기겠다고 했다. 노숙자는 조건을 다는 친구가 조금 못마땅하긴 했지만 그것을 받아들이기로 하고 그 자리를 나섰다.

그는 곧바로 술에 취해 거리를 헤매던 생활을 청산했다. 지역의 페인트칠 회사의 잡부로 취직해서 열심히 일했다. 또한 일요일이면 꼬

박꼬박 교회 예배에 참석했다. 그는 5년 후에는 사장이 된다는 미래를 그렸기에 지금 당장 수입이 많고 적은 것을 따지지 않았고 궂은일도 스스로 찾아가며 했다. 그가 일하던 작은 페인트칠 회사는 급성장했고, 뉴욕 지사까지 새로 만들게 됐다. 그는 새로 생긴 뉴욕 지사를 책임지게 됐다. 그 후 필라델피아 본사 사장이 세상을 떠나게 됐는데, 유언을 통해 회사의 새로운 사장으로 노숙자 출신의 뉴욕 지사장을 임명했다. 자력으로 회사 사장의 자리까지 오른 것이다.

그는 자신을 도와주겠다던 사업가 친구를 찾아갔다. 사업가는 직원을 통해 정기적으로 보고를 받았기에 노숙자였던 친구의 변화 과정을 잘 알고 있었다. 그는 친구의 성장을 칭찬하면서 약속한 5년이 채 되지 않았지만 지금이라도 회사 하나를 맡아달라고 했다. 노숙자였던 친구는 고맙지만 이미 사장이 됐으니 그 제안은 받을 수 없다고 웃으며 거절한다. 그 대신 우리가 힘을 합쳐 사회사업을 펼치자고 청했다. 두 사람은 재단을 만들어 사회사업을 펼쳤다. 6·25 전쟁 때에는 우리나라에서도 이 재단에서 설립한 보육원이 운영됐다고 한다.

이 이야기는 성장의 요건을 담고 있다. 첫째는 과거와의 단절이다. 변하지 않으면 죽는다는 강인한 결기로 삶을 훼손하는 낡은 습관을 끊어내야 한다. 둘째는 노동의 신성한 가치다. 성장은 직업 현장에서 노동을 통해 이뤄진다. 자신의 일을 성실하게 수행하는 사람만이 성장할 수 있다. 셋째, 가치와 지향이다. 신에게 예배하듯 숭고한 가치와 지향을 가질 때 앞으로 나아갈 수 있다.

사업가 친구가 제안한 3가지 조건은 간단해 보이지만 실천에 옮길 때 고초가 따르는 험난한 과제이다. 숭고한 가치를 품은 채 과거를 버리고 주어진 자리에서 최선을 다해 일할 때 자연스럽게 성장이 이뤄진다. 적절한 햇빛과 수분을 공급받은 나무가 쑥쑥 자라는 것이 당연하듯 너무나 자연스럽게 인간 존재의 성장이 일어난다. 옛날 미국에서만 가능한 일이 아니라 지금 우리 삶의 자리에서도 충분히 일어날 수 있는 일이라 믿는다.

성공과 성장 사이

◦—◦

우리는 월급이 오르는 것, 직위가 올라가는 것, 운영하는 사업체 규모가 커지는 것 등 눈에 보이는 성취를 계속 이뤄나가는 과정을 성장이라고 생각하곤 한다. 물론 이것이 성장의 결과물일 수는 있지만, 성장 그 자체는 아니라고 생각한다. 성장은 외적 조건이 나아지는 것이 아니라 내면적 인격이 성숙하는 것을 의미하기 때문이다.

예일대학 교수이며 세계적 베스트셀러 작가인 데이비드 브룩스가 쓴 『인간의 품격』은 진정한 성장에 대한 정의를 제공하고 있다. 이 책은 인간 내면에 2가지 존재가 있다고 가정하고 아담 1과 아담 2로 각각 이름을 붙였다. 아담 1은 욕망에 충실하다. 그의 관심사는 돈과 커리어이다. 재산의 확장과 출세를 지향하고 경쟁에서 승리하고자 한다. 아담 2는 숭고한 인품을 원한다. 고요하고 평화로운 존재로서 차분하지만 굳건한 분별력을 갖추려 한다. 선한 행동을 하는 것을 넘어서 선한 사람이 되고 싶어 한다. 거칠게 구분하자면 아담 1은 성공을, 아담 2는 성장을 추구한다.

아담 1과 아담 2는 각각의 내면에서 조화를 이뤄야 한다. 사람의 행동은 주로 아담 1에 의해 추진력을 얻는 경우가 많다. 그러나 아담 2가 뒷받침하지 않으면 위기에 빠질 수 있다. 부도덕한 행실로 성공 가도에서 이탈하는 이들의 공통점은 아담 2를 소홀히 했다는 데서 찾을 수 있다.

더 많이 벌고 더 높은 지위에 오르고 명성을 얻고 다른 사람의 갈채를 받으며 과시하듯 화려하게 사는 게 삶의 목표로 등극한 세상이다. 이런 자기중심적 성공관이 삶을 압도한다면 착한 사람이 되는 내면의 성장은 이뤄질 수 없다. 아담 1과 아담 2는 내면에서 서로 갈등하고 투쟁한다. 두 자아가 끊임없이 싸우며 성장한다. 이렇듯 장구한 투쟁을 거쳐 성숙한 존재로 서는 것이다.

나는 성공을 얕봐서는 안 된다고 생각한다. 성공을 향한 집념은 매우 중요한 성취동기로 작용한다. 하지만 성장의 관점을 간과하면 위험하다. 성장을 이뤄내지 못한 사람은 성공했을 때, 즉 큰돈을 벌거나 높은 지위에 올랐을 때, 명성과 인기를 누릴 때 그것을 가꾸고 지켜나갈 힘을 얻지 못한다. 그래서 사상누각처럼 흔들린다.

하지만 내적으로 성장한 사람은 돈, 권력, 커리어, 명성, 인기 등을 활용할 줄 안다. 덕으로 재주를 조율한다. 외적 조건을 과시하기보다는 낮은 자리로 간다. 자신이 갖춘 것을 바탕으로 착한 일을 추구한다. 그러면서 더 성장하는 선순환을 이뤄낸다.

고전 명작으로 사랑받는 톨스토이의 『안나 카레니나』는 주인공 안나 카레니나의 불륜이 주된 스토리를 이룬다. 그런데 이것이 전부라면 이 작품이 대작으로 추앙받지는 못했을 것이다. 이 소설에는 또 다른 흐름이 있다. 작가의 인격이 투영된 레빈이라는 인물이다. 그는 성장하는 사람이다. 부도덕하고 나약한 인물들의 얽히고설킨 애정 관계 속에서도 레빈은 자신의 삶과 사랑을 성장시켜나간다. 불륜으로 파국을 향해 치닫는 다른 인물들이 성장 없이 갈등과 고통에 휩싸이는 것과는 대조적이다. 특히 레빈은 노동을 통해서 성장을 이뤄낸다. 그는 일에 몰입하며 행복을 느끼고 나아가 자연과 하나가 되는 충만한 경지에 도달한다. 톨스토이에게 파멸은 욕망에 압도당하며 성장하지 못한 사람에게 일어난다. 이와 반대로 인간 구원은 내면적 성장과 통한다.[13]

돼먹지 못한 고약한 사람이 성공하거나 선량하고 성실한 사람이 성공하지 못하는 경우를 현실에서 많이 볼 수 있다. 이에 대해 원망할 필요는 없다. 성장의 기준으로 보면 성패가 뒤바뀌기 때문이다.

진정한 성공은 성장의 열매

우리 회사는 구성원의 성장을 중요하게 여긴다. 수입이 늘어나거나 높은 지위에 오르는 등의 눈에 보이는 성공만을 강조하지 않는다. 고객을 우선으로 하는 가치를 체화하고 역량을 높여 고객과 동료에게 유익을 제공하는 착한 전문가로 성장하도록 돕는 게 회사의 할 일이라고 생각한다. 그렇게 성장해갈수록 성공은 자연스럽게 뒤따른다. 그리고 이런 성공이 영속적이며 단단하다.

　우리는 성공을 위해 노력해야 한다. 이보다 앞서 그리고 더 간절하게 성장을 갈구하며 내적 자아를 가꿔야 한다. 성장 없는 성공은 아침 햇살에 사라지는 안개에 지나지 않는다.

착 함 은
선 한   지 향 이 다

착한 깡패는 없다

○—◆—○

앞에서 착함이 갖는 실제적 측면들을 이야기했다. 착함이 지성과
역량, 구체적인 행동을 통해 다른 사람에게 이로움을 줄 수 있어야
한다고 강조했다. 그렇다면 이렇게 딴죽을 걸 수도 있다. "다른 사람
에게 이로운 결과를 안겨주는 모든 행위가 착한 것인가?" 간단하게
답할 수 있다. 아니다. 전혀 그렇지 않다.

영화나 드라마 등에서는 이따금 착한 조직폭력배가 등장한다. 내
부적 시각으로만 보면 그는 선량하게 느껴진다. 선배에 대한 의리가
굳건하다. 동료들이 위기에 처하거나 어려움을 겪을 때면 물불 가리
지 않고 나선다. 자기희생도 마다하지 않는다. 가정에서는 지극정성
으로 부모님을 보살피는 효자요, 우애가 넘치는 형제요, 자상한 아빠

이다. 실제로 그런 인물이 아예 없는 건 아니라고 한다.

악한 직업을 가졌지만 자기 나름대로는 선량하게 살아가는 조직폭력배는 착한 사람이라고 해도 될까? 대답은 너무도 명확하게 'NO'이다. 착함의 기준이 되는 '지향점'이 잘못됐기 때문이다. 착함은 분명한 지향을 전제로 존재한다. 자기 그룹 안에서 도덕적 룰을 철저히 지키는 것은 착함과는 아무런 상관이 없다. 오히려 엄청난 악함을 만드는 데 힘을 보탤 뿐이다. 2차 세계대전 후 나치 전범들을 재판하고 처벌하는 과정에서 수많은 사람이 충격을 받았다. 잔혹한 폭력과 학살에 앞장섰던 인물들은 다정다감해 보이기까지 한 평범한 이웃들이었기 때문이다. 이런 슬프고 끔찍한 진실은 한나 아렌트의 '악의 평범성Banality of evil'이라는 표현 속에 잘 드러난다.

자신이 속한 조직이 공공연히 악을 행한다면 이에 저항하는 게 착함이다. 최소한 그 집단을 박차고 나와야 한다. 악한 일을 하는 걸 알고서도 그 집단에 참여하고 그 일을 받아들인다면 변명의 여지가 없다.

그렇다면 내가 속한 조직의 선악을 분별하는 기준이 무엇이냐는 반론도 있을 수 있다. 나는 우리 속에 이미 주어졌다고 생각한다. 누구나 보편적 양심의 기준을 가지고 있다. 유신론자든 무신론자든 마찬가지다. 물론 시대에 따라 차이가 있지만, 보편적 양심은 시대와 지역을 뛰어넘어 존재해왔다. 그리고 기나긴 역사적 과정, 선각자들의 깨달음, 선조들의 희생이 쌓여 더욱 풍부해졌다. 이것을 부정할 수는 없을 것이다.

나는 경영자인 내가 혹시 잘못된 길로 들어설 때 우리 회사의 구성원들이 두려움 없이 이를 가로막고 과감히 비판할 수 있기를 바란다. 더 나아가 이런 견제를 견고한 시스템으로 만들고자 노력하고 있다. 창업할 때는 일부러 자산 총액을 늘려 외감법인(외부로부터 감사와 감사 결과 공개가 법적 의무인 기업)이 됐다. 이에 대해 자유로운 행보를 하지 못하게 된다며 반대하는 목소리도 있었지만, 나는 탈선을 예방하는 장치가 더 긴요하다고 보았다. 그 외에도 끊임없이 공개와 투명성을 강조해왔으며 제도에 담기 위해 노력했다. 회사 내부가 환히 들여다보이고 모든 정보가 노출된다면 경영진과 일선 실무자의 비위를 견제하고 착함을 유도하게 된다는 믿음을 가지고 있다. 앞으로 A+그룹 모든 계열사를 순차적으로 기업공개IPO할 계획이다. 가장 먼저 세운 A+에셋은 이미 기업공개를 위한 실무 절차가 진행 중이다. 기업공개를 추진하는 데는 여러 이유가 있는데 사회적 신뢰를 높이고 제어장치를 강화하는 것도 그중 하나이다.

착한 기업의 지향점

○—○

나는 기업이 착한 가치를 추구해야 한다고 믿는다. 가족, 일터, 지역 사회, 나라, 인류, 심지어 생태계 전체의 복리에 이르기까지 그 지향점을 높이는 게 바람직하다고 본다. 기업 경영자가 이런 이야기를 하는 게 생뚱맞을 수 있다. 그렇다. 영리를 추구하는 기업에 사회사업을 강요하거나 복지단체로 전환하라는 말은 가당치 않다.

기업은 정당한 방식으로 돈을 벌고 쓰면 그것으로 충분하다. 이 과정에서 직원을 고용하고 제품과 서비스를 사회에 공급하며 세금을 내는 사회적 기능을 담당하기 때문이다. 나는 이러한 전제를 인정하면서 사업의 지향점 자체를 확장해야 한다고 생각한다.

현대 경영학의 아버지로 불리는 피터 드러커는 기업의 존재 목적이 이윤이 아니라 고객 창조라고 했다.[14] 사회적으로 수용되는 정당한 활동으로 이윤을 극대화함으로써 이해관계자의 유익을 끼치는 것은 기업의 존재 양식이지만, 기업은 그보다 더 상위의 가치를 염두에 둬야 한다.

기업의 일이 궁극적으로 지역 사회나 국가, 인류의 복리를 증진한다는 지향점을 의식하는 게 옳다. "매출액 몇 조 원" 같은 구호가 목표로서는 타당하지만, 비전으로 삼기에는 적당하지 않다는 지적은 같은 맥락이다. 기업의 궁극적 지향을 선언하는 비전은 인류에 어떻게 기여할 것이냐를 다루는 게 바람직하다.

저 높은 곳을 향하여

착한 사람의 눈길은 다른 사람을 향해 있다. 기왕이면 더 많은 사람이 행복해지기를 바란다. 그래서 가치와 지향이 원대해진다. 차원 높은 휴머니티를 지니게 된다. 때로는 더 큰 가치를 위해 희생을 감수한다.

네가 만약 늙은 어미보다 먼저 죽은 것을 불효라 생각한다면, 이 어미는 웃음거리가 될 것이다. 너의 죽음은 너 한 사람 것이 아니라 조선인 전체의 공분을 짊어지고 있는 것이다. 네가 항소를 한다면 그것은 일제에 목숨을 구걸하는 짓이다. 네가 나라를 위해 이에 이른즉 딴 맘먹지 말고 죽으라. 옳은 일을 하고 받은 형이니 비겁하게 삶을 구하지 말고, 대의에 죽는 것이 어미에 대한 효도이다. 아마도 이 편지가 이 어미가 너에게 쓰는 마지막 편지가 될 것이다. 여기에 너의 수의壽衣를 지어 보내니 이 옷을 입고 가거라. 어미는 현세에서 너와 재회하기를 기대치 않으니, 다음 세상에는 반드시 선량한 천부의 아들이 돼 이 세상에 나오너라.

이토 히로부미를 저격하고 재판을 받던 안중근 의사에게 그의 어머니 조마리아 여사가 보낸 편지라고 알려진 내용이다. 실제 이 편지가 남아 있는 건 아니다. 조마리아 여사의 기개와 성품을 고려해 누군가 창작한 것으로 짐작된다. 하지만 조마리아 여사는 똑같은 취지의 메시지를 안중근 의사에게 전했다.

《만주일일신문》이 보도한 내용에 따르면, 그의 두 동생이 안중근을 면회했을 때 어머니의 말씀을 전달했는데, "사형 판결을 받는다면 깨끗이 죽어서 명문의 이름을 더럽히지 않도록 하라"는 내용이었다고 한다.[15] 이것이 문학적 수사를 입고 더 생생하게 바뀐 것이 '안중근 어머니의 편지'로 보인다. 조마리아 여사가 직접 편지를 썼다면 아마 그 내용이 크게 다르지 않았을 것이다. 조마리아 여사는 아들의 안위보다는 가문, 국가, 종교적 명예를 더 소중히 여겼다. 차원 높은 지향을 가진 착한 사람의 전형적인 모습이다.

우리가 천 번 만 번 기도를 올리기로서니 굳게 닫힌 옥문이 저절로 열려
질 리는 없겠지요. 우리가 아무리 목을 놓고 울며 부르짖어도 크나큰 소
원이 하루아침에 이뤄질 리도 없겠지요. 그러나 마음을 합하는 것처럼 큰
힘은 없습니다. 한데 뭉쳐 행동을 같이하는 것처럼 무서운 것은 없습니
다. 우리는 언제나 그 큰 힘을 믿고 있습니다. 생사를 같이할 것을 누구나
맹세하고 있으니까요…. 그러기에 나 어린 저까지도 이러한 고초를 그다
지 괴로워해 하소연해본 적이 없습니다.

어머니께서는 조금도 저를 위해 근심치 마십시오. 지금 조선에는 우리 어
머니 같으신 어머니가 몇 천 분이요, 또 몇 만 분이나 계시지 않습니까?
그리고 어머니께서도 이 땅에 이슬을 받고 자라나신 공로 많고 소중한
따님의 한 분이시고, 저는 어머님보다도 더 크신 어머님을 위해 한 몸을
바치려는 영광스러운 이 땅의 사나이외다.

콩밥을 먹는다고 끼니때마다 눈물겨워하지도 마십시오. 어머님이 마당에
서 절구에 메주를 찧으실 때면 그 곁에서 한 주먹씩 주워 먹고 배탈이 나
던, 그렇게도 삶은 콩을 좋아하던 제가 아닙니까? 한 알만 마루 위에 떨
어지면 흘금흘금 쳐다보고 다른 사람이 먹을세라 주워 먹기가 한 버릇이
됐습니다.[16]

독립운동가이며 『상록수』를 쓴 작가 심훈이 옥중에서 어머니에게
보낸 편지글이다. 속마음이야 그렇지 않겠지만 어머니를 가까이서 모

시지 못하는 불효에 대한 미안함은 글에 나타나지 않는다. '어머니보다 더 크신 어머니'를 향한 진정성을 어머니가 이해하리라 믿었기 때문이다. 자신이 콩을 좋아하던 사람임을 환기시키며 콩밥을 먹는 것을 걱정하지 말라고 말하는 대목에서는 유머가 느껴진다. 심훈은 그 누구보다 어머니를 사랑했을 것이다. 나라를 빼앗긴 비통한 상황에서 전통적 가치인 입신양명과 다른 방식을 선택했을 뿐이다.

착한 사람은 더 높은 가치를 좇는다. 지향점을 숭고한 데 둔다. 문득 작은 이익에 매달려 아옹다옹하는 자신을 발견할 때가 있다. 그때 스스로 초라함을 느끼기도 한다. 그런 순간에는 저 높은 곳을 바라보며 자신의 안위를 초개와 같이 여겼던 의로운 사람들을 떠올려보자.

지향이 역사를 만든다

인생은 신비롭다. 자신이 간절히 바라는 대로, 꿈꾸는 대로 흘러간다. 애타게 소망을 둔 일이 이뤄지지 않는다면 그것은 정말 원하지 않았기 때문일 수도 있다. 무엇을 지향하느냐에 따라 한 사람의 인생이 달라지고 가족이 달라지고 회사가 달라지고 역사가 달라진다.

18세기 초 2명의 젊은이가 부푼 꿈을 안고 신대륙 미국에 도착했다. 그들의 이름은 마르크 슐츠와 조나단 에드워즈이다. 모두 새로운 곳에서의 새로운 삶을 바랐지만, 지향점은 완전히 달랐다. 마르크 슐츠는 돈을 원했다. 그는 뉴욕에 술집을 열었고 가게가 잘돼 그토록 바라던 부자가 됐다. 조나단 에드워즈는 자신이 신앙의 자유를 찾아 이역만리까지 왔음을 잊지 않았다. 그는 신앙과 인격, 지성을 추구했다. 그도 바라는 대로 됐다. 그는 프린스턴대학을 설립했고 미국 부흥 운동을 이끌었다.

그로부터 150년 후 뉴욕의 교육위원회는 두 사람의 자손들이 어떻게 됐는지를 추적 조사했다. 마르크 슐츠의 5대에 걸친 후손은 1,062명이었다. 그중 범죄로 수감 전과가 있는 이가 96명, 알코올 중독이나 정신 질환에 시달리는 사람이 58명, 성매매 여성이 65명, 극빈층이 286명, 교육을 제대로 받지 못한 사람이 460명이었다. 조나단 에드워즈의 5대에 걸친 후손은 896명이었다. 이들 중 부통령이 1명, 상·하원의원이 4명, 대학 총장이 12명, 대학교수가 65명, 의사가 60명, 목사가 100명, 군인이 75명, 작가가 85명, 법률가가 130명, 공무원이 80명이었다.[17]

무엇을 지향하느냐는 이처럼 극명한 차이를 만들 수 있음을 실증적으로 보여주는 사례라 할 수 있다. 우리는 무엇을 지향하고 있는가? 무조건 돈을 많이 벌거나 출세하면 된다고 생각하는가? 아니면 인품과 지성을 갖춘 착한 사람으로서의 성장을 바라는가? 지향하는 바에 따라 우리 자신은 물론 후손들의 삶이 바뀔 수 있음을 가슴에 새기자.

미래는 착한 사람이 이끈다

역사에서 강한 자만이 궁극적 승자가 되는 것은 아니다.
고대 그리스 도시국가들은 강대국의 번영을 누리지는 못했지만
그들의 자부심, 즉 시민정신과 자유, 민주주의 이념은
유럽을 넘어 전 세계의 운영 원리로 확산됐다.

현재 한국은 기술 주도 국가와 후발 강국 사이에
낀 호두Nut Cracker 신세이며
4차 산업혁명 분야에서도 진입 속도가 더딘 편이다.

착한 지도자, 정직하고 지성이 있으며
현재 세대와 미래 세대의 장기적인 유익과 성장을 추구하며
뼈를 깎는 변화와 혁신을 이끄는 지도자가 절실한 시점이다.

미·중 무역 전쟁이 심화돼 세계 경제가 침체되면
가장 큰 피해는 대만이며 그다음 타격은 우리나라로 예측된다.
미국이 중국의 첨단 기술 확보를 견제하는 동안
우리는 기술력을 고도화해나가는 노력이 절실하다.

디스토피아는 상상의 공간이 아니다.
저성장의 직격탄을 맞은 경제와 쪼그라드는 가계, 소외되고 피폐한 삶이
눈앞에 닥친 한국 사회의 현실을 지금 바꾸지 않으면
우리가 사는 이곳이 디스토피아가 될 것이다.

4차 산업혁명(인공지능, 빅데이터, 자율주행차, 사물인터넷, 클라우드)은
현실을 진단하고 미래를 예측하는 유용한 인식 틀로서 가치가 있다.
자기 철학(사랑, 착함, 이타성)을 가지고 주도적으로 도입하고 운용해야 한다.

누가
역사의 주인공인가

대제국 페르시아[18]

역사는 대제국과 영웅들의 서사를 담는다. 2,000~3,000년 전 세계사의 중심이 되었던 곳은 메소포타미아 지역이다. 우리가 흔히 '중동'이라고 말하며 유럽인들이 자신들과 가까운 동쪽에 있다고 해서 '근동近東'이라 부르는 지역이다. 이곳에서 바빌로니아와 페르시아가 패권을 이어받으며 번성한 나라를 이뤘다.

페르시아는 바빌로니아의 속국 중 하나였다. 페르시아를 제국으로 일으킨 키루스 대왕의 이야기는 매우 흥미롭다. 그의 어머니는 바빌로니아의 속국 중 큰 나라인 메디나의 공주였다. 그녀가 결혼 전 메디나 왕궁에 있을 때 자신의 소변에 온 나라가 잠기는 꿈을 꾸었다. 너무나 생생하고 불길하기도 해서 아버지 왕에게 이 이야기를 들려주었다. 왕은 신하들을 불러 해몽했는데 공주의 아들이 메디나를 멸망시킨다는 예언을 담고 있다고 했다.

왕은 공주가 세력을 갖지 못하도록 이웃 작은 나라 페르시아의 평범한 청년에게 시집보냈다. 그러고도 마음이 놓이지 않아 사람을 보내 공주가 출산할 때 아들을 낳으면 바로 죽이도록 명령했다. 공주는 아들을 낳았는데 그 신하는 차마 아기를 죽일 수 없어 사산한 이웃집 아이와 바꾸었다. 이렇게 해서 공주의 아들은 자신의 혈통을 모르고 가난한 집에서 평범하게 자라게 됐다.

총명하고 용맹하며 리더십이 뛰어난 공주의 아들은 친구들을 지휘하는 역할을 맡았다. 하루는 규율을 어긴 한 친구를 처벌했는데, 이 아이는 지위가 높은 장군의 아들이었다. 이 사실은 장군을 통해 메디나 왕에게도 알려졌고 호기심을 느낀 왕은 이 아이를 만나고 싶어 왕궁에 불렀다. 왕은 아이를 만나자마자 용모와 기개를 보고 누구의 후손인지 알아차렸다.

죽은 줄 알았던 외손자를 만난 왕은 반갑기도 했지만, 한편으로는 분노가 일었다. 자신의 공주가 아들을 낳으면 죽이라고 한 명령을 신하가 어겼음을 알았기 때문이다. 왕은 그 신하를 불러들였다. 그리고는 맛있게 조리된 고기 요리를 베풀었다. 신하가 그 고기를 다 먹자, 왕은 그 고기가 신하의 아들을 죽여서 구운 것임을 알려주었다. 참으로 처절한 처벌이었다.

자기 아들을 먹은 아버지는 복수심에 치를 떨었다. 그리고 전 재산을 처리해 페르시아로 갔다. 그곳에서 공주를 만나 그녀의 아들을 키우는 데 모든 것을 걸겠다고 했다. 그는 자신의 맹세대로 공주의 아들을 잘 키웠다.

이 아이가 자라서 페르시아를 석권하고 다음으로 외할아버지의 나라 메디나를 멸망시키고 통합했다. 그리고 힘을 더 키워 바빌로니아를 무너뜨리고 페르시아 제국을 건설했다. 키루스는 영웅 중의 영웅으로 꼽힌다. 미국 세계사학회에서 학자들에 의해 역사상 가장 위대한 영웅으로 선정되기도 했다.

키루스 대왕 이후 그의 아들 캄비세스가 왕위를 이어받았지만, 재위 2년 만에 죽고 3대 왕으로 다리우스가 즉위한다. 다리우스는 호전적이고 정복욕이 강한 사람이었다. 그는 지중해를 넘어 그리스 지역을 차지하고 싶어 했다. 그는 400척의 전함과 40만 명의 병력을 이끌고 그리스 정벌에 나섰다. 하지만 아테네의 3만 군대에 패전하고 만다. 이때 아테네에 승전보를 전하고 죽은 병사를 기념하는 경기가 마라톤이다. 패전한 다리우스는 설욕을 위해 전쟁을 준비하지만 뜻을 이루지 못하고 죽었다.

그 후 다리우스의 아들 크세르크세스가 더 치밀하게 전쟁을 준비하고 병력을 증강해 다시 그리스 정벌에 나선다. 테르모필레 협곡에서 결사 항전하는 스파르타 왕과 정예군에 막혀 고초를 겪다가 스파르타 내부 배신자를 활용해 가까스로 스파르타를 정벌한다. 이 과정을 그린 영화가 〈300〉이다.

약소국 이스라엘

페르시아 제국의 역사는 구약성서에도 등장한다. 제국을 일으킨 키루스 대왕은 '고레스'라는 이름으로 등장한다. 바빌로니아에 포로가 되었던 유대 민족을 해방하고 이스라엘로 돌려보내 성전을 건축하게 한 인물이다. 스파르타와 혈전을 벌였던 4대 왕 크세르크세스는 에스더의 간청을 받아들여 유대 민족이 몰살의 위기를 피하도록 명령한 아하수에로이다.

그러고 보면 이스라엘은 페르시아와 그 왕에게 큰 은혜를 입은 것 같다. 포로 상태의 민족이 해방돼 고향으로 돌아왔고, 페르시아에 남았던 사람들도 학살 위기에서 건짐을 받았기 때문이다. 하지만 성경은 관점이 다르다. 위대한 제국과 자애로운 통치자는 신의 도구로만 다뤄진다. 바빌로니아에 비해 페르시아에 대한 기록이 우호적이긴 하지만, 그렇다고 페르시아를 숭상하지는 않는다.

바빌로니아와 페르시아와 견줘볼 때 이스라엘은 초라한 나라였다. 인접 강대국의 틈바구니에서 숨조차 제대로 쉬지 못하던 약소국의 처지였다. 바빌로니아에 패망한 유대 민족들은 밧줄에 묶인 채 520km의 험난한 길을 끌려갔다. 그리고 70년 동안 노예와 같은 포로 생활을 감내해야만 했다. 한없는 치욕이자 고통 그 자체였다. 그런데 그들은 자신의 군사력이 약하기 때문에, 약소국이어서 패망했다고 받아들이지 않았다. 자신들이 부정부패하고 약한 사람을 괴롭히는 죄를 지어서 하나님의 벌을 받았다고 여겼다. 스스로를 돌아보며 성찰한 것이다. 페르시아에 의해 해방될 때에도 그들을 해방한 이는 키루스가 아니라 하나님이라고 고백하고 있다.

모략가에 의해 민족이 몰살을 당할 위기에 처했을 때도 왕후 에스더는 금식하고 기도한 후에 '죽으면 죽으리라'는 결연한 자세로 왕 앞에 나아갔다. 이스라엘은 작고 보잘것없는 나라였고 그 민족은 포로에 지나지 않았지만 그들의 영혼은 크고 위대한 가치를 품고 있었다. 그것이 그들을 크게 만든 것이 아닐까?

페르시아로부터 여러 차례 침공을 당했던 그리스 도시 국가들은 어떤가? 그들의 군사력은 초강대국 페르시아와 맞서기에는 역부족이었다. 하지만 소수 병력이 일치단결해 적에 맞섰다. 죽음으로 항전하는 것을 명예롭게 받아들였다. 그들이 일군 문명과 자유를 지키기 위해서였다.

역사의 진정한 승자

바빌로니아는 지금의 이라크, 페르시아는 이란이다. 이 나라들은 지금도 대제국의 후예임에 자부심을 느낀다. 이란은 지금도 마라톤 전투에서 조상들의 패전을 기억해 마라톤 경기 자체를 금지하고 있다. 오랜 금지 후 2017년 첫 마라톤 대회를 열었는데, 차마 마라톤이라는 이름을 쓸 수 없어 '페르시아 런'이라는 새로운 경기 이름을 붙이기도 했다.

하지만 이라크와 이란에서 대제국의 영광을 찾기는 힘들다. 이처럼 수많은 제국이 흥망을 거듭하며 역사에 이름을 남겼지만 초라한 퇴장을 피할 수는 없었다. 하지만 비록 약소국이었더라도 그들이 품었던 숭고한 가치는 면면히 이어지고 있다.

세계 패권 제국으로부터 침략과 수탈을 당하기만 했던 유대인들은 전 세계에 영향력을 끼치고 있다. 경제 등 물질적인 측면에서 성공을 이뤘으며 그들의 종교, 철학, 삶의 태도 등이 현대 문명의 바탕이 됐다.

유대인은 모두 합쳐서 1,500~1,600만 명 내외로 추정된다. 이 중에서 미국에 700만 명, 이스라엘에 500만 명 정도가 살고 나머지는 전 세계에 흩어져 있다. 세계 인구의 0.2%밖에 되지 않는 작은 민족이다. 그러나 세계에서 가장 영향력 있는 민족이 됐다. 이스라엘의 영토는 2만 700km²이다. 우리나라의 경기도와 강원도를 합친 정도다. 매우 작은 나라이지만 어느 나라도 함부로 다룰 수 없는 큰 나라다. 노벨상 수상자의 약 3분의 1이 유대인이다. 또한 전 세계 학계와 금융계, 언론계와 문화예술계의 유력 인사를 배출했으며 미국 의회와 행정부 등 정계를 좌우하는 막강한 힘을 발휘한다.

또한 대제국 페르시아에 힘겹게 맞섰던 그리스 도시국가들은 어떤가? 그들은 강대국의 번영기를 누리지는 못했다. 하지만 고대 그리스 국가들의 자부심이 됐던 시민 정신과 자유, 민주주의는 유럽을 넘어 전 세계의 운영 원리로 확산됐다.

역사는 강한 자만이 궁극적 승자가 되지 않았음을 증명한다. 제국은 일어섰다가 쇠퇴하지만, 약소민족이 가슴에 품은 가치의 힘은 역사를 넘어 성장한다. 누가 역사의 주인공인가? 우리는 최후의 주인공이 될 것인가? 찬란한 한때를 추억하는 데 머물러 있을 것인가?

역사를 움직이는 손길

2019년 6월 21일 우리 회사는 반가운 손님을 맞았다. 전국경제인연합회와 김창준미래한미재단 초청으로 '미국 전前 하원의원단 초청 한미 통상 안보 현안 좌담회'에 참석하였던 미국 전 하원의원 일행이 우리 회사를 방문한 것이다. 미국의 전 하원의원들은 고맙게도 고객을 최우선으로 대하는 우리 회사의 철학과 실천에 대해 진심 어린 칭찬을 보내주었다. 그리고 이 자리에서 미군의 6·25 전쟁 참전에 관한 이야기를 나누었다.

북한 인민군이 남침을 감행한 1950년 6월 25일은 미국의 6월 24일이었다. 이날 밤 9시에 트루먼 미국 대통령은 딘 애치슨 국무장관으로부터 인민군의 남침 관련 긴급 보고를 받았다. 이틀 후인 6월 26일 저녁에는 한국군을 돕기 위해 미 공군력 사용을 결정했다. 그리고 6월 30일에는 한국 전선을 시찰하고 온 맥아더 원수의 건의를 받아들여 지상군 파병을 결정했다. 미국이 이렇게 빨리 외국 파병을 결정한 사례는 전무후무하다.

트루먼 대통령의 의사결정에는 여러 요인이 영향을 끼쳤다. 그중 한 사람은 세계적인 부흥사 빌리 그레이엄 목사이다. 당시 30대 후반

이던 빌리 그레이엄은 2차 대전 승리 후 느슨해진 미국을 향해 세계 안보의 경각심을 일깨우는 설교를 했었다. 그리고 미국이 침략받은 한국을 외면하면 안 된다고 역설했다.

젊은 미국 목사가 멀리 한국에 관심을 두게 된 이유는 그의 아내 루스 그레이엄 때문이다. 루스 그레이엄의 어머니는 일제강점기 북한 지역에서 선교사로 사역했다. 루스 그레이엄도 그때 함경북도 함흥에서 태어났다고 한다. 그녀는 자신이 태어나고 기독교 부흥이 일어난 한국을 사랑했고 그 마음이 남편에게 영향을 주었다. 그리고 빌리 그레이엄의 메시지는 트루먼 대통령과 미국 국민을 움직였다.

더글라스 맥아더 장군이 일본 점령군 최고사령관으로서 한국 가까이에 있었던 것도 다행스러운 일이었다. 그는 2차 대전 중 백전백승한 최고의 전략가로 세계적 명장이었다. 전쟁 발발 후 자신의 전용기를 타고 일본에서 출발해 한반도 정찰을 감행하였고 그 결과 인천상륙작전을 계획했다. 이 작전이 불리하던 전세를 결정적으로 뒤집었다.

6·25전쟁 때 수많은 미군의 희생이 있었으며 다른 유엔군의 도움도 컸다. 프랑스의 예비역 중장 랄프 몽클라르는 공산군의 침략으로 위기에 처한 한국을 돕는 것이 군인으로서 자신의 역할이라고 생각했다. 하지만 프랑스는 대대 병력을 파견하기로 했던 터라, 중령에게 지휘 책임을 맡기려 했다. 그러자 그는 중장 계급장을 떼고 중령을 자처하며 참전했다. 58세의 나이에 만삭의 아들과 부인을 남겨두고 이역만리 타국의 전쟁에 뛰어들었다.

이런 헌신들이 모여 한국이 참화에서 벗어날 수 있었다. 6·25전쟁 당시의 긴박했던 상황, 미군을 비롯한 UN군의 신속한 참전과 구사일생의 역전, 전후 복구와 그 후 이어진 국가 발전의 역사를 보면 하나님께서 이 나라와 이 민족을 사랑하심을 알게 된다. 그리고 이제 우리에게 인류를 섬기고 보살펴야 할 새로운 사명이 부여되고 있음을 깨닫는다.

기업 세계의 제국

시가총액에서 세계 선두를 다투는 기업 아마존의 성공을 다룬 보고서를 읽은 적이 있다.[19] 이 보고서에 따르면, 아마존은 '승자 독식'과 '경쟁과 능력주의'라는 처절한 기업 문화를 가지고 있다고 한다. 아마존은 성과를 위해서는 수단과 방법을 가리지 않는다. 로비, 협박, 세금 회피 등 모든 수단을 동원한다. 아마존 유통 창고가 위치한 주 정부가 판매세를 부과하는 법안을 상정하자 "창고를 다른 주로 이전하겠다"고 으름장을 놓아 그것을 무산시킨 사례가 있다. 유럽에서는 수익이 큰 독일이나 프랑스가 아니라 룩셈부르크에 법인을 설립하고 매출을 몰아줘 세금을 회피해 원성을 불러일으키고 있다.

또한 시장 내 경쟁자를 혹독하게 고사시키는 전략을 쓴다. 아마존과 같은 업종에 속한 회사들을 명단으로 '아마존 공포 종목 지수'를 만들 정도다. 협력사에도 가혹하다. 그들에게 '파트너십'이라는 용어는 어울리지 않는다. 철저하게 자신만이 이익을 독차지하려 한다.

경쟁사에서 핵심 경영진을 스카웃하는 것을 꺼리지 않으며, 그들이 해당 사업에서 자리를 잡은 후에는 매정하게 대해 조직에서 소외시키기도 한다. 조직 내에서 원만한 합의가 이뤄지기보다는 격렬한 싸움을 일어나도록 유도한다. 임원들은 최고경영자 제프 베조스의 로봇이라는 뜻의 제프봇이 돼야 살아남을 수 있다고 한다.

제프 베조스가 아마존의 첫 직원이자 아내인 맥킨지를 배신하고 불륜에 빠져 이혼하면서 내놓은 액수는 입을 다물지 못하게 할 정도다. 우리 돈으로 40조 원이나 된다.

물론 아마존은 세계 선두에 서기에 손색없는 최고 기업이며 제프 베조스 역시 이 시대의 창조적 영웅이라 할 만하다. 경쟁과 성과주의 문화를 바탕으로 끊임없는 혁신을 시도함으로써 세계 비즈니스의 지형 자체를 바꿔놓고 있다. 전 세계 비즈니스 세계에서 아마존과 제프 베조스를 칭송한다.

아마존에서 배워야 할 점들이 많다. 하지만 나는 아마존에서 절대 배워서는 안 될 것이 있다고 생각한다. 고객과 구성원까지 이윤의 도구로 삼는 냉혹함은 본받을 만한 게 못 된다. 만약 아마존이 앞으로 정체에 빠지거나 위기를 겪는다면 그 진원지가 이 부분일 가능성이 크다고 본다. 아마존이 더 큰 성장을 원한다면 이런 취약점을 보완해야 할 것이다. 대제국의 몰락을 맞이했던 역사가 아마존에서 재연되지 않으리라 누가 장담할 수 있겠는가?

회사의 외형이 성장하는 것은 두말할 필요 없이 바람직하다. 이것을 추구해야 한다. 그렇지만 시장을 쥐락펴락하는 규모를 갖췄다고 해서 기업의 영속성이 보장된다고는 할 수 없다. 수많은 거대 기업이 명멸을 거듭해온 과정을 봐도 이 사실을 잘 알 수 있다. 비록 지금 규모가 작더라도 고객과 구성원에게 사랑과 신뢰를 받으며 선한 가치를 향해 변화를 거듭하는 기업이 영속할 수 있다.

나는 내가 경영자로서 명성을 날리거나 큰 부를 이루는 데 큰 욕심이 없다. 아예 바라지도 않는다고 할 수는 없으나 이에 연연하지는 않는다. 그보다는 정직하고 착한 경영자로 성숙하고 싶다. 물론 이것이 훨씬 더 힘들다.

A+그룹 역시 외형적 규모를 키우는 것이 절대 목표는 아니다. 기업이 정체되지 않고 끊임없이 성장하는 것은 당연한 일이지만 외형보다 내실을 키우는 것이 더 중요하다고 믿는다. A+그룹의 내실은 착함이다. 고객에게 진정으로 유익함과 행복을 제공하는 것이다. 그렇게 착함을 추구할 것이다. 착한 기업이 최후의 승자가 될 것임을 추호도 의심하지 않기 때문이다.

저성장 시대,
생존의 길은

경기 침체인가 저성장인가?

2007년 9월 A+에셋을 창업했다. 이듬해인 2008년에는 미국의 서브프라임모기지(저신용 주택 담보 대출) 부실을 시작으로 글로벌 금융 위기가 일어났다. 진원지인 미국은 물론 세계 경제가 극심한 침체에 빠졌다. 위기를 극복하기 위해 각국 정부는 통화량을 늘리고 경기를 부양하는 양적 완화 정책을 "돈을 찍어서 헬리콥터로 뿌린다"는 말이 나올 정도까지 시행했다.

그 이후 10년 넘는 시간이 흘렀다. 그런데 나는 그동안 한 번도 "경기가 좋아졌다"는 말을 듣지 못했다. 사업하는 사람들은 "경기가 최악이다"라는 이야기만 반복했다. 그런데 이상한 점이 있다. 경기는 순환하는 것이 본질이다. 나쁠 때가 있으면 반드시 좋을 때가 있다. 이것은 봄, 여름, 가을, 겨울이 순환하는 것처럼 자연스러운 일이다. 늘 경기가 나쁘다는 건 1년 내내 춥다는 것과 마찬가지이니 이변이라 할 수 있다.

상승하고 하강하는 사이클을 반복하는 게 경기이다. 경기는 저점에서 회복기와 활황기를 거쳐 고점에 도달했다가 후퇴기, 침체기를 겪은 후 저점으로 추락한다. 저점에서 출발해 다시 저점으로 오기까지를 경기순환주기라 하는데, 우리나라에서는 49개월 정도를 그 주기로 파악한다. 그렇다면 10년 동안 최소한 2번, 많게는 3번의 경기 활황과 고점을 겪었어야 했는데 그렇게 느끼는 사람은 거의 없는 것 같다. 통계상의 수치로 존재할 뿐 체감할 수준이 되지 못했다.

우리가 느끼는 경제의 침체는 '경기가 나쁜' 상황이 아니다. 나는 이미 한국 경제가 저성장 구조에 진입했다고 본다. 구조적인 저성장 국면에 들어섰기 때문에 경제 상황이 좋게 느껴질 수 없다. 경기 순환의 여파는 사람들의 인식에 영향을 끼치지 못할 정도로 미미하다. 그래도 사람들은 "경기가 나쁘다"고 말한다. 경기가 나쁘다면 곧 회복되리라는 희망을 품을 수 있기 때문인지도 모르겠다. 하지만 제아무리 경기가 풀려도 한국 경제는 침체를 벗어나기 힘들 것이다.

암울한 인구 구조, 저출산 고령화

◦─◦

한국의 구조적 저성장은 인구 구조 변화와 맞닿아 있다. 인구가 늘어야 경제가 성장한다. 15~65세의 생산가능인구가 늘어나야 하며 그중에서도 주력 생산인구인 30~40대의 비중이 높아야 한다. 그래야 왕성한 생산과 소비가 일어난다. 자본이 풍부하고 기술이 발전해 탁월한 사회적 생산 역량을 갖췄다 하더라도 생산할 제품을 살 사람이 없고, 만들어낼 사람이 없다면 무용지물이다. 이와 반대로 젊은 인구가 많아서 제품과 서비스를 왕성하게 소비하고 이에 맞춰 대규모로 생산한다면 경제는 활력을 띨 것이다.

하지만 한국은 세계에서 가장 빠른 고령화와 인구 감소의 추세를 걷기 시작했다. 2018년에는 생산가능인구가 감소하기 시작했다. 30~40대 주력 생산인구 감소폭은 더 커졌다. 우리보다 앞서서 인구 구조 변화를 경험했던 일본에서는 생산가능인구 감소를 기점으로 주택, 자동차, 가전, 외식 서비스 등의 소비가 급속히 줄어들어 경제에 치명타를 입혔었다.

2019년부터는 인구의 자연 감소가 시작된다. 즉, 죽는 사람 수가 태어나는 사람 수보다 많아진다. 현재 수준의 저출산 추이라면 앞으로 수년 내에 총인구 감소가 시작될 전망이다. 70년 후에는 인구가 절반으로 줄고 120년 후에는 5분의 1로 급감한다. 그러다 2750년에는 대한민국 인구가 완전히 소멸한다는 통계가 나와 있다.[20]

인구 구조 변화는 한국의 존립 자체를 위협하는 중대한 문제이지만 좀처럼 해결책을 찾지 못하고 있다. 2018년 한 해 동안 정부는 저출산 문제 해결을 위해 26조 원의 예산을 썼다. 지방자치단체도 4조 원을 투입했다. 그런데 태어난 신생아 수는 연간 32~33만 명에 지나지 않는다. 한 명의 아기가 태어나는 데 1억 원 가까운 국가 예산을 쓰는 셈이다.[21] 수십조 원의 예산을 투여했는데도 국민의 정책 체감도는 매우 낮다. 다른 용도의 예산이 저출산 예산의 포장만 걸친 채 쓰인 경우도 많다. 이렇듯 대안을 찾지 못하는 혼미한 상황이 계속 되면서 인구 구조 변화는 한국의 발목을 잡으며 구조적 저성장을 부추길 것이다.

산업의 위기

인구 구조 변화로 내수 소비 능력이 저하됐을 때 제한적이나마 대책이 하나 있다. 수출이다. 나라 안에 제품을 살 사람이 없으면 외국에 파는 게 답이다. 더욱이 한국은 전통적으로 수출 중심 경제였다. 하지만 수출 성장이 답보 상태에 빠졌다. 세계 경제 둔화 같은 단기 요인도 있었지만, 현재는 구조적인 저성장 국면에 들어섰다고 보는 게 맞겠다. 수출 제조업 경영자들과 대화할 기회가 있는데, 이들은 반도체 등 특수 품목의 착시를 걷어내고 나면 한국의 수출 경쟁력은 이미 심각한 수준이라며 걱정을 쏟아냈다.

한국의 수출은 제조업 중심이다. 세계 수위의 제품을 재빠르게 모방해 가격경쟁력을 바탕으로 시장을 장악하는 추종자 전략을 펼쳐왔다. 그 과정에서 급속한 경제 발전을 거둔 것은 분명한 성과이다. 하지만 최고 수준의 기술력을 확보하지는 못했다. 핵심 기술 경쟁력에서 미국, 독일, 일본, 프랑스 등의 기술 선진국에 밀리고 있다. 여기에 중국이 제조 강국으로 부상하며 한국의 수출 시장을 잠식해 들어오고 있다.

4차 산업혁명으로 일컬어지는 미래 산업 분야에서도 한국의 진입 속도는 더딘 편이다. 빅데이터를 요구하는 인공지능 등의 분야는 미국과 중국 등 인구 강국이 경쟁력을 갖기 쉽다. 한국은 본질적인 한계가 있다. 축적된 기술력도 밀리는 형국이다. 기술 재편으로 야기된 시장 변화를 따라잡기도 쉽지 않다. 4차 산업혁명의 수혜를 받는 반도체의 경우, 한국의 삼성전자나 하이닉스보다 GPU를 앞세운 엔비디아의 약진이 눈부시다.

한국의 글로벌 산업 경쟁력은 기술 주도 국가와 후발 강국 사이에 끼어 옴짝달싹하지 못하는 형국이다. 넛 크래커Nut cracker에 낀 호두 신세라는 자조적인 진단이 나온다.

구조적 대안 찾기

경기가 나쁠 때의 해법과 구조적인 저성장일 때의 해법은 달라야 한다. 경기가 하강할 때는 그대로 두는 게 나을 수도 있다. 수요 공급의 자연스러운 조절이 일어나고 일정 시간이 흐르면 경기가 상승하기 때문이다. 재정을 늘려서 인위적으로 경기를 부양하는 것도 적절한 대응책으로 쓰인다. 그러나 이것들은 단기적인 경기 침체일 때만 유효하다. 구조적 저성장 국면에 들어섰을 때는 무작정 돈을 풀며 경기가 상승하기를 기다릴 수 없다. 답은 하나다. 현실을 받아들이고 뼈를 깎는 구조조정에 나서는 것이다.

저성장 국면을 솔직히 인정하고 이를 돌파하기 위해 고통을 함께 감내하자고 설득할 수 있는 리더십이 살아나야 한다. 하지만 이것은 쉽지 않다. 선거를 통해 권력을 유지해야 하는 정치권력의 속성상 대중에게 지금 당장 고통을 주는 일을 하기 어렵다. 이런저런 대책을 쓰면 곧 경기가 회복될 것이라고 희망 섞인 이야기를 하는 게 훨씬 유리하다. 그러다 보면 언제 터질지 모르는 폭탄을 돌리는 위험천만한 상황이 전개된다. 나는 지금이야말로 착한 지도자, 정직하고 지성이 있으며 현재 세대와 미래 세대의 장기적인 유익과 성장을 추구하며 뼈아픈 변화와 혁신을 이끄는 지도자가 절실한 시점이라고 본다.

개별 기업과 개인도 저성장 시대에 맞춘 전환이 필요하다. 나는 고도성장기에 직장 생활을 했다. 그 시기 회사의 모든 업무 관행은 고성장을 전제로 형성돼 있었다. 나는 그것을 배우고 몸에 익혔다. 나의 관성, 관행, 사고방식, 업무 스타일 등은 여기에 큰 영향을 받아 형성됐을 것이다. 하지만 이제는 벗어나도록 노력해야 한다. 고도성장기의 행동 양식으로는 구조적 저성장 국면을 지혜롭게 넘어설 수 없다. 과거를 그리워하며 환경을 탓하고 있어서는 안 된다. 고도성장은 이례적이다. 지금의 저성장을 정상적인 상황으로 받아들여야 한다.

무엇보다 지금의 경제적 어려움이 일시적 경기 침체가 아니라 구조적인 저성장 국면임을 깊이 인식하는 게 첫 단계라고 본다. 이런 공감

대가 광범위하게 형성될 때만 실질적인 대안을 마련할 수 있다. 구성원들 간의 진지한 토론도 가능하다. 이렇듯 엄중한 현실 인식을 바탕으로 체질을 바꾸는 전면적 혁신이 진행될 때 침체의 어두운 터널을 벗어날 수 있을 것이다.

나와 우리 회사는 한국 경제의 저성장에 대해 깊이 고민하고 토의하고 있다. 이런 환경 속에서도 기업의 외형과 내실을 균형 있게 성장시킬 방안을 찾고자 애써왔다. 특별히 금융 영역에 있는 우리는 저성장으로 위기와 고통을 겪는 고객들에게 솔루션을 제시해야 한다는 사명감을 느낀다. 그래서 그룹사 내 상품과 서비스가 저성장 기조에서 생존력을 발휘하도록 하는 데 안간힘을 쓴다.

대처하기에 따라서 저성장 국면은 기회가 될 수도 있다. 고성장의 거품을 걷어내고 내실을 다지며 실질적 역량을 기를 수 있다. 시야를 세계로 넓히는 계기로 삼을 수도 있다. 냉혹한 현실 속에서도 간절함을 지니고 고객을 위해 노력하며 체력을 쌓는다면 기회의 창이 열리리라 믿는다.

한국을 섬기는 기업을 향하여

A+그룹은 고령화로 몸살을 앓고 있는 한국 사회에서 기업이 가치 있는 서비스를 창조할 방안을 찾기 위해 다양한 연구를 하고 있다. 그중 하나가 선진 기업 탐사이다. 특히 우리보다 앞서 고령화를 겪

은 일본에서 고객 생애 전체에 걸친 행복을 추구하는 기업의 사례를 공부하는 게 유익하다고 본다. 나와 A+그룹 임원, 실무 관리자들은 2018년 2월 5일부터 6일까지 A+라이프 주관으로 일본 창세그룹을 방문해 현장을 직접 보고 관계자로부터 깊이 있는 설명을 들었다.

창세그룹은 기독교 정신에 입각해 회사를 운영하고 있다. 1970년 영어학원에서 출발해 유치원, 어린이집, 장례식장, 요양 사업 등으로 사업을 확장했다. 설립자인 노다 신스케의 뒤를 이어 장남 노다 고이치와 차남 노다 노부비츠가 기업을 이끌고 있다. 요양 사업은 재가 사업, 주·야간 보호 센터, 노인 홈 중심으로 운영되며 기독교식 장례 사업과 복지 용구 판매 사업을 병행하고 있다.

우리나라의 예식장 형태로 운영되는 장례식장은 유가족이 위로받고 쉴 수 있는 시설을 잘 갖춰놓았다.

숙소, 휴게실, 식당, 물리치료실, 목욕탕, 이·미용실 등이 쾌적하게 갖춰진 요양 시설은 넓고 깨끗해 요양 시설이라는 느낌이 들지 않을 정도였다. 개인이 자유롭게 생활할 수 있는 공간을 충분히 확보했으며 목욕 시설이 청결하고 몸이 불편한 사람을 위해 자동화 시스템이 구비돼 있었다. 재활 기구도 다양하게 배치해놓았다.

유료 양로원은 국가 지원 없이 입주자의 부담으로 운영되는데, 개별 취향에 맞춘 서비스를 충실히 제공하고 있었다. 7종의 맞춤 식사를 식당 또는 방에서 할 수 있고 주 2회의 목욕 서비스는 몸이 불편한 사람을 위한 자동화 시스템을 갖췄다. 간병은 물론 청소부터 사소한 일까지 세세한 서비스를 제공하며 오픈된 식당은 고급스럽고 여유롭게 꾸며졌다. 가족, 의사, 간호사, 직원까지 임종을 지키는 임종 서비스도 인상적이었다. 2018년 1월에 세 분이 돌아가셨는데, 그중 두 분이 자신의 방에서 임종을 맞았다고 한다.

전체적으로 1인당 사용 공간이 넓고 시설이 깨끗하며 위생적이었고 직원들의 친절한 서비스가 매우 뛰어났다. 맞춤형 식사 제공, 몸이 불편한 사람을 위한 자동화된 목욕 시설, 화재 등 재해에 대비한 철저한 대피 시설도 눈길을 끌었다. 노사 쟁의가 일어나지 않도록 철저히 관리하는 것도 인상적이었다. 관련 업계에서는 노사 쟁의로 폐업한 회사가 여럿이라고 한다.

일본에서는 대기업이 요양 등 라이프 케어 사업에 뛰어들었다가 실패하고 철수한 사례가 다수 있다고 한다. 사업의 특성상 수익만 추구하면 성공할 수 없기 때문이라고 한다. 그렇다고 봉사 정신만으로 이 일을 감당할 수는 없다. 안정적이고 영속적 서비스 제공을 위해 재정 기반, 영업력, 조직 관리 능력 등 철저한 전문성을 갖춰야 한다. 무엇보다 전 구성원이 고객을 최우선으로 생각하고 섬기는 자세와 실천이 필요한 일이다.

창세그룹을 탐방하는 동안 매우 인상 깊은 일이 두 가지 있었다. 어린이집에 방문했을 때이다. 영하의 추운 날씨였다. 우리가 버스에 내리자 5~6세의 어린아이 30명 정도가 한복을 입고 태극기를 흔들며 우리를 반갑게 맞아주었다. '바람이 매서운데 아이들이 이래도 되나?' 하는 걱정이 들었다.

아이들의 손을 잡고 강당으로 들어가니, 축하 공연이 준비되어 있었다. 조그만 아이들이 자기 몸집만 한 악기를 들고 준비된 연주를 열심히 하는 게 귀여웠다. 그런데 강당 뒤쪽에는 아이들의 부모님들이 서 있었다. 우리를 환영했던 아이들의 부모님들도 있었다.

나는 순간적으로 섬뜩한 생각이 들었다. 한국에서는 상상하지도 못할 일이 아닌가 하는 느낌이 들었다. 만약 우리나라에서 유치원이나 어린이집 아이들이 추운 날, 얇은 옷을 입고 외국인 방문객을 환영하도록 했다면 그리고 그 모습을 부모님들이 보았다면 가만히 있지는 않았을 것이다. 항의가 빗발치고 언론과 인터넷도 꽤 시끄러워졌을 것이다.

우리나라 TV 다큐멘터리 프로그램에서도 일본 어린이집과 유치원들이 아이들을 강인하게 교육한다는 내용을 취재해서 방영한 적이 있다. 어리다고 무조건 감싸고 보호하는 식이 아니라, 아이들이 직접 부딪쳐서 해낼 수 있도록 가르치고 체험시킨다고 한다. 우리나라와 근본적으로 다른 점이다.

수십 년 후 이 아이들이 자라서 사회의 중심을 이루었을 때를 상상해보았다. 어린 시절부터 보호 위주로 길러진 사람들과 강하게 교육받은 사람들이 경쟁한다면 어떤 결과가 일어날까? 너무나 충격적이고 두려운 마음이 들었기에 두고두고 기억에 남는다.

인상 깊었던 또 다른 일은, 양로원을 방문하는 동안 우리를 안내해준 노다 씨의 설명이었다. 일본에서는 지방자치단체 행정과 예산의 우선순위가 '노인 복지'라고 했다. 가령 시청 건물에 누수가 생겨 급히 수리해야 할 처지이고 지역 노인 요양 시설도 보수해야 하는데 예산이 부족하다면, 무조건 노인 요양 시설 보수부터 먼저 한다고 한다. 노인 복지가 최우선이라는 게 일본 지방 공무원의 사고방식이며 업무 방침이라는 것이다.

일본은 세계에서 가장 빠른 고령화를 맞았고 여러 사회적 진통을 겪었다. 그러면서 체계적인 노인 복지 시스템을 갖추게 되었다. 노인 복지를 긴급하면서도 중요하게 다루는 공적 체계와 사회적 인식은 경험을 통해 축적된 사회적 강점으로 보였다. 그렇기에 고령화와 긴 경제적 침체를 겪으면서도 다시 경제와 사회의 활력을 불러일으킬 수 있지 않았을까?

A+그룹은 고객의 생애 전체에 걸친 행복을 창조한다는 비전을 품고 있다. 특히 유례없이 빠른 고령화로 예기치 않은 고통을 겪는 분들을 섬기는 일을 하고 있다. 이런 서비스가 선진국 수준을 뛰어넘도록 시스템을 갖추고 한국인의 특성과 정서에 맞으며 개별적인 취향도 고려할 수 있도록 연구를 거듭하고 있다. A+라이프와 AAI헬스케어 등 계열사의 운영 경험, 다양한 조사와 기업 탐방 등을 통해 이 사업이 간단치 않음을 잘 알게 됐다. 하지만 이 일이 이 시대가 우리 회사에 주어진 사명임을 깊이 인식한다. 착한 기업을 지향하는 A+그룹은 한국을 섬기는 기업, 한국인을 행복하게 만드는 기업으로 성장해 나가고자 한다.

격동의 세계,
생존의 길은

연결된 세계

◦─◦

미국에서 시작돼 전 세계로 번진 2008년 글로벌 금융위기 당시 국가 부도 직전까지 내몰린 나라가 있다. 북유럽의 작은 부국富國 아이슬란드이다. 미국 저신용자 주택 담보 대출의 부실이 어떻게 대서양 건너의 작은 나라까지 뒤흔들었을까?

'얼음 왕국'으로 불리는 유럽 최북단의 섬나라 아이슬란드는 남한만 한 영토이지만 인구는 30만 명이 조금 넘는 소국이다. 경제력은 발전했는데 그 중심에 금융업이 있었다.

아이슬란드는 물가 억제 차원에서 고금리 정책을 펼쳐왔다. 이것은 기업들이 해외 대출을 늘리는 계기가 됐다. 외국 은행에서 싼 금리로 돈을 빌려와서 국내 은행에 예치하거나 기업에 대출하는 것만으로 차익을 챙길 수 있기 때문이다.

아이슬란드 금융기관들도 고금리 금융 상품을 통해 자금을 유치하고 이를 미국의 고수익 고위험 상품에 투자하는 방식으로 막대한 부를 축적해왔다. 그런데 투자한 미국 금융 상품에 부실이 생기자 꼬리에 꼬리를 무는 신용 하락과 자금 경색의 악순환에 빠지게 됐다.

카우프싱·란즈방키·글리트니르 등 아이슬란드의 3대 은행이 파산 위기에 몰렸고 영국과 네덜란드 등의 예금주와 채권자가 원금 상환을 요구해왔다. 기업들도 연쇄적으로 위기에 빠졌고 아이슬란드의 주가는 95%나 폭락했다. 당시 아이슬란드의 은행 부실 규모는 230조 원에 달했다.

아이슬란드의 중앙은행과 시중 금융기관들이 잠재적 위기 가능성에 대해 안이하게 여겼다는 뼈아픈 지적이 나왔다. 고위험 금융 상품에 투자하면서도 그 전개 추이에 민감하지 않았다.

경제적 측면에서 특히 금융 분야는 세계가 밀접하게 연결돼 있다. 환율·주가·금리 등 금융 지표가 전 세계적으로 함께 움직이는 동조화 현상은 이제 상식이다. 브라질 나비 한 마리의 작은 날갯짓이 미국에 토네이도를 몰고 온다고 하듯 어떤 나라의 작은 변화가 멀리 떨어진 다른 나라에 치명적인 영향력을 일으킬 정도로 세계는 긴밀하게 엮여 있다.

금융업을 하는 우리는 세계 경제뿐 아니라 강대국의 역학 관계, 정치적 이슈 등에 촉각을 곤두세우며 변화에 따른 대응책을 마련하고 있다.

미·중 무역 전쟁

한국에 가장 강력한 후폭풍을 일으키는 세계정세는 미국과 중국이 벌이는 패권 전쟁이다. 패권은 국가 간의 질서를 자기 주도로 움직이는 힘으로 정치·경제·군사·사상·문화적 영향력을 포괄하는 개념이다. 패권을 쥔 국가는 질서를 유지할 책임을 안게 되지만 이를 바탕으로 자신에게 유리한 룰을 형성시킨다. 냉전 붕괴 이후 미국이 독주했지만, 중국이 경제 성장을 앞세워 패권국으로 부상하려고 한다. 이에 따라 필연적인 갈등이 벌어졌다. 기존 패권국과 신흥 패권국이 부딪히면서 벌어지는 혼란인 '투키디데스 함정'에 빠진 것이다.

미국에서 트럼프 대통령이 취임한 후 미국과 중국의 대립은 무역 전쟁 양상으로 번졌다. 2018년 3월 미국은 국내법을 근거로 중국에 대해 500억 달러 규모의 관세를 매겼다.

중국은 무역 전쟁을 원하지 않는다고 말하면서도 트럼프 지지 기반이 넓은 곳의 기업이 타격을 입도록 보복 관세를 부과했다. 이로써 세계 최고 강대국 간의 무역 전쟁이 발발했다.

자세한 내용을 보면 2018년 3월 8일 미국은 알루미늄과 철강 등 350억 달러 규모의 교역에 대해 25% 관세 부과 행정명령을 내렸다. 이어서 3월 22일에는 500억 달러 규모의 수입품에 관세 부과 행정명령을 내렸다. 4월 3일에는 중국산 통신 장비 등에 25%의 관세를 부과했다. 7월 6일에는 818개 품목 340억 달러 규모의 중국산 제품에 대해 25% 추가 관세를 부과했다.

2018년 12월 G20 회의 때 트럼프 대통령과 시진핑 국가주석이 만나면서 무역 전쟁은 잠시 휴전에 들어간 듯 보였다. 2019년 5월쯤에는 양국 간 합의문이 나올 것이라는 전망도 있었다. 그러나 2019년 5월 5일 트럼프 대통령이 트위터를 통해 중국의 협상 태도를 비난하고 중국산 제품 관세율을 올리겠다고 발표하면서 상황이 급냉각되기 시작했다. 이어 미국은 2,000억 달러에 이르는 중국산 수입품에 대한 대규모 관세 인상을 추가로 단행했다.

중국은 미국에 맞서 2018년 3월 28일 돼지고기 등 30억 달러 규모의 미국 수입품에 대해 보복 관세를 예고했다. 6월 16일에는 미국과 대등한 규모, 동등한 강도의 보복 관세 부과를 발표했다. 이어서 7월 2일에는 미국 반도체 기업 마이크론이 중국 내에서 판매하지 못하도록 금지 조처를 내렸다. 또한, 중국은 위안화를 평가절하하는 방식의 환율 정책을 통해 미국에 맞서기도 했다.

잠깐의 휴전 이후 2019년 5월, 미국이 다시 공격을 해오자 중국도 미국산 수입품 일부에 대해 추가 관세 계획을 발표했다. 관세율은 품목별로 5~25%였다. 중국이 미국을 향해 보복 관세를 부과하는 품목은 총 5,140개로 600억 달러 규모로 추산된다. 그중 2,493개 품목은 25%, 1,078개 품목은 20%, 974개 품목은 10%, 595개 품목은 5% 관세를 부과한다.

미국과 중국의 무역 전쟁은 미국이 주도권을 쥐었으며 대체로 미국에 유리한 국면으로 전개됐다. 2017년 기준으로 볼 때 미국의 중국 수출액은 1,300억 달러이고 중국의 미국 수출액은 5,050억 달러이다. 중국의 미국 의존도가 더 높다. 중국 경제성장률 정체와 기업 부실, 그림자 금융 등의 고질적 문제가 무역 전쟁 와중에 더 불거지고 있는 점도 부담스럽다.

그러나 미국이 무조건 우위에 있는 것만은 아니다. 중국은 세계에서 미국 채권을 가장 많이 가진 나라다. 보유액은 1조 달러 규모다. 중국이 궁지에 몰려 극단적 선택을 한다면 채권 매각에 나설 수 있다. 이때 미국은 유동성 고갈로 심각한 타격을 입게 된다. 중국 또한 달러로 매각 대금을 받기에 위안화가 상승하는 피해를 입는다. 상황이 이 정도로 번지면 세계 경제위기 가능성도 배제할 수 없다.

미·중 무역 전쟁의 갈등 양상을 보여주는 대표적인 사례는 '화웨이 사건'이다. 미국 정부는 화웨이가 중국 정부와 깊이 결탁해 산업 스파이 행위를 한다고 의심해왔다. 또한, 화웨이 스마트폰 등에 숨은 프로그램이 깔려 있어 불법적으로 개인정보를 빼낸다며 이 제품을 쓰지 말 것을 공식적으로 권고해왔다. 2018년 12월에는 캐나다 정부에 요청해서 화웨이 창립자의 딸이자 고위 임원을 스파이 혐의로 체포하는 큰 사건이 일어났다.

중국이 화웨이를 앞세워 불법적으로 정보를 수집하고 산업 기술 스파이 행위를 했는지에 대해서는 주장이 서로 엇갈린다. 하지만 중국이 '제조 2025' 등의 비전을 내걸고 세계적 제조 강국, 산업 기술 중심국 등으로 도약하려 하고 있으며 이의 바탕이 되는 기술 확보에 혈안이 된 것은 부인할 수 없다. 특히 4차 산업혁명의 패권을 잡기 위해 수단과 방법을 가리지 않고 있다.

미국은 중국이 단순 제조를 넘어 제조업 강국과 첨단 기술 국가로 도약하여 미국과 맞서는 것을 받아들일 수 없는 상황이다. 미국은 전통적으로 다른 패권국이나 경쟁자의 존재를 인정하지 않았고 이들을 끝내 굴복시키고야 말았다. 구소련이 그랬고 일본과 독일도 마찬가지였다.

미국이 화웨이 제재에 힘을 쏟는 것은 4차 산업혁명으로 명명된 첨단 분야에 중국이 들어올 여지를 제거하려는 이유가 강하다. 특히, 화웨이는 4차 산업 기술의 인프라가 되는 5G 기술을 발전시켜왔고 관련 통신 장비를 개발하여 전 세계에 판매하고 있다. 화웨이는 4차 산업혁명 시대 중국의 굴기崛起를 상징하는 기업인 것이다.

이런 이유에서 미국의 화웨이 제재는 더욱 강화되었다. 미국은 미국 내에서 화웨이 제품을 쓰지 못하도록 행정명령을 내렸다. 그리고 2019년 5월 16일 미 상무부는 국가 안보 위협과 기술 유출을 이유로 화웨이와 68개 계열사를 거래 제한 기업으로 지정해 미국 기술과 부품 공급을 중단시켰다. 국방부와 군에 남아 있는 화웨이 제품이 있는지 조사하여 폐기하기도 했다. 미국은 화웨이 스마트폰뿐만 아니라 통신 장비의 사용도 금지했다. 화웨이는 5G 도입에 맞추어 통신 장비 사업의 세계 진출을 기대했다가 철퇴를 맞고 말았다.

미국은 동맹국들이 화웨이에 대한 제재에 동참하도록 압박했다. 일본, 오스트레일리아, 뉴질랜드가 비교적 초기부터 화웨이 제품을 퇴출했고 독일, 영국, 프랑스 등 유럽 각국의 주요 기업이 화웨이 제재에 동참하고 있으며 최근에는 대만이 이에 가세했다.

세계적 IT 기업들이 미국 정부의 화웨이 제재에 가세했다. 구글은 화웨이가 안드로이드 운영체제를 쓰지 못하게 했고, 인텔·퀄컴·코르보·자일링스·브로드컴·인파이 등은 소프트웨어 반도체와 데이터 전송 반도체 등의 부품 공급을 중단하여 화웨이의 발목을 잡았다. 독일의 인피니온은 미국에서 생산한 반도체에 한해서 화웨이에 대한 공급을 중단했고, 일본의 KDDI와 소프트뱅크는 화웨이 5G폰 출시를 무기한 연기했다. 영국의 ARM은 화웨이와의 반도체 설계 사업을 중단했고, EE는 화웨이 5G폰 출시를 중단하고 5G 장비 사용의 단계적 감축을 발표했다. 보다폰은 화웨이 5G폰 예약을 취소시켰다. 대만의 중화텔레콤 등 5대 통신사는 모두 화웨이 신형 스마트폰의 판매를 보류했다.

미국과 동맹국들의 화웨이 제재 분위기 속에 우리나라는 매우 곤혹스러운 상황이다. 미국은 동맹국인 우리나라가 화웨이 퇴출과 제재에 함께할 것을 요구하고 있다. 특히, 매우 밀접한 군사 동맹국이라는 점을 강조하고 있다. 트럼프는 "만약 미국의 중요한 시스템이 있는 곳에 화웨이 장비가 설치돼 있다면 그들과 협력이 어려워질 수 있다. (…) 우리는 화웨이 장비를 사용할 경우의 위험을 분명히 하고 싶다"고 힘주어 말했다.

우리나라는 5G 도입 준비 속도가 매우 빠르다. 영국, 오스트레일리아, 일본 등은 아직 화웨이 5G 장비 도입을 결정하지 않은 상태라 화웨이 제재를 쉽게 할 수 있었다. 하지만 우리는 LG유플러스가 이미 서울을 중심으로 화웨이 5G 장비 2만 개 이상을 설치한 상태이다.

앞으로 미국이 우리의 현재 상태를 인정하고 더 이상의 5G 장비 도입을 하지 말 것을 요구하면 그나마 다행이다. 하지만 이미 설치된 장비도 철거하라는 요구가 있다면 몹시 난처해질 우려가 있다.

중국은 중국대로 한국을 압박하고 있다. 중국 정부가 삼성전자와 SK하이닉스를 포함한 주요 글로벌 기술 기업 대표자들을 불러들여 "화웨이 제재에 동참할 경우 대단히 심각한 결과에 직면할 것"이라고 경고한 내용이 언론에 보도되기도 했다.

화웨이가 한국에서 수입하는 반도체와 디스플레이 등 부품은 연간 12조 원을 넘는다. 비중이 큰 기업에 대해 공급을 끊는 것은 수출 기업에는 매우 어려운 일이다.

우리나라는 2016년 사드 배치 때 중국으로부터 큰 보복을 당한 일이 있다. 그때 중국 관광객의 발길이 뚝 끊겼고 주요 품목의 수출이 줄었으며 중국에 진출한 기업들이 쫓겨나다시피 철수하면서 극심한 피해를 겪었다. 그때의 손실이 완전히 회복되지도 않은 상태인데 또 다른 고민거리를 안게 되었다. 이처럼 미국과 중국의 무역 전쟁은 우리나라에 치명적인 위협을 안겨주고 있다.

미·중 무역 전쟁이 미칠 여파

미·중 무역 전쟁이 심화돼 세계적 경제 침체가 일어난다면 가장 큰 피해를 볼 나라로 대만이 거론된다. 대만 경제가 사실상 중국 경제 블록 안에 있다는 점에서 이는 당연한 일이다. 그다음 타격을 입을 나라가 우리나라로 예측된다. 미국과 중국이 서로 보복 관세를 부과하면 성장 둔화가 일어난다. 이에 따라 미국과 중국의 GDP는 각각 0.1%, 0.2% 감소할 것으로 예측된다. 이렇게 되면 두 나라에 대한 수출 의존도가 높은 국가들에 부정적인 영향을 끼치는데, 우리나라가 입을 여파가 크다. GDP가 연간 0.018% 감소할 것으로 추산되는데 2억 3,649만 달러에 해당한다.[22]

한국 기업이 중국 공장에서 제품을 생산해 미국으로 수출하는 가공무역은 흔히 볼 수 있는 형태이다. 따라서 중국산 제품에 높은 관세가 부과되거나 미국 수입이 제한될 때는 이들 한국 기업이 직접적인 타격을 받을 수밖에 없다.

한국은 미국과 중국에 대해 미묘한 상황이다. 우방국 미국과의 관계는 매우 중요하다. 안보와 군사, 외교의 실마리를 푸는 데 미국의 지원이 없다면 심각한 난관에 빠지고 말 것이다. 특히 북한 핵의 위협을 제거하는 키는 사실상 미국이 쥐고 있다고 봐야 할 것이다. 수출 등 경제와 첨단 기술 의존도도 높다.

한국은 중국에 대한 수출 의존도가 높다. 수출의 27%를 중국이 차지한다. 중국 경제가 급성장하는 동안 한국이 그 혜택을 보기도 했다. 사드 배치로 중국과 갈등이 빚어졌을 때 국내 관광업이나 시내 상점 등이 심각한 수익 감소를 겪은 일도 있다. 그 후폭풍이 지금까지도 이어진다고 한다.

합리적 선택

매우 어려운 상황이다. 난처함이 클수록 고도의 정치력이 요구된다. 하지만 기회도 있다. 미·중 간 무역 전쟁을 한국 경제의 과도한 중국 의존성을 줄일 계기로 삼아야 한다. 미국의 대안으로 중국을 고려하는 것은 지극히 위험하다. 미국은 지금까지 다른 패권국의 등장을 용인하지 않았다. 대등한 경쟁자의 지위로 오르지 못하도록 막아왔다.

냉전기에 추격해오는 소련을 따돌리기 위해 미국은 소련 경제를 뒤흔드는 계획을 세웠다. 사우디아라비아 등과 손을 잡고 증산을 통해 국제 유가를 하락시켰고 우방 국가들이 소련의 천연가스를 수입하지 않도록 압력을 가했다. 미국의 첨단 기술 이전도 금지했다. 이런 조처는 미국 경제에도 부담이 됐지만, 소련을 좌절시키는 게 더 큰 목표였다. 미국의 경제 봉쇄 앞에 소련은 무너지고 말았다.

일본 경제가 급성장하며 미국을 위협할 때도 마찬가지였다. 1985년 9월 플라자호텔에 미국, 영국, 프랑스의 재무장관이 모였다. 독일과 일본의 화폐 가치를 평가절상해 국제 무역수지의 불균형을 해소하자는 논의가 진행됐다. 이후 엔화는 약 8.3%, 마르크화는 7% 절상됐고 2년 후에는 달러 가치가 30% 이상 급락했다. 1987년 뉴욕 증시 폭락 이후에는 일본 금리 인하를 압박해서 고금리인 미국의 주식과 부동산에 투자하도록 유도하는 순환 고리를 만들었다. 엔화의 평가절상과 금리 인하로 일본 기업의 수출 경쟁력은 떨어지고 그 대신 증시와 부동산이 활황을 이뤘다. 이렇게 자산 시장에 대형 거품이 생겼고 그 거품이 꺼지면서 일본은 장기 불황의 험난한 길을 걷게 됐다.

미국은 도전자를 용납하지 않는 패권국이다. 무역 전쟁을 감행하는 데는 중국이 경쟁자로 부상하는 것을 차단하는 목적이 강하다. 미국은 달러라는 세계 기축 통화를 보유하고 있다. 미국에서 비롯된 경제 위기 상황에서도 달러는 안전 자산으로서 강세를 유지하는 아이러니를 보였다. 우리 회사에서도 이런 점을 고려해 미국과 중국이 무역 전쟁을 벌이는 불안한 국면에서 합리적인 투자 방향으로 달러 투자 보험을 제안했다.

대다수 전문가가 미국이 적어도 수십 년간 패권을 유지할 것이라는 데 동의한다. 이런 흐름을 파악한다면 과도하게 높아진 중국 경제 의존도를 낮춰가는 게 현명하다. 일본, 유럽연합과의 통상 협력을 강화하는 데서 대안을 찾을 수 있을 것이다. 또한 미국이 중국이 첨단 기술을 확보하지 못하도록 견제하는 동안 우리 기술력을 고도화해나가는 것 역시 중요한 과제다.

자기 자리에서의 효과적 대응

우리 회사는 미·중 패권 전쟁의 전개를 매우 예민하게 바라보고 있다. 세계적 금융위기나 경제위기로 번질 위험성을 안고 있기 때문이다. 그렇지 않더라도 일정 기간 침체를 불러올 가능성이 크다. 금융과 투자 영역은 세계 경제의 움직임에 매우 민감하기에 고객들이 위기나 침체 국면에서 손실을 보지 않고 이익을 얻을 수 있도록 다양한 솔루션을 개발했다.

위기 국면에서는 기축 통화인 달러가 강세를 보이는 점에 착안해 환 리스크를 대비하고 환차익을 실현할 수 있도록 '달러 투자 보험' 등을 제안하는 게 대표적이다. 그리고 장기 저금리에 대비한 연 단리 5%의 '평생 연금 보험'이나 부의 현명한 이전을 위해 달러 투자가 가능하면서 무제한 비과세 혜택을 보며 상속 자금을 마련할 수 있게 한 '3% 고금리 종신 보험' 상품을 내놓고 있다.

미·중 무역 전쟁 같은 세계적 경제 변화 앞에서 개인이나 기업 같은 개별경제 주체가 할 수 있는 일이 없다고 느끼는 사람이 많다. 일개 기업이 큰 흐름을 바꿔놓을 수는 없다. 하지만 자기 자리에서 대응책을 마련해야 한다. 우리는 1997년 IMF 외환위기와 2008년 세계 경제위기를 겪은 경험이 있다. 이때의 고통과 교훈을 기억해야 한다. IMF 외환위기 이후 축적된 힘은 2008년 세계 경제위기 국면을 무사히 극복하는 힘이 되기도 했었다.

"모두가 알고 있는 위기는 위기가 아니다"라는 말이 있다. 하지만 위기 국면에서 할 수 있는 게 없다며 넋을 놓고 있으면 거대한 물결에 휩쓸려 사라져버릴 것이다. 세계 경제의 지각 변동을 자기 자리에서 어떻게 받아들이고 그 위기를 기회로 삼을 준비를 해나갈 시점이다.

디스토피아의
공포

저성장의 직격탄을 맞은 경제

유토피아Utopia가 지상 낙원으로서 이상 사회라면 디스토피아 Dystopia는 암흑세계이며 현실의 지옥이다. 하지만 우리 삶의 고단한 현실은 유토피아보다 디스토피아에 가깝다. 젊은이들이 쓰는 '헬조 선'은 한국형 디스토피아의 존재를 드러내는 말이 아닌가?

한국 경제 상황은 말 그대로 총체적 난국이다. 잠재성장률은 계속 하락하고 수출은 둔화되고 내수 부진은 끝없이 이어지고 있다. 여기 저기서 "힘들다"는 신음 섞인 탄식이 흘러나온다. 경제 최일선 기업 가들과 자영업자들이 가장 큰 고통을 호소하고 있다. 법원에 도산 신 청을 낸 기업이 2018년 상반기만 해도 836곳이다. IMF 외환위기 여 파로 기업이 줄도산 하던 1998년보다 더 많다. 2만 2,000여 개의 한국 외감법인 중 영업이익으로 이자조차 내지 못하는 한계 기업이 3,126곳에 달한다. 전체의 14%다. 이들 기업의 부채 총액은 122조 9,000억 원에 이른다. 철강·조선·자동차 등 한국 주력 산업에 속한 기업들이 위기에 처해 있고 수직 계열화된 구조에서 대기업의 부진은 연쇄적인 영향을 일으키고 있다.[23]

수출 기업의 국제 경쟁력도 약해지고 있다. 중국 기업의 약진이 큰 이유 중 하나이다. 철강, 조선, 자동차 등 전통 주력 산업에 이어 디스플레이, 배터리, 스마트폰 등 첨단 산업 영역에서도 중국 기업의 추월이 가시화됐다. 중국 기업들은 한국 기업들과 비교할 수 없는 유리한 환경을 갖추고 있다. 거대한 내수 시장, 풍부한 자본력, 정부의 전폭적인 지원으로 뒷받침된다. 한국 산업계에는 차이나 포비아가 열병처럼 번지고 있다.[24]

자영업자는 극심한 어려움을 호소하고 있다. 우리나라 자영업 종사자 수는 무급 가족 종사자 118만 명을 포함해 688만 명에 이른다. 전체 취업자의 25%를 차지한다. 한국 서민 경제의 중심축이라 할 수 있다. 자영업자는 평균적으로 직장인보다 한 달에 11시간 더 일한다. 그런데도 소득은 월 120만 원이 더 적다. 임금 근로자 월평균 소득은 329만 원이고 자영업자 평균은 209만 원이다. 자신이 고용한 아르바이트생보다 소득이 더 적은 사람이 부지기수다. 1년간 개업한 업소 대비 폐업한 업소의 비율은 약 88%다. 열 곳의 가게가 생기는 동안 아홉 곳이 문을 닫는다. 2018년 한 해 동안 폐업한 자영업자가 100만 명을 넘었다. 사상 최대 수치다. 그들은 수입은 줄어드는데 비용은 계속 늘어 버텨낼 재간이 없다고 토로한다.[25] 대부업체로부터 연 24%의 고금리 대출을 쓰는 사람의 25%가 자영업자다. 금융권 대출의 기회가 사실상 막힌 상황에서 급한 사업 자금을 융통하기 위해 무리수를 두는 것이다.

쪼그라드는 가계

일본에서는 '빙하기 청년'이라 불리는 세대가 있다. 1970년대생들이다. 이들이 취업 시장에 나설 때는 일본이 최악의 저성장을 기록하던 시기이다. 정규직 취업의 문이 바늘귀처럼 좁았다. 정규직으로 입사하는 데 실패한 청년들은 실업자로 남거나 아니면 아르바이트를 전전했다. 일부는 히키코모리引き籠り, 隱遁形라 불리는 은둔형 외톨이가 돼 세상과 소통하는 문을 닫고 자신만의 방에 숨어버렸다.

우리나라 청년들에게도 일본에서 일어났던 일이 재현되고 있다. 오히려 더 힘들다. 그나마 좋은 아르바이트 자리도 구하기 어려운 형편이다. 그래서 시간이 짧은 아르바이트 몇 개를 엮어서 일하는 청년도 부지기수다. 이런 고용 한파를 피하기 위해 대학생들은 일찌감치 공무원 시험 준비에 들어간다. 실업은 청년들만의 일이 아니다. 경비원 등 저소득 일자리도 줄어드는 추세다. 인건비 감소 압박이 심해지면서 저임금 직군을 먼저 없애고 있다. 그래서 이런 직종에 근무하는 사람들은 계약 갱신 시기가 올 때마다 계약이 해지되지 않을까 노심

초사한다.

가처분소득 대비 160%를 넘는 가계부채는 한국 경제의 뇌관과도 같다. 부동산 경기가 급격히 하락하거나 금리가 인상되면 가계부채가 금융과 실물 경제의 부실을 초래해 극심한 불황이나 경제 위기로 이어질 가능성이 크다. 실제로 상당수 경제학자가 닥쳐올 경제 위기의 진앙지로 가계부채를 꼽는다.

베이비붐 세대들이 본격적으로 은퇴하기 시작하면서 생산가능인구 감소 추세에 들어갔다. 한국의 잠재성장률이 하락할 수밖에 없다. 그리고 이들이 대체로 제대로 된 은퇴 준비를 하지 않았다는 점에서 내수 부진을 초래할 가능성이 크다. 또한 이들 베이비붐 세대는 자영업 현실과 가계부채 문제에 직접 연관돼 있다고 할 수 있다.

소외되고 피폐한 삶

한국보다 앞서 인구 구조 변화와 저성장의 고통을 겪었던 일본에서 일어난 여러 사회 현상을 보면서 한국인이 겪어야 할 질곡을 짐작할 수 있다. 이미 그 고통은 우리에게 와 있다. '노후 파산', '고독사', '인간 증발', '유령 노인' 등의 끔찍한 단어들이 낯설게 느껴지지 않는다.

NHK 방송은 절대 빈곤 속에서 불행한 노후를 보내는 노인들을 취재하며 '노후 파산'이라는 신조어를 만들었고 일본 사회는 비참한 현실을 눈으로 확인하며 충격에 빠졌다. 평생 열심히 일한 결과가 파산 상태의 가난이라는 결과를 받아들이기 힘들었다. 일본은 우리보다 연금 시스템이 상대적으로 발전했다. 그런데도 이런 피폐함이 존재했다면 한국에 펼쳐질 현실은 어떨까?

홀로 지내다가 아무도 모르는 사이에 외롭게 숨을 거두는 고독사는 그리 드물지 않은 일이 됐다. 가끔 연락해서 생사를 확인해달라는 뼈 있는 농담을 하는 어르신들을 만난다. 며칠 혹은 몇 개월을 차가운 방에서 시신으로 썩다가 모르는 사람에게 발견되는 끔찍함을 피하고 싶다고 한다. 공동체의 부재가 이런 서글픈 현실을 만들어냈는지도 모른다.

일본에서는 어느 날 갑자기 사람이 흔적도 없이 사라져버리는 인간 증발이 사회 문제로 제기됐다. 한 해 10만 명의 실종 신고가 접수되는데, 그중 8만 5,000명 정도가 스스로 자취를 감춘다고 한다. 파산, 이혼, 실직, 부채 등의 압박과 수치심을 견디지 못해 아무도 찾지 못할 곳에 몸을 숨기는 것이다.[26] 우리나라에서도 실패 후에 오는 부담과 낭패를 견디다 못해 노숙을 선택하는 사람들이 적지 않다.

숨을 거둔 부모의 장례를 치르지 않고 사망 신고도 없이 시신을 숨겨두는 사람들도 나타났다. 배우자나 부모에게 지급되는 연금을 받아 생활하기 위해서다. 사망한 부모의 유골을 빻아 가방에 넣어두고 연금을 챙긴 사건이 일어나자 일본 정부는 100세 이상의 노인을 대상으로 긴급 조사를 했는데, 400명 가까이 행방이 묘연했다고 한다. 이미 죽었지만 살아 있는 것으로 파악돼 누군가가 연금을 가로채는 경우를 '유령 노인'이라고 부른다. 우리나라에서도 부모나 배우자의 연금 외에 소득원이 없는 빈곤층에서 이런 일이 일어나지 않으리라고 장담하기 어렵다.

빈곤과 좌절을 겪은 일본인들의 경우처럼 수많은 한국인의 삶은 피폐하기 이를 데 없다. 일본보다 경제적 여건이 더 나쁘기에 상황이 더 심각할 수도 있다. 자살률 1위라는 오명은 이런 현실을 잘 보여준다.

노인 세대는 외롭고 가난하다. 사회적 존중이나 보호를 기대하기도 어렵다. 과거의 헌신을 보상받을 데가 없다. 질병의 고통과 고독사의 공포를 안고 힘겹게 삶을 꾸려간다.

젊은이들은 젊은이대로 힘들다. 저성장으로 활력이 사라진 사회에서 기회는 드물다. 성실하지 않아서 그렇다고 질책을 받지만, 열정을 발산할 공간은 좀처럼 없다. 어떤 이들은 현재의 소비와 즐거움만을 좇고 어떤 이들은 기성세대와 사회를 향해 원망을 쏟아놓는다. 그러나 나아지는 것은 없다.

지금 행동에 나서야 한다

디스토피아는 상상의 공간이 아니다. 멀리 있는 것도 아니다. 지금 바꾸지 않는다면 우리가 사는 바로 이곳이 디스토피아가 될 것이다. 내 처지가 조금 더 낫다고 안도할 일도 아니다. 지옥에서는 부자와 권력자도 매한가지로 고통스럽기 때문이다. 지금 당장 무엇인가를 해야 한다.

우리 모두가 자기 자리에서 할 일을 해야 한다. 특히 리더가 페카토 모르탈레(용서받지 못할 죄)를 범하지 않아야 한다고 생각한다. 지혜롭고 사려 깊으며 강인하고 실천력으로 무장해야 한다. 즉, 진정으로 착해야 한다. 나도 기업 경영자로서 내 역할에 충실하고자 한다.

우리 회사는 저성장과 인구 구조 변화, 세계의 변동 속에서 사람들이 감당해야 할 불행의 문제에 깊은 관심을 두고 있다. 우리가 모든 것을 해결할 수는 없지만, 우리 역할을 통해 개선할 바가 있다고 믿는다. 충분한 정보와 효과적인 솔루션을 통해 금융의 쓰임새를 좋게 하는 일이 대표적이다.

구체적 불행에 대비하는 보험도 그중 하나다. 특히 고령화 시대에는 치매 간병에 대한 부담이 크다. 효과적인 보장을 담은 보험으로써 이를 대비할 수 있게 하는 게 우리 회사의 역할이다. 또한 우리 계열사들은 전문적으로 건강관리 서비스를 제공하고 고객의 중증 질환이나 치매를 점검하는 일도 한다. 재가 서비스와 주·야간 보호센터를 통해 어르신을 보살피는 업무도 있다.

개인으로서 기업으로서 직분에 충실하며 감당해야 할 몫을 나눌 때 디스토피아의 공포로부터 해방될 수 있을 것이다. 그러한 일을 실천할 때 착한 사람, 착한 기업으로 성장하지 않겠는가.

4차 산업혁명과
패러다임 변화

변화의 서막

o—o

2016년 1월 스위스 제네바에서 열린 다보스포럼세계경제포럼, World
Economic Forum, WEF에서 세계 경제의 새로운 화두가 제기됐다. '4차
산업혁명'이다. 세계경제포럼 창설자이며 집행위원장인 경제학자 클
라우스 슈밥이 이 개념을 제기했다. 발전한 정보·통신·지능 기술을
토대로 산업 가치 사슬이 완전한 디지털화를 이루고 거대한 네트워
크를 구축하며 이 속에서 제품과 서비스가 과거와 다른 방식으로 유
통되는 비즈니스의 근본적 변화를 일어난다는 의미였다. 그 변화의
파장이 사회 운영 체계를 바꿀 정도로 거대하기에 '혁명'이라는 용어
를 사용했다.

전 세계의 많은 기업가와 학자들이 새로운 개념에 동의했다. 하지

만 이를 받아들이지 않는 사람도 있다. 자본주의 체제를 불러온 1차 산업혁명만을 유일한 산업혁명으로 보는 엄격하고 보수적 시각이다. 이들은 경제의 버블을 경계한다. 하지만 산업의 패러다임을 전면적으로 바꾸는 전 세계적이고 실질적이며 근본적인 변화의 실체가 산업과 기술 측면에서 존재하는 것은 부정할 수 없다. 나는 '4차 산업혁명'은 현실을 진단하고 미래를 예측하는 유용한 인식 틀로서 가치가 있다고 생각한다.

현재 4차 산업혁명에서 다뤄지는 여러 기술은 과거로부터 연구돼 온 것들이다. 인공지능AI이라는 용어가 처음 나온 것은 1956년 미국의 한 대학에서이다. 그리고 1980년대와 1990년대 집중적인 연구가 이뤄졌다. 인공지능의 핵심인 머신러닝Machine Learning 개념이 발전한 것 역시 1990년대이다. 말하자면 인공지능 기술은 3차 산업혁명 시대의 산물이라 할 수 있다. 사물인터넷IoT 역시 1999년 생활용품 제조업체 P&G에서 RFID 태그를 부착하면서 사용했다. 최초의 3D 프린터는 1984년에 개발됐다. 광폴리머를 레이저로 굳히는 방식이었다.

4차 산업혁명의 여러 기술은 과거로부터 축적·발전된 독립적 기술들이 디지털 네트워크 안에서 서로 융합하고 시너지를 일으켜 비약적으로 발전하면서 현재에 이른 것이다. 이 기술은 앞으로 한층 더 성장할 것이다. 따라서 4차 산업혁명의 기술과 트렌드를 검토할 때는 별개의 기술이나 트렌드를 보기보다는 융합된 전반적 모습에 주목할 필요가 있다. 특히 구체적인 제품이나 기업, 산업으로 구현될 때는 더더욱 종합적 안목이 요구된다.

인공지능

2016년 3월. 인공지능의 실체가 대중에게 드러났다. 세계 바둑 최고수 이세돌 9단과 구글 딥마인드 알파고의 대국에서 알파고가 3승 1패로 완승했다. 충격적인 사건이었다. 인간 고유의 영역으로 알려진 바둑에서 알파고가 승리를 거둔 것은 인공지능의 역량과 가능성에 대해 다시 생각하게 된 계기였다. 그 후 3년 넘는 시간이 흐르는 동안 인공지능의 기술적 역량은 성장을 거듭했다.

인공지능은 컴퓨터의 모양을 하고 있다. 그러나 과거의 컴퓨터 소프트웨어와는 본질적으로 다르다. 인공지능은 '학습 능력'이 있다. 부여받은 과제를 스스로 판단하고 학습해서 해결한다. 발전한 인공지능에서는 학습하는 방법만이 설정돼 있다. 그다음부터는 인공지능이 자율성을 가지고 미리 규정되지 않은 절차를 거치며 하나하나 과업을 수행한다.

물론 오류를 범하고 시행착오를 거듭하기도 한다. 이 역시 학습의 결과물로 저장된다. 이 과정에서 애초 목적으로 삼았던 결과를 낳기도 하고 전혀 뜻밖의 성과를 가져오기도 한다.

학자들은 인공지능이 4단계의 발전 과정을 거칠 것이라 예상한다. 미리 설정한 프로세스에 따라 과업을 수행하며 인간 지능과 정서를 흉내 내는 아주 약한 인공지능, 약한 수준의 자율성이 있으며 스스로 학습능력을 갖추고 있는 약한 인공지능, 지능 영역에서 인간과 같은 수준에 도달하고 인간과 항상 연결되는 강한 인공지능, 인간 몸의 일부가 되거나 인간과 통합되는 아주 강한 인공지능의 순서로 진화한다는 것이다. 현재는 약한 인공지능에서 강한 인공지능의 사이에 있다고 한다.

현재 인공지능은 공장의 업무 프로세스를 학습해 단독으로 작업하거나 인간과 협업을 하고 있다. 또한 소비자의 성향이나 관심사를 분석해 핵심 고객을 타깃팅하거나 해당 고객에게 가장 적합한 상품을 추천하는 데도 유용하게 쓰이고 있다.

환자의 질병을 진단하는 데도 쓰이며 법률적 사안에 맞춰 대응 전략을 마련하기도 한다. 그리고 언론 기사를 작성하고 방송에서 직접 보도도 한다. 소설을 쓰거나 작곡을 하고 그림을 그리는 등 예술의 영역에까지 나아가고 있다.

빅데이터

빅데이터는 기존 데이터베이스가 관리하고 분석할 수 있는 규모를 넘어선 대량의 데이터로부터 의미 있는 정보를 추출하고 분석하는 기술이다. 규격에 맞춰진 정형 데이터뿐 아니라 대중에 의해 우발적으로 생성되는 비정형 데이터까지 분석 대상으로 삼는다. 즉, 스마트폰을 이용한 검색, 사이트 방문과 페이지 열람, 앱 이용, 교통수단 이용, 결제 등 이용자의 수많은 경로Log를 수집하고 분석해 활용한다.

빅데이터는 인공지능과 사물인터넷 등 연관 기술의 발전과 함께 발전의 폭을 넓히고 속도를 더 빠르게 할 것으로 보인다. 빅데이터는 인공지능의 학습 대상이 되는데 앞으로는 사람의 집, 사무실, 공장, 학교, 공공시설, 거리, 도서 전체에서 생성하는 사물인터넷 데이터를 더 심층적으로 다루게 될 것이다. 즉, 우리 일상의 사소한 움직임 하나하나를 모으고 처리하게 된다.

자율주행차

자율주행은 자동차가 운전자 개입 없이 스스로 판단하고 자체 운전을 통해 목적지까지 최적 경로로 안전하게 도달하는 기술이다. 이 기술이 언제 구현될지 기대하는 사람이 많다. 그런데 자율주행은 이미 도로에 등장했다. 여러 기업의 테스트용 자율주행차들이 주변 환경을 인식하고 위험을 판단해 최소화하면서 적절한 경로를 찾아 이동하는 경험을 실제로 쌓고 있다. 그리고 구글의 자율주행차 회사 웨이모는 2018년 12월 5일, 미국 애리조나주 피닉스에서 무인 자율주행 택시 '웨이모 원' 서비스를 개시했다. 탑승객을 원하는 곳까지 도어 투 도어Door to Door로 안전하게 실어 나르는 완전한 자율주행 시대가 이제 현실이 된 것이다.

자율주행 기술은 일반적으로 5단계를 거쳐 발전한다고 알려졌다. 첫 단계는 자동 브레이크, 자동 속도 조절 같은 운전 보조 기능이다. 두 번째 단계는 초보적인 자율주행이다. 같은 차선에서 정해진 속도를 유지하면서 자율주행 한다. 임의로 차선 변경은 할 수 없다. 세 번째 단계는 제한적 자율주행이다. 자동차가 차선을 변경하며 스스로 운행하는데, 돌발 상황에서는 운전자에 의한 수동 운전 모드로 바뀐다. 네 번째 단계는 일부 자율주행이다. 자동차가 외부 환경을 파악하며 조종, 제동, 감속, 가속 등의 자율주행을 한다. 그러나 복잡한 의사 결정을 할 수는 없다. 운전자가 운전대 앞에 앉아 있어야 한다. 다섯 번째 단계는 완전한 자율주행이다. 자동차가 모든 결정을 스스로 내리면서 자율주행 한다. 이때는 운전자가 필요 없다. 탑승객은 뒷좌석에서 자신의 업무를 보거나 여가를 즐길 수 있다. 현재 다섯 번째 단계인 완전한 자율주행이 미국 등지의 도로 곳곳에서 테스트되고 있는데 거의 완벽한 수준에 도달했다는 평가다.

자율주행차의 실현 가능성은 이제 더는 기술의 문제가 아니다. 사회 문화와 윤리, 법률과 규제의 차원에서의 난제가 남았을 뿐이다. 인명 희생이 불가피한 사고 상황에서 보행자와 운전자 중 누구를 우선적으로 보호하도록 할 것인지 등 자율주행 알고리즘에 대한 사회적 논의가 필요하다. 사고가 일어났을 때 누구에게 책임을 지울 것인지 등의 법률적·윤리적 질문에도 답해야 한다.

운전자를 전제로 한 현재 제도를 허물고 언제부터 어느 정도 자율주행을 허락할 것인지 규제 차원의 사회적 의사결정도 필요하다. 도로·통신·GPS 등의 인프라, 연관 기술의 동반 발전 등 기반의 구축 역시 필수적이다.

사물인터넷

사물인터넷Internet of Things, IoT은 각기 독립적으로 존재하는 개별 사물이나 장치들이 인터넷에 연결돼 데이터를 주고받으며 관리·제어·운용되는 것을 말한다. 와이파이, 블루투스, 지웨이브Z-Wave 등의 근거리 네트워크로 인터넷에 연결된 전자제품, 가구, 시설물, 동식물, 장소 등은 센서와 엑추에이터Actuator 등을 탑재하고 있으며 초소형 마이크로프로세서로 동작이 제어된다. 컴퓨터 시스템은 이들이 생성한 데이터를 저장하고 처리하는 역할을 한다.

사물인터넷이라는 용어는 가전제품 분야에서 많이 사용됐다. 냉장고, 세탁기, 로봇청소기, 조명기구, 보일러 등에 센서와 인터넷 연결 기능이 탑재되고 상황에 따라 자동으로 점멸되거나 기능을 시작·중단한다. 스마트폰에 의한 원격 조정도 가능하다. 사물인터넷은 미래 사회의 압축적 모습으로 거론되는 스마트 홈, 스마트 팜, 스마트 팩토리, 스마트 시티의 핵심 구성 요소가 된다.

클라우드

클라우드는 컴퓨팅computing 기술의 한 영역으로 전산 작업을 자신의 컴퓨터가 아닌 인터넷에 연결된 다른 컴퓨터에서 처리하는 방식을 의미한다. 이때 클라우드는 소프트웨어, 서비스, 데이터, 네트워크, 스토리지 등의 컴퓨터 자원을 인터넷을 통해 이용자에게 제공하는 역할을 한다.

실생활에서 접하는 사례를 보자. 컴퓨터에 설치된 소프트웨어가 아니라 인터넷에 접속해 클라우드가 제공하는 최신 버전의 소프트웨어로 문서 작업을 한다. 이때 클라우드에 저장된 방대한 데이터를 불러들여 참고할 수도 있다. 작업 중인 문서를 자기 컴퓨터의 하드디스크나 회사 서버에 저장하지 않고 클라우드에 저장해둔다. 그리고 퇴근길에 스마트폰으로 클라우드에 접속해 작업을 이어간다. 귀가한 후에는 태블릿PC로 이 문서를 점검한다. 작업과 관련된 사내외의 관련자에게 검토를 요청하기도 한다. 이렇듯 개인 디바이스에서는 입력과 출력 작업만 이뤄지고 그 외 소프트웨어와 서비스를 이용한 컴퓨팅, 정보 처리, 관리, 저장 등은 제3의 공간인 인터넷상의 클라우드에서 전개되는 형태이다.

기술의 노예가 될 것인가, 주인이 될 것인가?

4차 산업혁명의 전개는 산업과 경제, 인간 삶에 큰 변화를 일으키고 있다. 앞으로는 그 변화의 폭이 훨씬 더 클 것으로 보인다. 자율주행 자동차가 본격적으로 등장하면 차량의 형태와 생산 방식뿐 아니라 교통수단의 운용 방식, 운전 문화 등이 획기적으로 바뀌게 된다. 택시나 화물 운송 등이 무인으로 진행돼 관련 산업과 직업의 모습이 변한다. 또한 직접 운전하지 않기에 차 안에서 영화를 보거나 음악을 감상하는 등 여가 활동을 진행하는 문화가 정착된다. 이때 자동차는 단순한 운송수단을 넘어 문화 기능을 제공하는 장치가 된다. 또한 자율주행차 본격화와 함께 자동차보험의 양상도 많이 달라질 것으로 보인다.

생각하는 기계, 알아서 판단하고 일하는 기계인 인공지능이 일터를 장악하게 되면 직업 세계와 일하는 방식 또한 크게 변모할 것이다. 어떤 직업은 사라지고 새로운 직업이 생길 것이다. 이 과정에서 일자리를 잃는 사람이 생기는 등 사회적 진통도 예상할 수 있다. 그러나 이런 변화를 마냥 두려워할 수는 없다. 자기 영역에서 활발히 도입해 혁신의 계기로 삼는 게 바람직하다. 관성에서 벗어나고 기득권을 포기하는 데 두려움을 느끼며 기술 변화에 저항한다면, 혹은 새로운 기술을 무작정 수용하기만 한다면 기술에 종속될 수밖에 없다. 그보다는 자기 철학을 가지고 주도적으로 도입하고 운용하는 게 바람직하다. 4차 산업혁명을 선도하는 첨단 기술 역량을 갖춘다면 무엇보다 좋겠지만, 적어도 잘 활용하는 단계로는 나아가야 할 것이다.

우리 회사도 인공지능에 대해서 큰 관심을 두고 있다. 인공지능은 현재 금융 영역에서 광범위하게 사용된다. 경제 동향과 신용 등을 파악하고 분석해 리스크를 판단하며, 투자 방향을 설정하는 데 쓰이고 있다. A+그룹은 고객의 성향과 상황에 가장 적합하고 유리한 금융 상품을 추천하고 맞춤 서비스를 제공하는 데 빅데이터와 인공지능 기술을 도입하고자 한다. 광범위한 연구를 진행해왔고 계열사를 설립해 본격적인 추진에 들어갔다.

4차 산업혁명의 본격화에 따른 인간 삶의 변화 양상에도 촉각을 곤두세우고 있다. 우리 회사의 모든 서비스는 사람의 생활과 직결돼 있기에 문화적 행태 변화를 구체적인 사업 내용에 반영해야 한다. 우리가 기술 혁신을 주체적으로 활용하느냐 여부에 따라 서비스의 품질이 좌우된다는 판단으로 준비에 박차를 가하는 중이다.

인 간 다 움 의
회 복

암울한 미래 시나리오

o—o

4차 산업혁명이 완성 단계에 이를 때 인간이 매우 비참하고 불행해질 것이라 예측하는 사람들이 더러 있다. 일, 생각, 활동의 즐거움을 잃고 그저 생존과 일시적 만족을 위해 소비하는 우매한 대중으로 전락한다는 것이다. 이들은 효율성과 속도, 편리함을 위해 도입한 기술 시스템에 인간이 종속되며 극심한 소외를 겪을 것이라 본다.

이런 예측을 암울한 상상의 산물로만 볼 수는 없다. 산업계를 시작으로 인간이 필요 없어지고 있기 때문이다. 공장 하나를 떠올려보자. 인공지능 경영 시스템이 빅데이터를 분석해 판매 수량을 예측하고 생산 방식을 결정한다. 로봇은 이에 맞춰 자동화된 생산을 한다. 인공지능 마케터가 제품을 살 가능성이 큰 사람만 선별해 할인 혜택을 담은 메시지를 보내고 챗봇이 고객과 일대일 접촉해 판매 계약을 완료한다. 제조된 제품은 자율주행 트럭에 실려 무인 자동화된 물류 센터로 간 후 배달 로봇에 의해 구매자의 집까지 도착한다. 생산에서 소비에 이르기까지의 모습은 이렇게 바뀔 가능성이 크다. 이 중 상당 부분이 혁신적인 사업장에서 시행되고 있다.

병원에서는 인공지능이 환자 검사 데이터를 다른 빅데이터와 비교해 판별한 후 진단을 내리고 개인적 특수성을 고려한 처방을 할 수 있다. 수술이나 외부 치료는 정밀 로봇이 수행한다.

법원에서는 인공지능이 재판을 진행한다. 객관적 데이터에 근거해 유·무죄를 판단하고 형량을 매긴다. 민사 재판에서는 양측의 증거를 분석해 합의안을 제안하기도 한다. 재판을 받는 사람은 기다리는 시간도 적고 사람보다 공평하다고 느끼기에 이를 더 선호할 가능성이 크다.

예술의 영역도 마찬가지다. 고객의 현재 상황과 취향을 고려해 원하는 음악을 작곡해주고, 가장 좋아하는 스타일의 연주자를 홀로그램으로 만들어 이들을 통한 연주가 가능하게 만든다. 고객이 좋아하는 색상과 화풍에 맞는 그림을 그려주거나 3D 프린터를 통해 조각과 공예 작품을 만들어낸다. 시나 소설 같은 문학 작품도 제공한다.

이런 세상에서 인간이 설 자리가 사라진다. 인공지능 등 4차 산업혁명의 전개에 따른 일자리 소멸이 예측되고 있다. 영국 BBC 방송은 2020년까지 710만 개 일자리가 없어질 것이라고 한다. 200만 개의 일자리가 새로 생긴다고 해도 510만 개의 직업이 사라진다는 계산이다. 화이트칼라 직종이 높은 비중을 차지하고 운전기사, 단순 제조,

물류 등의 블루칼라 일자리도 상당수 사라질 것으로 보인다. 텔레마케터, 단순 사무원, 법률 비서, 회계 사무원, 분류 작업자, 검표원, 판매원, 회계 사무원, 회계사, 보험설계사, 은행원, NGO 사무직, 지방공무원, 도서관 사서 보조 등이 사라질 가능성이 높은 직종이다.

일자리를 잃는 것은 경제생활에 직접적인 타격을 준다. 일자리를 유지하는 사람도 업무의 가치 상실이 우려된다. 노동 문화도 바뀔 것이다. 근로를 통해 사회에 이바지하는 자부심이 사라지고 소비가 미덕으로 떠오르게 될 것이라 한다. 거대 자본과 첨단 기술을 갖춘 소수의 강자만이 세상을 지배하며 대부분의 나머지 사람들은 이들이 구축한 틀 안에서 '자유롭다고 느끼는 노예'처럼 사는 극단적 양극화가 벌어질 것이라 예상하기도 한다.

이보다 훨씬 더 끔찍한 미래 예측을 하는 사람들도 있다. '강한 인공지능'이 정부와 기업, 공공기관 등의 상당 부분을 장악해 주도권을 행사하는데, 고도의 학습을 통해 인류가 지구 생태계에 해악을 끼치는 존재라고 판단하고, 인류를 말살하려는 계획을 세우고 실행에 옮길 수 있다고 한다. SF영화에 등장할 만한 이런 시나리오는 꽤 현실감을 얻는 중이다.

사람이 이긴다

나는 암울한 미래 예측에 동의하지 않는다. 이 중에서 위험성을 인식하고 경계해야 할 부분을 찾고 개선해야 하겠지만, 일찌감치 비관에 빠지는 것은 바람직하지 않다.

기술은 인간이 활용하기에 달린 것이다. 인공지능이 제아무리 독립적인 생각과 판단, 학습 능력을 갖췄다 한들 인간이 전력을 공급해주지 않거나 하드웨어를 없애버리면 한순간도 존재할 수 없다. 극단적 탐욕과 부도덕을 경계한다면 첨단 기술은 인간 삶을 더 윤택하게 하는 데 유익하게 사용될 것이라 믿는다.

인간이 필요 없어지는 고도 기술 사회의 취약함을 보완할 유일한 해답은 역설적으로 '인간다움'에 있다. 인간다움이 발휘될 때만 기술이 진가를 펼칠 수 있다. 뇌과학자 정재승 교수는 『열두 발자국』이라는 책에서 이 시대에 어떤 일을 하는 게 가장 유망한지에 대해 단순한 해답을 제시했다. "사람이 기계보다 더 잘하는 일, 기계가 할 수 없는 일"을 하라고 권한다.

나는 기계와 차별되는 인간의 속성을 '사랑'에서 찾는다. 바둑에서 인공지능이 인간 최고수를 번번이 꺾는다 해도 인공지능은 바둑 그 자체를 사랑하지 않는다. 그러나 웬만한 프로기사들은 바둑을 사랑한다. 사랑은 정서적 영역이다. 이것은 인간만이 할 수 있다.

현대 정신의학의 거장으로 불리는 K. A. 메닝거 박사는 "사랑은 사람들을 치유한다. 사랑을 받는 사람, 사랑을 주는 사람 할 것 없이"라고 사랑의 능력을 역설했다.

절망감에 울고 있는 청년이 있다. 인공지능은 그의 상태를 분석하고 그에게 맞는 음악을 들려주거나 글귀를 읽어줄 수 있다. 하지만 그리 똑똑하지 못한 그의 친구는 옆에서 함께 울며 그의 등을 토닥일 것이다. 공감하고 배려하고 친구로 함께하는 것은 사람의 영역이다.

주인공이 인공지능 로봇과 친구가 돼 교감하는 설정을 가진 영화는 대부분 기계가 정서를 가질 가능성보다는 인간다움을 상실한 인간에게 초점을 맞춘다. "기계도 인간적일 수 있는데 왜 사람이 인간다움을 잃어가냐"고 안타깝게 호소하는 것이다.

최고의 식탁은 어떤 것일까? 인공지능에 이 판단을 맡기면 내 입맛과 건강 상태를 분석한 후에 여기에 맞춰 최고 요리사와 최적의 재료를 엄선해 제시할 것이다. 조리법도 조언해줄 것이다. 이것으로 충분할까? 최고의 식탁은 사랑하는 이와 함께할 때 비로소 완성된다. 애정을 담뿍 담아 차려낸 따뜻한 밥 한 공기, 김치 한 접시를 사랑하는 이들과 옹기종기 둘러앉아 함께 먹으면 그것으로 충분하다. 어린 시절 어머니가 해줬던 소박한 음식을 간절히 그리워하는 사람들이 얼마나 많은가?

가장 멋진 여행을 하게 해달라고 인공지능에게 요청해보자. 인공지능은 내가 갔던 장소, 가보고 싶어 했던 장소, 좋아하는 곳, 자연환경과 레저 시설, 인근 식당과 숙박 시설 등을 점검해 훌륭한 여행 계획을 내놓을 것이다.

그런데 이런 계획을 간단히 압도하는 여행이 있다. 사랑하는 사람과 함께하는 여행이다. 사랑하는 사람과 함께라면 가까이 초라해 보이는 여행지에서도 최고의 기쁨을 누리게 될 것이다.

내 일을 뺏기지 않기

BBC 방송이 인공지능 본격화로 사라질 직업을 꼽은 것 중 하나가 '보험 설계사'였다. 요즘 그렇게 생각하는 사람들이 적지 않은 것 같다. 현장에서도 보험 비교 사이트나 전문 애플리케이션이 활성화된 후에 활동에 어려움이 생겼는데, 인공지능이 본격적으로 등장하면 더할 것 같다고 호소하는 목소리가 커지고 있다. 나에게는 이런 현상이 매우 중요하다. 우리 그룹 주력사인 A+에셋의 문제이기 때문이다.

나는 인공지능 때문에 보험 설계사의 영역이 위축되리라 생각하지 않는다. 보험 설계사는 인간적인 직업이기 때문이다. 고객들은 단지 가장 싼 상품만을 원하지 않는다. 자신의 이야기를 들어주고 공감하고 논리적으로 표현되지 않는 정서적 갈망을 이해하는 친구를 원한다. 그들의 요구는 수치로 표현되는 것 이상이다. 그것은 사랑의 힘이다. 미국의 인기 작가 어슐러 르 귄은 "사랑은 돌처럼 한 번 놓인 자리에 그냥 있는 게 아니다. 그것은 빵처럼 항상 다시, 또 새로 구워져야 한다"고 말했다. 기계는 고정되고 그 자리에 머물러 있지만, 인간의 사랑은 늘 새롭다.

이런 사랑은 데이터로 무장한 인공지능이 아니라 인간다움이 넘치는 선량한 보험 설계사가 훨씬 더 잘할 수 있다. 인간다움 위에 기술적 역량을 더할 수도 있다. 그런 점에서 볼 때 첨단 기술은, 잘 활용한다면 보험 설계사에게 경쟁자가 아니라 큰 지원자가 될 것이라 예측한다.

이런 판단으로 A+그룹은 기술 기반 확충에 힘을 쏟고 있다. 파인랩FINElab이라는 DTData Technology 회사를 출범시켰고 최근에는 '보플'이라는 보험 관리 앱을 출시했다. 보험 관련 앱들이 많지만, 현황 위주로 정보가 나열되며 보험료만 정리된 형태가 대부분이다. 자가 진단을 하는 데 부족하며 내 보험의 문제를 알 수 없다는 문제가 있다. 하지만 보플은 분석이 잘돼 있을 뿐 아니라 보험료로 보장을 파악할 수 있다. 즉 자가 진단이 가능하고 보험의 방향성을 잡을 수 있다.

보플의 독특한 점 하나는 전문 설계사를 매칭해준다는 것이다. 이 것은 매우 중요한 부분이다. 궁금한 내용을 설계사에게 질문할 수 있으며 불만족스러운 부분, 요구 사항 등을 해소할 기회가 생긴다. 치밀한 정보 위에 전문가와의 정서적 교감이 보태져 신뢰하고 안심할 수 있게 된다. 나는 이 애플리케이션이 보험 고객에게 유익을 제공할 뿐 아니라 설계사들에게 도움이 되며 시장의 이미지를 개선하는 데도 유용하리라 본다.

첨단 기술이 내 일을 빼앗아가지 않을지 두려워할 필요는 없다. 내가 가진 인간다움을 결코 대체할 기계는 어디에도 존재하지 않는다. 굳이 기술과 경쟁하지 않아도 된다. 기술은 도구이기에 잘 활용하면 된다. 기술을 활용해 인간다움을 더욱 확산한다면 착한 전문가로 성장하게 될 것이다.

착한 사람
전성시대

연결 사회의 위험성

BC 480년, 페르시아 크세르크세스 왕의 대군을 맞아 테르모필레 협곡에서 결사 항전했던 스파르타 300 결사대는 군사적 열세를 딛고 성공적으로 전투를 이끌었다. 그런데 결국 무너지고야 말았다. 그들은 군사 수가 적거나 무기가 부족해서 패배하지 않았다. 에피알테스라는 배신자가 페르시아 군의 길잡이로 나섰기 때문이다.

BC 264~146년, 카르타고와 로마는 지중해의 패권을 두고 각축을 벌였다. 이때의 명장이 카르타고의 한니발과 로마의 스키피오다. 로마군에게 견고하고 치밀하게 지어진 카르타고성은 난공불락이었다. 포위 작전도 먹히지 않았다. 성안에는 10년을 버틸 곡식과 물이 비축돼 있었다. 그러나 이 철옹성도 무참하게 무너져버렸다. 아스틸락스라는 카르타고 귀족이 성벽과 지하수로의 상세한 도면을 로마 원로원에 팔아넘겼기 때문이다. 이 결과 왕국은 폐허가 됐고 국민은 도륙됐다. 목숨을 건진 사람들은 노예로 팔려갔다.

루돌프 줄리아니가 뉴욕 시장일 때의 일이다. 그는 시의 예산 집행 상황을 꼼꼼히 챙겼는데, 어느 날 공공시설 공사와 유지 보수비가 계획보다 훨씬 더 많이 집행되고 있음을 발견했다. 원인을 파악해보니 공사 기간이 지체돼 생긴 일이었다. 그럴 만한 특별한 사정이 있는 한두 곳이 아니라 시 전체의 공사가 대부분 지연되는 것은 이해하기 어려웠다. 줄리아니 시장은 내막을 파악하려고 직접 현장을 찾았다. 현장에서는 설계 도면이 늦게 도착해서 대기하는 시간이 길다고 했고, 시청 설계 담당 부서에서는 도면을 정상적으로 보냈다고 답했다. 줄리아니 시장은 설계 부서와 공사 현장 사이의 연결고리를 뒤졌다. 그리고 문제의 지점을 발견했다. 시청 복사실에서 도면을 복사하는 담당자의 업무 태만이 문제였다. 그가 알코올 중독으로 일을 제대로 하지 못하는 상태였다. 그가 설계 도면을 제때 복사하지 않고 한참 미뤄두었다가 복사해서 현장으로 보내는 바람에 시 전체의 공사가 늦어지고 엄청난 예산이 허비됐던 것이다.

한 개인의 악행이 얼마나 큰 결과를 초래하는지 잘 보여주는 사례들이다. 과거에 생겼던 일이라고 치부하기 어렵다. 사회 전체가 촘촘한 네트워크로 이어진 현대 초연결 사회에서는 이런 비참한 일이 빚어질 가능성이 훨씬 더 크기 때문이다.

네트워크는 수많은 점(노드, node)을 이은 관계(링크, link)로 구성된다. 노드 하나에서 생긴 문제는 링크를 타고 네트워크 전체로 번져나 간다. 한 사람의 악행이 자신이 속한 조직은 물론 사회 전체를 위기로 몰아갈 위험성이 다분하다는 뜻이다. 이런 위험을 대비하기 위해 시스템적인 장치를 마련하지만, 네트워크의 연결성 자체를 막을 수는 없다. 네트워크 내에서는 정보의 공개와 권한 위임도 활발해진다. 그래서 금융기관의 실무자가 수십억 원을 횡령해서 사라지는 일이 벌어지기도 한다.

인재의 조건

기업 경영자들은 자신의 조직이 하나의 네트워크이며 이를 구성하는 노드들이 부패하지 않고 제 역할을 해야 함을 잘 알고 있다. 그래서 사람을 뽑을 때 우선순위를 '인성'이나 '도덕성'에 두는 이들이 많다. 한마디로 착한 사람을 선호한다는 것이다.

세계에서 가장 큰 인사 단체인 미국인재개발협회American Society for Training & Development, ASTD는 현대 직업 환경에 걸맞은 다양한 인재상과 이것을 개발할 방법론을 제시해왔다. 그런데 여기서 빠지지 않는 화두가 '직업윤리'다. 현대로 올수록 그 중요성이 더욱 커지고 있는 현실이다.

기업 세계에서 유능한 사람의 동의어는 착한 사람이다. "착하기만 하고 무능한 사람도 많다"고 반론할 수도 있다. 그러나 이런 말은 성립하지 않는다. 앞에서 여러 차례 강조했듯 착함의 속성인 이타성을 실현하기 위해서는 무능할 수 없다. 착한 사람은 성실하고 유능하다. 동료와 고객을 이롭게 하려고 최선을 다한다. 지성과 배려심, 실천력을 갖췄다. 착한 사람의 영향력은 링크를 타고 직장 네트워크로 퍼진다. 회사가 착해지는 데 큰 힘을 보탠다.

착하지 않은 사람은 조직에 해악을 끼친다. 일시적으로 성과를 낼 수 있지만, 이것은 본질적이지도 않고 오래가지 않는다. 지금 당장 자신만의 이익을 추구하기 때문이다. 그들은 동료나 고객을 희생시켜 자신의 배를 채우려 한다. 악한 사람이 악행을 저지르면 그가 속한 조직은 위기에 처한다. 네트워크 전체가 마비된다.

기술이 발전하고 디지털화된 정보가 풍부해지고 네트워크의 연결성이 커지면 커질수록 착한 사람의 가치는 더욱 중요해진다. 착한 사람이 노드를 차지해야만 건강한 네트워크가 형성되고 확장될 수 있다.

평화의 사도

착한 사람들로 이뤄진 이상적인 네트워크의 모습은 '평화'라는 단어로 압축될 수 있을 것이다. 평화를 사전에서 찾아보면 "평온하고 화목함. 전쟁, 분쟁 또는 일체의 갈등이 없이 평온함. 또는 그런 상태"라고 나와 있다. 한 사람 한 사람의 내면이 평온하며 조직 내부가 갈

등 없이 화목하고 다른 조직과도 충돌이 없는 상태가 평화이다. 평화가 바탕이 될 때 풍요와 행복이 이뤄진다.

사람은 평화를 원하고 지향한다. 심지어 전쟁을 치르는 목적도 평화를 위해서라고 한다. 유대인들은 '샬롬', 아랍인들은 '살람'이다. 모두 평화란 뜻이다. 우리말 인사인 '안녕'도 비슷한 맥락이다. 사람들 사이에서 평화를 기원하는 것이다.

전쟁이 일어나지 않았다고 평화롭다고 하지 않는다. 강한 악인의 지배에 굴종해 저항이 사라진 상태는 평화라 할 수 없다. 일시적으로 분쟁이 없을 수 있지만, 사람들의 내면은 평안하지 못하며 곧 대립과 다툼이 일어날 것이기 때문이다.

우리 사회는 평화롭지 못하다. 분단 상태에서 전쟁의 위험이 도사리고 있다. 더욱이 북한이 핵을 앞세워 위협을 가하고 있다. 우리와 밀접한 두 강대국이 패권을 두고 싸우는 중이다. 나라 안에서는 지역과 세대 간 갈등이 빚어진다. 회사에서는 기업주와 노동자가 대립한다. 동료끼리도 마찰이 빚어진다. 심지어는 가정 내에서 부부간, 부모·자식 간에도 분쟁이 끊이지 않는다.

착한 사람은 이렇듯 평화롭지 못한 세상에 평화를 가져온다. 그는 내면이 평화로우며 따뜻하고 관대한 눈길로 자기 바깥을 보며 이웃을 이롭게 하려 애쓴다. 그래서 착한 사람의 주변에는 평화가 형성된다.

기독교의 성인 프란시스코는 어느 겨울밤 잠자리에 들었다가 뜻하지 않은 손님을 맞았다. 남루한 행색의 나병 환자가 악취를 풍기며 그의 방문을 두드렸다. 그는 귀찮은 생각이 들었다. 하지만 그의 간청에 따라 끼니를 제공하고 잠자리도 내줬다. 나중에는 꼭 껴안아 그의 몸을 덥혀주기도 했다. 그렇게 잠이 든 프란시스코는 꿈에서 예수를 만났다. "네가 대접한 나병 환자가 바로 나"라고 했다. 그는 잠에서 깼다. 나병 환자는 온데간데없었고 악취가 나던 침대는 향기가 가득했다. 프란시스코는 나병 환자를 진심으로 환대하지 못했던 자신의 마음을 회개하며 기도를 드렸다. 그때의 기도문이 전 세계인에게 사랑받는「평화를 위한 기도」이다.

주님, 저를
평화의 도구로 써주소서.
미움이 있는 곳에 사랑을,
다툼이 있는 곳에 용서를,
분열이 있는 곳에 일치를,
의혹이 있는 곳에 신앙을.
그릇됨이 있는 곳에 진리를,
절망이 있는 곳에 희망을,
어둠이 있는 곳에 빛을,
슬픔이 있는 곳에 기쁨을,
가져오는 자 되게 하소서.
위로받기보다는 위로하며,
이해받기보다는 이해하며,
사랑받기보다는 사랑하게 해주소서.

우리는 줌으로써 받고,

용서함으로 용서받으며,

자기를 버리고 죽음으로써,

영생을 얻기 때문입니다.

프란시스코같이 성인의 반열에 오른 사람만이 평화를 이룰 수 있는 것은 아니라고 생각한다. 가족 속에서, 일상생활 가운데, 특별히 자신의 일터에서 피스 메이커Piece Maker가 될 수 있다. 선한 마음으로 동료와 고객을 섬길 때, 즉 착하게 일하는 것으로 평화의 작은 사도가 된다.

내가 나의 일에서 자긍심을 느끼는 것 중 하나는 고객 삶의 입체적 영역에 다양한 서비스를 제공함으로써 그들의 평화에 작으나마 이바지할 수 있다는 점이다. 현장에서 직접 부대끼며 그 과정을 보고 행복감을 느낀다.

우리 회사 구성원들은 일을 통해 평화를 만들고 확산시키는 사람들이라 생각한다. 대화를 나눠보면 대부분이 여기에 대해 보람과 긍지를 갖고 있음을 발견하게 된다. 이렇듯 각 사람 내면의 평화가 모여 직장의 평화를 이루고 고객의 평화를 창조한다. 그리고 사회의 평화로 번진다. 이것이 평화를 이루는 착한 사람의 비전이다. 나와 우리 회사가 평화의 발원지가 되기를 바라고 또 바란다.

긍정적 세계관과
간절함을 품자

긍정의 힘

앞에서 우리 앞에 펼쳐진 환경이 결코 녹록하지 않음을 이야기했다. 험난한 도전이 기다리고 있다. 하지만 이런 장해 앞에 위축되거나 포기할 필요는 없다. 돌파의 의지와 긍정적인 자세를 가지고 미리 준비하는 이에게 위기는 더는 위기가 아니다.

이집트에서 압제를 당하던 히브리 민족은 지도자 모세와 함께 이집트를 탈출한다. 그리고 홍해가 갈라지는 기적을 경험하며 가나안으로 향한다. 그들은 가나안 인근의 가데스 바네아에 도착했다. 여기서 모세는 지파별로 한 사람씩 선발해 12명의 정찰대가 가나안을 정탐하도록 한다.

가나안을 돌아보고 온 정찰자들의 의견은 둘로 나뉘었다. 10명의 정찰자는 절망적인 소식을 전했다. 성이 크고 견고한 데다 거주민 또한 건장하고 강해서 싸워봐야 승산이 없다고 했다. 그러나 정찰자 중 두 사람, 여호수아와 갈렙만이 긍정적인 보고를 했다. 그 땅은 아름다우며 하나님께서 도우시면 이길 수 있으니 그 지역을 빨리 취하자고 외친다.

하지만 두려움에 휩싸인 히브리 백성은 용기 있는 두 사람의 목소리를 들으려 하지 않는다. 오히려 여호수아와 갈렙을 돌로 치려고 한다. 이때 하나님의 영광이 임한다. 지금 히브리 백성에게는 살아서 가나안에 들어가지 못하고 40년 동안 광야를 떠돌아야 하는 형벌이 내린다. 오직 여호수아와 갈렙만이 생존해 가나안 땅에 들어갈 수 있을 것이다. 그렇게 히브리 민족은 40여 년 동안 광야의 고초를 겪다가 죽음을 맞았다. 여호수아와 갈렙, 그리고 이집트를 탈출했던 히브리 민족의 후손들만이 가나안 땅을 차지하게 된다.

여호수아와 갈렙은 남들과 똑같은 곳을 정찰했지만, 남들이 보지 못한 것을 보았고 긍정적 사고를 가졌다. 다른 10명의 정찰자는 가나안 주민과 비교할 때 자신들은 메뚜기와 다름없다고 비관했지만, 여호수아와 갈렙은 가나안 거주민들을 향해 "그들은 우리의 먹이라"라고 자신했다. 요즘 말로 '밥'이라는 말이다.

여호수아와 갈렙의 긍정적 용기는 현실을 무시한 과잉 자신감이 아니었다. 그들은 히브리 민족과 함께하시는 하나님에 대한 확고한 믿음이 있었다. 결국 가나안에 들어갈 수 없으리라고 절망한 사람들은 자신의 비관적 예언대로 됐고, 가나안 땅을 차지할 수 있다고 자신한 여호수아와 갈렙은 긍정적 예언대로 성취를 이룰 수 있었다.

인간은 아무리 쉬운 일이라도 '할 수 없다'고 생각하는 일은 이룰 수 없다. 시도조차 하지 않을 것이기 때문이다. '할 수 있다'고 긍정하는 만큼만 이룰 수 있다. HSBC은행 총괄 부회장이자 CEO인 사이먼 쿠퍼는 "'할 수 있다'고 말하다 보면, 결국 실천하게 된다"고 강조했다. 도전과 성취의 본질을 꿰뚫은 멋진 말이다. 이 구호는 우리 회사 본사 대강의실 벽면에 걸려 있는데 나와 구성원 모두가 깊이 공감한다.

때로는 말이 실천에 앞서도 된다. 담배를 완전히 끊은 후에 주변 사람들에게 금연에 성공했다고 말하는 것과 지금부터 담배를 끊겠다는 결심을 알린 후에 금연을 시도하는 사람 중 누가 성공률이 높을까? 후자의 성공률이 훨씬 더 높다.

말만 앞세우는 게 좋지 않다고들 한다. 옳다. 하지만 긍정적인 말은 다르다. 이것은 성취에 대한 예언이다.

간절하게 매달리면 길이 보인다

베트남 축구 국가대표팀을 성공적으로 이끌면서 베트남 국민의 존경을 받는 박항서 감독의 이야기를 언론을 통해 접한 적이 있다. 그는 타고난 재능이 부족했노라고 고백한다. 고등학교 때 늦깎이로 축구를 시작했는데 탁월한 감각이나 두뇌, 기질이나 체격 면에서 다른 선수에 뒤처졌다. 그래서 각광 받는 선수 생활을 하지 못했다. 하지만 그에게는 축구를 향한 간절한 열망이 있었다. 이 간절함은 엄청난 학습과 노력을 가능하게 했고, 그것이 쌓여 경험이 풍부하고 유능한 지도자로서 우뚝 설 수 있었다. 간절함이 그의 성공의 원동력이었던 셈이다.[27]

1985년 아버지께서 세상을 떠나시면서 우리 가족에게 시골 땅을 유산으로 남기셨다. 나는 그 당시에 삼성생명에 근무하면서 한창 바쁘게 일하고 있었는데 금융권에 몸담은 내가 자산을 관리하는 게 좋겠다는 게 가족의 의견이었다. 나는 그 땅을 팔아서 경상북도 경산 도로변에 다른 땅을 샀고 땅을 놀릴 수 없어서 그곳에 주유소를 열었다.

그 당시 주유소 업계는 독특한 금융 관행이 하나 있었다. 월 매출의 3배 정도를 무이자로 대출(3개월간 팔린 기름값은 90일 이후 결제)해 주는 것이다. 이 자금을 주유소 경영에 쓰거나 다른 경로로 활용해 이익을 남기기도 했다.

우리 주유소는 월 매출이 3억 원 정도였는데 당시의 관행에 따르면, 9억 원 이상의 자금을 무이자로 활용할 기회가 주어진 셈이었다. 그런데 순조롭던 주유소 운영이 갑자기 암초를 만났다. 주유소 인접 4차선 도로를 6차선으로 확장하는 공사가 시작되자 공사 현장 때문에 주유소 인접 2개 차선이 막혀 차량이 주유소에 들어오고 나가는 데 걸림돌이 됐다.

주유소 월 매출은 1억 원까지 떨어졌다. 무이자 대출도 3억 원으로 줄었다. 이렇게 6억 원의 현금흐름에 문제가 생기자 나는 큰 고민에 빠졌다. 간절한 마음으로 생각에 생각을 거듭한 끝에 매출을 늘릴 2가지 아이디어를 냈다.

하나는 시골 마을의 특성을 살리는 것이었다. 동네 각 가정은 석유 보일러를 사용했는데 갑자기 연료가 떨어지는 일이 잦았다. 그래서 나는 각 집 보일러에 제어장치를 달았다. 연료가 15%만 남는 시점에 자동으로 주유소로 삐삐를 통해 신호가 울리는 장치를 고객 탱크에 설치한 것이다. 그래서 삐삐가 주유소 사무실에 울리면 기름이 떨어져가는 집에 먼저 전화를 해서 "기름 떨어졌으니 기름을 채우시라"고 정보를 제공해 다른 주유소들을 따돌릴 수 있었다.

또 하나는 단골 관리였다. 우리 주유소는 공사 때문에 매출이 줄고 있었다. 가격경쟁을 할 상황도 아니었다. 그런데도 고마운 단골이 있었다. 나는 이들이 주유소에 올 때마다 연료 주입구 안쪽에 스티커를 붙이기 시작했다. 이 스티커가 한 달에 4개 이상이 되면 단골손님으로 보고 이분들의 주소를 일일이 여쭤 파악했다. 곧 700명의 단골 명단을 확보할 수 있었다. 나는 이분들에게 시골에서 농사지은 쌀을 포장해 정성스러운 편지와 함께 택배로 보냈다. 이렇듯 매월 4회 이상 기름을 넣는 단골을 별도로 관리한 결과 그들의 충성도는 훨씬 더 높아졌다. 그들은 가격을 따지지 않고 우리 주유소만 찾게 됐다.

내가 위기를 돌파하고 원하던 목표를 이룬 경험을 돌이켜보면 나의 경험이나 지식보다 간절함이 결정적으로 작용했음을 깨닫게 된다.

1995년 삼성그룹 경영진단팀 차장으로 근무할 때의 일이다. 삼성화재 경영진단에 참여했는데, 당시에 예민한 이슈가 있었다. 손해보험

사들이 흑자를 내자 정부가 자동차보험료를 하락시키려 유도한 것이다. 국민 부담을 줄인다는 취지였다. 회사로서는 보험료를 내려야 하는 곤혹스러운 처지였다.

이때 회사 관리 부문에서는 자동차보험은 보험료 책정에 정부가 개입해 미래 수익성이 높지 않으니 그 비중을 줄이는 게 좋겠다는 의견이었다. 하지만 마케팅 부문은 생각이 전혀 달랐다. 갱신 주기가 짧고 정기적인 자동차보험은 고객의 주소와 연락처, 가족 상황, 가계의 변화 등 정보를 파악하는 유용한 채널이 됐다. 심지어는 구매한 차량의 숫자와 종류를 통해 자녀 분가나 재산의 증감까지 짐작할 수 있었다. 이렇게 고객 정보를 획득하고 접촉 기회를 얻는 영업상 효과가 있으니 낮은 보험료 문제가 있더라도 확장하는 게 바람직하다고 주장했다.

담당자로서 둘 중 하나도 잃기 싫었다. 보험료를 올려 수익성을 높이면서 고객 기반도 넓힐 일거양득의 지혜를 찾으려고 간절하게 검토를 거듭했다.

그러다 내가 운전 중 애를 먹었던 일을 기억해냈다. 명절에 고향에 가서 산소에 성묘하러 갈 때의 일이다. 왜관에 있는 우리 선산은 대구에서 낙동강변으로 한참을 달려서 가야 한다. 인적이 드문 구불구불한 시골길이다. 그런데 그 시골길 한가운데서 차가 멈췄다. 하필이면 연료가 떨어진 것이다. 정말 곤란했다. 고향 인근이라고는 하지만 모르는 길 중간에 있었다. 근처에 아는 사람도 없었다. 머리를 짜내서 고향 근처에 살고 계시는 오촌 아저씨의 전화번호를 수소문한 후에 겨우 연락을 하고는 연료 공수를 부탁했다. 그렇게 3시간이나 안절부절한 후에 차에 연료를 채우고 이동할 수 있었다.

과거에는 나와 같은 경험을 한 사람이 적지 않았다. 서울이나 수도권에 사는 사람이라도 누구나 시골길을 달려야 할 일이 있고, 나와 똑같이 연료가 떨어질 수 있다. 이때 얼마나 난감할지 경험으로 알게됐다.

이럴 때 자동차보험 회사가 긴급 출동해 기름을 채워주는 서비스를 도입하면 고객에게 실질적으로 큰 도움이 될 것이라고 생각하게 되었다. 또한 서비스가 좋아지면 정부에 보험료 인상을 설득할 명분이 생기고, 보험료를 올려도 고객을 잃지 않으리라 판단했다. 내 아이디어는 주효했다. 이것이 이듬해 출범시킨 애니카 서비스의 원형이됐다. 서비스를 강화함으로써 보험료를 15%가량 올리고도 고객들의 큰 호응을 이끌 수 있었다.

낯선 길에서 연료가 떨어진 고객을 찾아가 주유해주는 서비스가 진화해 자동차 타이어 수리, 잠금장치 해제 등 각종 서비스가 추가된 것이 현재의 자동차보험 긴급 출동 서비스라고 할 수 있겠다.

나는 반짝이는 아이디어를 가진 사람은 아니다. 그렇지만 절박함을 품고 간절한 마음으로 매달리다 보니 효과적인 방안을 떠올릴 수있었다.

간절한 열망은 문제를 해결하는 창조적인 아이디어의 원천이 됨을 경험을 통해 알고 있다. 현재 한국 사회가 처한 구조적 어려움도 어떤 이들에게는 새로운 발상과 혁신의 원동력이 될 수 있을 것이다.

할 수 있다고 믿고 부딪히라

1997년에 삼성생명 송파지점장으로 부임했다. 그때 설계사 리쿠르팅을 잘해 유능한 조직을 구축하는 것이 절박한 목표였다. 나뿐 아니라 모든 영업소장이 그런 과제를 안고 있었다. 그 무렵 나는 독특한 마케팅 조직을 구상했다. 이른바 '복합 TM(텔레마케팅)'이었다. 밖에서 고객을 찾아다니면서 하는 세일즈가 아니라 판촉 물품을 통해 잠재 고객의 관심을 불러일으키고 TM으로 상세한 정보를 제공한 후 고객을 사무실로 불러들여 계약을 맺는 새로운 방식을 도입하고자 한 것이다.

그러려면 이 혁신적 조직에 맞는 우수한 인력들을 불러들여야 하는데, 그 방법을 찾기가 쉽지 않았다. 간절한 마음으로 방안을 구상하는 중에 삼성그룹에서 근무했던 여직원들을 다시 불러올 수 있으면 좋겠다는 생각이 들었다.

그 무렵에는 삼성그룹에 근무하던 여직원들이 결혼하면서 회사를 그만두는 것이 관행이었다. 그런데 재직 시 체계적으로 교육받아 기본 소양과 업무 지식, 컴퓨터 활용 실력까지 갖춘 이들은 복합 TM으로서 성공할 충분한 자질을 갖추고 있었다.

나는 그룹 인사팀에서 퇴직한 여직원들의 명단을 확보했다. 그리고 그들이 주로 삼성카드를 쓴다는 사실에 착안해 삼성카드 쪽에 부탁해 카드 청구서 수신지를 파악하고 편지를 보내 리쿠르팅을 진행했다. 개인정보 보호 인식과 법률이 엄격하지 않던 시절에는 가능한 일이었다.

당시에는 여성이 다른 사람의 집을 방문하거나 밖에서 남성을 만나 영업하는 것에 대해 그 남편과 가족이 거부감을 갖는 경향이 있었다. 그런데 판촉 물품과 전화로 접촉하고 주로 사무실에서 계약이 이뤄지는 방식에 대해서는 거부감이 훨씬 덜했고 호응을 일으킬 수 있었다.

나는 더 나아가 현재 삼성그룹에 근무하는 과장, 차장들의 부인을 대상으로 하는 리쿠르팅을 진행했다. 그룹 전산망을 통해 공지하면서 리쿠르팅을 해나갔다. 이렇게 해서 200명으로 구성된 강력한 복합 TM 조직을 구축할 수 있었다.

복합 TM 조직의 성과는 대단했다. 송파지점은 그 후 24개월 동안 전사 최우수 지점을 14개월이나 차지했다. 회사도 이 혁신 조직의 진가를 인정하면서 전사적으로 일괄 도입하기 시작했다.

1997년부터 2007년까지 복합 TM 조직이 회사 매출 전체의 7% 이상을 차지하는 큰 성과를 냈다. 무엇보다 이 조직은 우수한 인력을 조직으로 끌어들이는 기폭제가 됐다. 복합 TM 조직이 리쿠르팅의 큰 획을 그으며 고능률 도입과 우량 조직을 만드는 물꼬를 튼 것이다. 교보생명, 한화생명 등 경쟁사들도 앞다투어 복합 TM 조직을 벤치마킹했다.

복합 TM 조직 도입은 현장 관리자가 절박한 심정으로 매달린 결과물이었다. 간절함을 품고, 할 수 있다고 믿으면서, 방법을 찾고 매달리면 이룰 수 있다는 것을 증명한 사례가 아닐까 한다.

'미션 임파서블'은 없다

2003년에서 2004년 사이 내가 근무하던 삼성생명에서는 6시그마 프로젝트를 진행했다. 나는 당시 강북본부장을 맡아 일하고 있었는데, 중요한 과제가 하나 부여됐다. 외국의 부자들은 부의 이전을 어떻게 하는지, 그 과정에서 보험의 역할은 무엇인지를 연구하고 회사에 도입하는 것이었다. 매우 어려운 과제이지만 도전해볼 만한 가치가 있었다. 나는 절박한 심정으로 방안을 찾기 위해 매달렸다. 자료를 수집하고 연구를 거듭했다.

나는 선진국의 부자들은 65세 이전에 부의 이전을 마무리한다는 것을 발견했다. 변호사 등을 통해 그 내용을 세세하고 명쾌하게 정리하여 남김으로써 사후에 자손들 간 분쟁이 벌어지지 않도록 합리적인 절차를 밟았다. 매우 현명한 모습이었다.

하지만 한국의 부자들은 생전에 "자녀들에게 상속하지 않겠다"는 식으로 말하며 준비하지 않고 있다가, 결국 거의 대부분의 사람이 자녀에게 상속하는 행태를 보였다. 이때 준비가 되지 않고 미리 정해진 것이 없는 상태에서 자녀들은 혼란에 빠지곤 했다. 선진국과 비교해볼 때 비합리적이며 지혜롭지 못하게 보였다.

선진국 부자들이 일찍부터 부의 이전을 준비하는 과정에서 눈에 띄는 점은 보장성 보험을 잘 활용하는 것이었다. 사전 증여를 활용하고 자녀가 젊을 때부터 부모를 피보험자로 하는 고액 보장성 보험에 가입해 이를 통해 상속세 재원을 마련하는 방식이었다.

나는 이러한 선진국 부자들의 부의 이전 방식을 도입해 고객을 설득할 매력적인 콘셉트를 만들고자 했다. 그리고 개념 하나를 창조했다. '보장자산'이라는 단어였다. 지금은 너무나 흔한 말이지만 그 당시로는 획기적인 발상이었다.

'보장자산'은 부자들에게 보험에 대한 인식을 바꿔놓았다. 그 당시만 해도 월 1,000만 원 이상의 고액 계약이 거의 없다시피 했다. 하지만 내가 6시그마 과제를 수행하던 6개월 동안 1,000~3,000만 원의 고액 계약을 150건이나 체결할 수 있었다. 현재는 월 보험료 1억 원의 보장성 보험 계약이 체결되는 사례도 있다. '보장자산' 개념이 보장성 보험의 판도를 바꿔놓는 중요한 계기가 된 것이다.

보장자산을 통해 보험회사가 본격적으로 부유층 고객의 웰스 매니지먼트Wealth Management에 접근할 수 있게 됐다. 흔히 웰스 매니지먼트를 은행이 먼저 도입했다고 알고 있으나, 사실 1997년 삼성증권에서 처음 시작했다. 청담동에 근사한 공간을 꾸몄고 여기에 변호사와 세무사 등 전문 인력이 상근하며 부유층 고객의 웰스 매니지먼트 서비스를 진행했다. 심지어 이곳에 고급 와인까지 갖춰놓고 부유층 간 교제의 공간으로 활용했다. 이것을 KB가 2000년, 우리은행이 2001년에 벤치마킹해 도입했다.

삼성생명도 부유층 고객을 확보하는 차원에서 웰스 매니지먼트를 도입하고자 했고 나에게도 과제가 주어진 것이다. 이때 보험회사 최초로 '보장성 보험을 활용한 사전 증여'라는 획기적 보장자산 개념을 제안함으로써 차별성 있는 웰스 매니지먼트를 실현할 수 있게 됐다.

보장자산을 통한 부의 이전은 국세청 홈페이지에 합리적 상속 방식으로 설명되고 있으며, 매년 국세청이 발행하는 『세금 절약 가이드』 책자에서도 상속세 자금을 마련하는 좋은 방법으로 소개돼 있다. 그만큼 공인을 받고 있다.

내가 새로운 개념과 발상, 카피를 만들어낼 수 있었던 이유는 간절함이다. 반드시 해내고자 하는 마음, 매달리면 할 수 있다는 믿음으로 실천에 나섰기 때문이다. 긍정적인 마음으로 간절하게 매달린다면 불가능한 과제란 없다.

집요하게 도전하라

나는 여러 차례의 경험을 통해, 여건이 좋지 않더라도 이루고자 하는 간절한 마음을 품고 집요하게 도전하면 마침내 도달할 수 있다는 믿음을 갖게 됐다. 그리고 이런 마음 아래 도전을 거듭했다.

삼성생명 강북사업본부장으로 일할 때의 일이다. 을지로에 사무실이 있었는데 바로 근처에 하동관이라는 유명한 곰탕집이 있었다. 하루에 2,500~3,000명이 찾는 이곳은 점심시간이면 그야말로 문전성시를 이뤘다. 식당 대청마루며 마당까지 손님이 가득했고 줄을 길게 서야만 겨우 한 그릇 먹을 수 있는 맛집 중의 맛집이었다. 우리 사무실의 동료 직원 중에서도 그 식당에서 점심을 먹는 이들이 꽤 많았다.

그런데 이곳에서는 밥값을 현금으로만 받았다. 나는 그 식당이 하루에 거둬들이는 현금이 얼마일지 어림짐작으로 계산하곤 했다. 그리고 우리 회사의 금융 상품을 통해 이 현금을 잘 운용할 방법을 생각하곤 했다. 이곳에서 몇 차례 식사하면서 자연스럽게 이곳 주인을 고객으로 유치해야겠다는 마음을 품었다. 명색이 금융사 임원이 옆 건물 고객도 유치하지 못하다면 얼굴이 서지 않는다고 생각했다. 하지만 이곳 실제 주인은 식당에 들르는 일이 거의 없어서 만날 수조차 없었다.

나는 제주 은갈치 상자를 선물하며 편지를 보냈다. 회사 소개와 함께 현금 자금이 많이 들어오는 분에게 가장 적합한 금융 상품을 소개하고 싶다는 내용을 담았다. 하지만 연락이 없었다. 두 번째, 세 번째, 네 번째도 묵묵부답이었다. 나는 개의치 않고 다섯 번째 갈치 상자와 서신을 보냈다.

그 후 식당 주인의 조카라는 분이 나를 찾아왔다. 식당에 있는 사장은 자신의 아버지이고 실제 주인은 큰아버지인데, 이분이 가끔 식당에 나오시는데 나를 한번 뵙고 싶다고 약속을 잡으라고 하셨다고 전해주었다.

그리고 2주 후 식당의 실소유주인 회장님을 뵙게 되었다. 그분은 자신이 40년 가까이 장사를 해왔는데 당신 같은 금융사 임원은 처음 봤다고 하셨다. 나는 우리 사무실의 직원들이 그 식당을 즐겨 이용하는데 회장님도 옆 건물 금융사를 이용하시면 상부상조가 아니겠느냐고 말했다. 나는 호기롭게도 월 3억 원 정도 유입되는 현금 전체를 유치하려 했다. 그분은 그것은 현재 자신의 은행 거래 형편상 어렵다고 하시며 월 3,000만 원의 고액 연금보험에 가입하겠다고 하셨다. 나는 유능한 설계사를 소개해줬는데 그 외도 몇 건의 추가 계약이 이뤄진 것으로 알고 있다.

내가 한두 차례 선물과 편지를 전했는데도 소식이 없다고 중도에 포기했다면 그 고객과의 관계는 맺어지지 않을 것이다. 누군지도 모르고 만나기도 힘든 사람일지라도 포기하지 않고 계속 문을 두드리니 마음을 열 수 있었다.

어려운 시대, 힘겨운 상황이라고 해서 포기한다면 아무것도 이룰 수 없다. 충분히 이기고 극복할 수 있다고 믿어야 앞으로 나아가게 된다. 에이브러햄 링컨의 말처럼 "사람은 행복하기로 마음먹은 만큼만 행복해진다."

착하게 성공하라

성장을 계획하고 실현하라

고통이 내게 유익이라

두려움과 직면하라

작은 손해에 연연하지 말라

아낌없이 주라 그리하면 후히 받으리라

고객을 창조하는 착한 마케팅

원칙을 준수하라

정직을 잃으면 모두 잃는다

변화와 도전을 사랑하라

"목표가 없는 사람들은 명확한 목표를 가진 사람을 위해 일하도록
운명이 정해진다."_브라이언 트레이시

계획을 세우고 이를 실행에 옮겨가는 데 있어서
성공한 사람을 모방하는 것은 효과적인 방법이다.

두려움은 진취적 결단을 가로막는 최대 장애물이다.
두려움 앞에 당당히 맞서라. 두려움을 지배하라.

"나는 평생 많은 걱정거리를 안고 살았지만
걱정했던 일의 대부분은 실제로 발생하지 않았다. 가장 후회되는 일은
걱정 때문에 하고 싶은 것들을 스스로 막으며 산 것이다."_윈스턴 처칠

"우리가 세상일을 통제하는 것이 아니라 원칙이 통제한다. 우리는 자신의 행동을
통제하지만, 이런 행동의 결과는 원칙이 통제한다."_스티븐 코비

우리는 사람의 자연적 본성을 알고 있다.
좋은 대접을 받고 싶어 하고 존경받고 싶어 하며 어딘가에 소속되려 한다.
다른 사람을 그 본성에 맞게 대하는 게 인간관계의 원칙이다.
원칙을 지킨다는 것은 착한 사람이 된다는 뜻이다.

거짓은 손쉽다. 눈앞에 달콤한 이익이 보이기도 한다. 하지만 거짓은
파멸의 지름길이다. 절대 정직 속에서만 진정한 성장을 이룰 수 있다.

우리 앞에는 험준하지만 넓은 세계가 펼쳐져 있다. 멀리 보고 때로는 깊이 생각하며
앞길을 살피며 달리는 야생마가 돼 미지의 땅을 차지하자.

성장을 계획하고
실현하라

착한 계획을 세워라

◦—◦

냉장고에 코끼리를 넣는 방법은? 첫째, 냉장고 문을 연다. 둘째, 코끼리를 집어넣는다. 셋째, 냉장고 문을 닫는다. 우스갯소리지만 무엇이든 일을 이뤄내는 원리는 지극히 단순하다는 교훈을 전해준다. 누군가가 성취의 기술을 묻는다면 들려줄 수 있는 대답은 뻔하다. "① 계획하라 ② 실행하라 ③ 그것을 반성하고 또 다른 성취를 계획하라"이다. 인생의 성장은 이 과정이 성공적으로 순환할 때 일어난다.

첫째는 계획이다. 목표를 세우고 달려갈 길을 정하는 것이다. 간단한 일 같지만 실제로는 쉽지 않다. 실패의 두려움 때문이다. 계획을 세웠다가 이루지 못한 기억이 가로막기 때문이다. 우리는 품은 마음이 사흘을 못 가는 '작심삼일作心三日'을 수도 없이 겪는다. 하지만 그렇게 안타까워하지 않아도 된다. 사람의 자연스러운 속성이기 때문이다. 무엇인가를 결심했을 때는 부신피질에서 어려움을 딛고 나아가게 만드는 코르티솔이라는 호르몬이 나온다고 한다. 그런데 이 호르몬의 유효 기간이 72시간밖에 되지 않는다고 한다. 정확히 사흘이다. 컬럼비아대학의 맥스웰 몰츠 교수에 따르면, 새로운 습관을 만드는 데는 최소한 21일이 필요하다고 한다. 사흘을 버티고 실패한다면 그 과정을 7번 반복하면 된다는 계산이 나온다. 7번 실패할 각오로 목표를 세워보자.

목표는 매우 중요하다. 브라이언 트레이시는 "목표가 없는 사람들은 명확한 목표를 가진 사람을 위해 일하도록 운명이 정해진다"고 했다. 또한 "목표는 자신의 삶에 주어진 의미와 목적에 인식과 방향 감각을 부여한다. 목표를 향해 나아갈 때 더 행복해지고 강해짐을 느낄 수 있다"고 충고한다.

목표는 진정으로 원하는 것이어야 한다. 두리뭉실하지 않고 구체적으로 표현돼야 한다. 기한을 정해야 하며 목표의 실현을 믿어야 한다. 그리고 중요한 것 하나가 있다. 자신의 이기심을 채우려 하지 않고 다른 사람을 이롭게 하려는 착한 목표여야 한다.

코뿔소는 생존에 적합한 종이 아니라고 한다. 몸집이 크고 무거우며 우둔한 데다 시력이 떨어지고 섬세한 감각이 없다. 거기다 무거운 뿔을 지니고 다닌다. 그렇지만 코뿔소는 멸종하지 않고 건재하다. 목표에 집중하는 성향 때문이라고 한다. 코뿔소는 멀리 있는 목표물을 설정한 다음 주저함 없이 시속 45km 속도로 돌격한다. 코뿔소와 싸우는 동물의 선택은 둘 중 하나다. 도망가거나 받혀서 죽거나.

목표가 이뤄지지 않을지 먼저 염려하며 주저하지 말라. 선택이 후퇴가 아니라 전진인 이상, 뚫고 나가야만 한다고 생각하면 반드시 길은 열리게 돼 있다. 어떠한 난관이라도 죽을 각오로 맞서면 저절로 지혜가 생겨나고 실력도 발휘된다. 만약 자신에게 지혜가 없다면 주변 사람들에게 빌리면 된다. 심지어는 경쟁자들에게까지 도움을 받을 수 있다.[28]

차근차근 실행하라

중국 북산에 우공이라는 90세 된 노인이 살았다. 그는 양쪽에서 집 앞을 막고 있는 태행산太行山과 왕옥산王屋山 때문에 다른 곳으로 오가는 데 큰 불편을 겪었다. 그러던 중 이 두 산을 옮기기로 작정하고는 자녀들과 함께 산의 돌을 깨고 흙을 파기 시작했다. 파낸 흙과 돌은 먼바다에 버렸다. 이웃들은 곧 죽을 노인이 가당치 않은 일을 벌인다고 핀잔을 주었다. 그러자 우공은 자신이 죽으면 자식들이, 자식들이 죽으면 손자들이, 언젠가는 후손들이 뜻을 이룰 것이라고 대답하며 묵묵히 산 옮기기에 열중했다. 우공이 이렇게 산 옮기기에 열중하자 산신령과 용왕은 두려움을 느꼈다. 실제로 산이 없어지고 바다가 메워질 수도 있다고 염려했던 것이다. 그들은 옥황상제에게 이 일을 막아달라고 간청했고 옥황상제는 결국 두 산을 다른 곳으로 옮졌다. 『열자列子』 「탕문湯問」 편에 나오는 우공이산愚公移山의 고사다. 오랜 시간이 걸리더라도 꾸준히 노력한다면 결국 뜻을 이룰 수 있다는 뜻으로 쓰인다.

우공이산의 고사는 현대에도 곳곳에서 재현되고 있다. 그중 감동적인 실화가 하나 있다. 1989년 7월 18일 하반신 마비 장애인인 마크 웰먼이 1,000m 높이의 캘리포니아의 암벽 엘 카피탄에 오르는 데 성공한 것이다. 그는 친구가 암벽에 로프를 걸어주면 팔의 힘으로 기어오르는 방식으로 등반에 도전했다. 하반신을 전혀 쓸 수 없기에 한 번에 15cm만 몸을 끌어올릴 수 있었는데 섭씨 39도의 폭염 속에서 9일에 걸쳐 무려 7,000번 로프를 끌어당겼고 결국 정상에 올랐다. 그는 "계속 15cm만 앞으로 나아가겠다고 결심한다면 세상에서 이루지 못할 일은 없습니다"라고 말했다. 큰일은 단 한 번에 이룰 수 없다. 잘게 쪼갠 목표를 차근차근 이뤄나가는 것이 성취의 비결이다. 느리더라도 천천히 조금씩 앞으로 나아가면 된다.

정신의학자 로버트 마우어의 『아주 작은 반복의 힘』이라는 책은 작은 실천의 큰 능력을 잘 보여준다. 마우어는 "큰일을 해내는 유일한 방법은 아주 작은 일을 반복하는 것"임을 역설한다. 그리고 인간 두뇌의 특징에서 이 주장의 근거를 찾는다. 인간 뇌의 대뇌피질은 이성적이며 목표 지향적이지만 중뇌 편도체는 변화로부터 방어하는 역할을 한다. 무엇인가를 시도할 때 과거의 습관이 나타나 주저앉는 것은 중뇌 편도체의 작용 때문이라고 한다. 우리가 어떠한 큰일들을 해나가려고 계획했을 때 중뇌의 편도체가 방어 반응을 일으켜서 실제로는 우리의 몸이 그 일을 수행하지 못하도록 만든다는 것이다. 마우어는 그래서 중뇌의 편도체가 반응하지 않을 정도의 작은 일들로 시작하는 것이 효과적이라고 주장한다. 그것을 '스몰 스텝 전략'이라 이름 붙였는데, 그 내용은 다음과 같다.

① 두려움을 몰아내고 창조력을 고무시키는 작은 질문을 던진다.
② 새로운 기술과 습관을 개발하기 위해 작은 생각을 품는다.
③ 성공이 보장된 작은 행동을 시작한다.
④ 위기에 직면했을 때 작은 해결 방안을 마련한다.
⑤ 최고의 결과를 얻기 위해 스스로와 다른 이에게 작은 보상을 한다.
⑥ 모두가 무시하고 있는 결정적인 작은 순간을 찾아낸다.

중뇌 편도체조차 변화를 알아차리지 못할 정도의 작은 성취들은 때로는 보잘것없고 큰 가치가 없어 보인다. 하지만 이런 작은 계단을 차근차근 밟아 올라갈 때 높은 정상에 이를 수 있다. 김규동 시인의 「해는 기울고」라는 시의 한 부분을 옮긴다.

가는 데까지 가거라
가다 막히면
앉아서 쉬거라
쉬다 보면 보이리
길이[29]

성공한 사람을 모방하며 실행하라

◦—◦

2015년 베이징육상선수권대회 창던지기 우승자는 케냐의 줄리어스 예고였다. 그는 유럽 선수들의 독무대였던 종목에서 대회 신기록을 깨며 금메달을 차지해 눈길을 끌었는데, 그의 훈련 과정이 알려지자 깊은 감동의 물결이 일었다.

케냐에는 창던지기 코치나 전문 훈련장이 전혀 없었다. 조력을 받아 훈련할 여건이 되지 않았다. 이 상황에서 예고가 선택한 방법은 유튜브였다. 세계 최정상권 선수들의 대회나 훈련 영상을 보면서 자세를 익혔다. 특히 올림픽과 세계선수권에서 각각 3번씩 금메달을 딴 창던지기의 전설 얀 젤레즈니를 철저히 모방했다.[30]

창던지기 강국 핀란드의 코치는 예고를 이렇게 평가했다. "예고는 다른 선수에 비해 근력이 강하지 않고, 점프력이 뛰어난 선수도 아니다. 하지만 그가 창을 던지기 위해 뛰어가면서 창을 던질 때의 자세는 세계 최고 수준이다. 예고는 아주 뛰어난 던지기 기술을 보유하고 있다."

나는 우리 회사 구성원들이 성취를 이룬 뛰어난 고객들을 대상으로 일하기를 바라고 그렇게 요구하곤 한다. 그들을 대하려면 전문성을 키울 수밖에 없기 때문이다. 그리고 성공하는 사람들을 보고 배우며 영향을 받는 부분이 크다는 게 중요한 이유다. 계획을 세우고 이를 실행에 옮겨가는 데 있어서 성공한 사람을 모방하는 것은 효과적인 방법이다.

성공한 사람들이 가장 많은 곳으로 항공기 일등석을 꼽을 수 있다. 이들을 관찰하면 성공하는 사람의 패턴을 읽을 수 있다. 한 스튜어디스가 이들을 관찰해 공통점을 정리했다. 첫째, 퍼스트클래스 승객은 기록하는 사람이다. 그들은 펜을 빌리는 법이 없다. 항상 필기구와 수첩을 가지고 다닌다. 둘째, 그들은 전기와 역사책을 읽는다. 그들은 독서에 열중하는데 신문이나 잡지, 대중적 베스트셀러보다는 잘 알려지지 않은 묵직하고 투박한 책을 즐긴다. 셋째, 바른 자세를 유지한다. 시선의 각도가 높고 꼿꼿하고 당당한 분위기를 풍긴다. 넷째, 다른 사람의 이야기를 흥미진진하게 경청하며 중간중간 질문을 던진다. 승무원들에게 무언가를 요청할 때도 겸손하고 깍듯한 태도를 유지한다. 다섯째, 동승한 다른 승객과 인사를 나누며 그들을 친절히 대한다. 자연스럽게 인맥을 넓힐 줄 안다. 그리고 퍼스트클래스 승객의 습관과 행동을 흉내 내고 연습해 자기 것으로 완전히 익힐 때 그들이 이룬 성공에 쉽게 다가설 수 있다고 한다.[31]

A+그룹은 벤치마킹 모델을 가지고 있다. 각 분야에서 세계 선두 기업들이다. 금융 판매에서는 미국의 대표적인 GA인 M파이낸셜을 본받고자 한다. 고능률 조직을 효율적으로 관리하며 고객 만족을 이루는 탁월한 경영 방식을 성장의 지향점으로 삼는다. 라이프 케어 서비스 부문에서는 일본의 창세그룹이 하나의 모델이다. 기독교 정신에 입각한 철저한 가치 추구와 개개인에 초점을 맞춘 섬세하고 전문적인 서비스를 회사 속에 도입하고자 한다.

성공한 사람이나 성공한 회사와 똑같은 성취를 이루는 것은 매우 어렵다. 하지만 그들의 언행과 생활양식, 경영 방식을 모방할 수는 있다. 이렇게 성공한 사람이나 회사의 행동 방식과 습관, 업무 관행을 따라 하면서 몸에 익히면 성공의 탄력이 붙는다. 그러면서 자연스럽게 성장을 이룰 수 있다. 모방은 그 자체로 강력한 실행 방식이기 때문이다.

점검하고 반성하며 목표를 환기하라

○─○

『논어』「학이學而」편에는 공자의 제자 증자曾子의 성찰에 관한 이야기가 나온다. 그는 매일 자신을 돌아보며 3가지 반성을 한다고 했다. 첫째, 남을 위해 일하면서 진심을 다했는가? 둘째, 벗과 사귀면서 진실했는가? 셋째, 배운 것을 제대로 익혔는가?

미국 100달러 지폐에 초상이 실린 인물은 벤저민 프랭클린이다. 그는 가난한 환경 탓에 초등학교 2학년 수준의 정규 교육밖에 받지 못했지만, 엄청난 노력으로 사업가, 과학자, 작가, 언론인, 외교관, 정치가로 수많은 업적을 남겼다. 현대 자기계발의 아버지인 그는 최초의 미국인The First American으로 칭송받는다. 벤저민 프랭클린은 인생을 살면서 갖춰야 할 13가지 덕목을 수첩에 적어놓고 잘 실천했는지 매일 반성하는 시간을 가졌다. 그것은 절제, 침묵, 질서, 의지, 검소, 근면, 성실, 정의, 온화, 청결, 평온, 순결, 겸손이다. 매일 자신을 돌아보며 반성하는 삶을 살아가는 사이 그의 인품은 모든 미국인이 우러러

볼 정도로 고매해졌다. 그는 미국 건국의 아버지로, 미국의 정신으로 존경받게 됐다. 그리고 목표에 따라 매일 반성과 점검을 하던 그의 독특한 수첩 쓰기 스타일은 '프랭클린 플래너'의 모델이 됐다.

반성하는 시간을 갖고 자신을 돌아보는 사람은 꾸준히 성장의 자양분을 공급받는다. 조금씩 인품이 성숙해지며 위대한 성취를 이루게 된다. 그러나 반성하지 않는 이들은 자신의 내면을 들여다보지 못해 성장을 이룰 수 없다. 자신이 어디로 향하고 있는지조차 의식하지 못한 채 인격이 메마르고 아집에 빠지고 만다.

반성할 때는 끊임없이 자신의 목표를 환기하는 게 바람직하다. 효과적인 방법은 벤저민 프랭클린이 했던 것처럼 기록하는 것이다. 목표를 기록해놓고 이것을 계속 보면서 스스로를 일깨우는 것은 계획을 이루는 데 큰 도움을 준다.

말단 사무원 스콧 애덤스는 조금 특이한 사람이었다. 그는 '나는 유력 신문에 연재하는 유명한 시사만화가가 될 것이다'라는 글을 매일 15번씩이나 썼다. 그러면서 그는 수없이 신문에 자신의 만화를 보내고 거절당하기를 반복했다. 그러고 나서 마침내 그는 자신이 기록한 대로 유력 언론에 시사만화를 연재하게 됐다. 하지만 목표 쓰기를 멈추지 않았다. 내용만 바뀌었다. 그는 '세계 최고의 만화가가 되겠다'는 글을 역시 하루 15회씩 썼다. 전 세계적으로 알려진 캐릭터 '딜버트'를 창조한 사람이 스콧 애덤스다.

싸구려 햄버거로 끼니를 때우고 컨테이너 안에서 기거하던 무명 배우가 있었다. 그는 한때 TV 방송 드라마의 주연을 맡을 기회를 잡았지만 낮은 시청률 탓에 조기 종영된 실패의 기억을 안고 있었다. 그러던 1990년 어느 날 그는 수표 용지를 꺼내 들고는 무엇인가를 적었다. "금액: 1,000만 달러, 지급일: 1995년 추수감사절, 지급자: 할리우드 영화사"였다. 그는 수시로 지갑에서 이 수표를 꺼내보곤 했다. 그리고 수표에 기록된 지급 기한인 1995년이 됐다. 그는 〈배트맨 포에버〉 출연료로 1,000만 달러를 손에 쥐게 됨으로써 수표에 쓴 대로 목표를 이뤘다. 그 이후 그는 최고 대우를 받는 할리우드 톱스타로 등극한다. 독특하고 유머러스한 표정 연기로 사랑받는 배우 짐 캐리의 이야기이다.

미국 언론《USA 투데이》는 2003년 2월 흥미로운 조사 결과 하나를 발표했다. 2002년 초에 목표를 마음속으로 생각만 한 사람들과 그것을 기록한 사람들의 두 그룹을 추적 조사한 내용이었다. 목표를 생각만 한 사람들의 단 4%만이 목표를 이뤘지만, 목표를 기록해둔 사람은 46%가 목표를 달성한 것으로 나타났다.

목표를 쓰는 일은 이처럼 강력한 힘을 발휘한다. 목표를 환기하면서 스스로를 단련시키게 된다. 목표를 기록하라. 반복해서 쓰면 더 좋다. 그리고 틈나는 대로, 계획대로 일이 풀리지 않을 때마다 그것을 읽어라. 시간이 흐른 후 목표에 다가선 자신을 발견하게 될 것이다.

고통이 내게
유익이라

성장은 고통의 결과물

⚬—⚬

찬란히 빛나는 성취는 모두 고통에서 비롯됐다. 이것은 생명의 속성일지도 모른다. 시인들은 그 비밀을 읽어내고 시에 담았다. 장석주 시인은 "대추가 저절로 붉어질 리는 없다 / 저 안에 태풍 몇 개 / 천둥 몇 개, 벼락 몇 개"[32]라고 표현했고, 도종환 시인은 "흔들리지 않고 피는 꽃이 어디 있으랴 / 그 어떤 아름다운 꽃들도 / 다 흔들리며 피었나니"[33]라고 썼다.

겨울을 거쳐야만 꽃을 피우는 식물들이 있다. 진달래, 철쭉, 백합, 튤립, 라일락, 히아신스 등은 저온 시기가 없으면 꽃을 피우지 못한다고 한다. 이것을 '춘화春花 현상'이라고 하는데 아름다운 꽃이 혹한 뒤에 피듯 고통을 거친 후 성숙이 이뤄진다는 인생의 교훈을 담고 있다.

봄에 씨를 뿌려 여름에 거두는 봄보리보다 가을에 파종해서 겨울을 난 후 봄에 거두는 가을보리의 수확량이 더 많다. 겨울을 거치면서 더욱 견실해지기 때문이다.

天將降大任於斯人也 必先勞其心志 苦其筋骨 餓其體膚 窮乏其身行 拂亂 其所爲 是故 動心 忍性 增益其所不能
천장강대임어사인야 필선노기심지 고기근골 아기체부 궁핍기신행 불란 기소위 시고 동심 인성 증익기소불능

『맹자』「고자장구(告子章句)」편에 나오는 구절이다. 번역하면 "하늘 이 어떤 사람에게 큰일을 맡기는 명령을 내리려면, 반드시 먼저 그의 마음을 괴롭히고 그의 살과 뼈를 지치게 하고 그의 육신을 굶주려 마 르게 하고 그의 생활을 가난하게 해서 그가 하는 일마다 그가 성취 하고자 하는 일과 어긋나게 만든다. 그가 그 모든 고통을 극복했을 때에야 비로소 하늘이 그에게 큰일을 맡긴다"는 뜻이다.

지금 고통을 겪고 있는 사람이 있다면, 그래도 그가 선량한 뜻을 꺾지 않았다면 그는 큰일을 감당하기 위한 하늘로부터의 통과의례를 치르는 중이다. 그런 점에서 고통은 유익이다.

사도 바울은 기독교 선교를 위해 셀 수 없는 고난을 경험했다. "내 가 수고를 넘치도록 하고 옥에 갇히기도 더 많이 하고 매도 수없이 맞 고 여러 번 죽을 뻔하였으니 유대인들에게 사십에서 하나 감한 매를 다섯 번 맞았으며 세 번 태장으로 맞고 한 번 돌로 맞고 세 번 파선하

고 일 주야를 깊은 바다에서 지냈으며 여러 번 여행하면서 강의 위험과 강도의 위험과 동족의 위험과 이방인의 위험과 시내의 위험과 광야의 위험과 바다의 위험과 거짓 형제 중의 위험을 당하고 또 수고하며 애쓰고 여러 번 자지 못하고 주리며 목마르고 여러 번 굶고 춥고 헐벗었노라"(「고린도후서」 11:23~27). 그러나 그는 이 몹쓸 고난을 기쁘게 받아들이며 감사한다. "나는 이제 너희를 위하여 받는 괴로움을 기뻐하고 그리스도의 남은 고난을 그의 몸된 교회를 위하여 내 육체에 채우노라"(「골로새서」 1:24).

착한 사람을 구별하는 한 방법은 자신에게 주어진 고통을 어떻게 받아들이냐이다. 착한 사람은 고통 속에 담긴 깊은 경륜을 성찰하고 자신을 단련시킨다. 또한 "그가 나를 단련하신 후에는 내가 순금같이 돼 나오리라"(「욥기」 23:10)는 믿음을 잃지 않는다.

추사 김정희가 유배지에서 그린 명작 〈세한도〉의 발문 중에는 "歲寒然後 知松柏之後彫也세한연후 지송백지후조야"라는 『논어』 「자한子罕」편의 한 구절이 인용돼 있다. "한겨울 추운 날씨가 돼서야 소나무 잣나무가 시들지 않음을 비로소 알 수 있다"는 뜻이다. 그의 통찰이 옳다. 혹한의 고통이 사람의 진가를 드러낸다.

고통을 도약판으로 삼기

◦—◦

마쓰시타전기(현재 파나소닉)의 창업자 마쓰시타 고노스케는 '경영의 신'으로 추앙받는 인물이다. 그가 90세 때 한 기자가 기업가로서 존경과 부를 함께 얻은 비결을 물었다. 그러자 그는 신이 주신 3가지 은혜 덕분이라고 했다. 그것은 가난, 신체적 허약, 낮은 학력이었다. 그는 이렇게 말했다.

> 첫째, 집이 몹시 가난했기 때문에 어릴 적부터 구두닦이, 신문팔이를 하며 고생을 하는 사이에 세상을 살아가는 데 필요한 많은 경험을 쌓을 수 있었다. 둘째, 태어났을 때부터 몸이 몹시 약해 항상 운동에 힘써왔기 때문에 늙어서도 건강하게 지낼 수 있게 됐다. 셋째, 초등학교도 못 다녔기 때문에 세상의 모든 사람을 다 스승으로 여기고 누구에게나 물어가며 열심히 배우는 일에 게을리하지 않았다.[34]

평범한 사람이라면 재앙으로 여길 불우한 여건을, 위대한 사람들은 성장을 위한 축복으로 받아들인다.

나는 비교적 유복한 가정에서 태어나 크게 부족함 없이 자랐다. 하지만 그래봐야 농사짓는 집이었고 그 시대에는 빈부격차가 크지 않아서 모두 어렵기는 매한가지였다. 밤이면 호롱불 아래에서 공부하며 컸다. 국민학교 때는 5리(1.96km)를 걸어서 학교에 오갔다. 중학교 때는 자전거로 20리(7.85km) 길을 달려 학교에 다녔는데 40~50분쯤 걸렸던 것으로 기억한다. 한겨울이면 강바람이 피부를 저미듯 파고들었다. 몹시 추웠다. 온몸에 견디기 힘든 한기가 퍼졌다. 간혹 자전거 체인이 빠지면 다시 끼우느라 꽁꽁 얼어붙은 손이 시커먼 기름 범

벅이 됐다. 그럴 때면 눈물을 찔끔거리기도 했다.

내가 국민학교에 다니던 어느 해에는 홍수가 나서 우리 집 농사를 망쳤다. 그때 농사만 짓고 작물을 직접 판 경험이 전혀 없었던 어머니는 제법 큰 결심을 하셨다. 김장철에 리어카에 배추를 가득 싣고 왜관장에 내다 팔기로 한 것이다.

우리 집에서 왜관장은 20리 길이었는데 내가 다니던 국민학교와는 반대 방향이었다. 왜관장 그러니까 학교 반대 방향으로 5리쯤 가면 언덕이 있었는데 어머니 혼자서 리어카를 끌고 오르기 힘든 가파른 오르막길이었다. 할 수 없이 내가 리어카를 밀어드려야 할 형편이었다. 나는 등굣길에 학교 반대쪽 방향으로 가서 어머니의 리어카를 밀어드렸다. 그리고 학교로 갔는데 내가 오는 것을 본 친구들이 "왜 반대쪽에서 학교에 오냐?"고 물었다. 그때 나는 우물쭈물하며 얼버무리고 말았다. 그러곤 어머니가 가시는 쪽을 바라보았다. 어머니가 끄는 힘겨운 리어카가 아련하게 시골길을 가고 있었다. 그로부터 오랜 세월이 흘렀지만, 무언가 뜻대로 잘되지 않아 힘들 때면 그때 어머니의 모습이 또렷하게 떠오르곤 한다. 힘겨움 속에서도 새로운 의지가 생긴다. 어머니의 그 고난이 나에게는 인생의 소중한 선물이 됐다.

나는 마쓰시타 고노스케처럼 불운을 감사의 조건으로 삼을 만큼 큰 그릇은 아니다. 그리고 남들보다 엄청난 고난을 겪었던 일도 없다. 하지만 나이가 들어가며 느끼는 점 한 가지가 있다. 그때 겪었던 어려움과 아픔이 지금을 살아가는 힘이 된다는 것이다. 고통스럽고 서러웠던 기억이 때로는 나를 지탱해준다. 그 기억들이 참으로 가치 있는 것 같다.

사업을 해본 사람은 누구나 알겠지만, 애간장이 타들어간다는 말이 실감 날 정도로 심적 고통과 스트레스가 이어진다. 묵직한 짐을 홀로 지고 가는 심정일 때가 많다. 이것을 고독하게 이겨내야 나를 믿고 의지하는 구성원들을 이끌고 고객을 만족시킬 수 있다. 사업가야말로 고통으로 먹고사는 사람이 아닐까 하는 생각이 들곤 한다. 이때 어린 시절의 어려웠던 추억이 묘하게 되살아나며 위로와 용기가 되는 것을 보면 인생이 참 신비롭게 느껴진다.

바람직한 역경

고통스러운 상황을 받아들이고 극복해가는 태도와 실천력에 따라 사람의 운명이 갈릴 수 있다. 국가나 기업도 마찬가지로 이 원리가 적용된다. 이에 관한 실증적인 연구 결과가 있다. 경영사상가이자 베스트셀러 작가인 말콤 글래드웰은 『다윗과 골리앗: 강자를 이기는 약자의 기술』에서 불리한 조건과 역경이 오히려 성공의 발판이 될 수 있음을 강조하고 있다.

훌륭한 조건을 갖춘 강자들이 항상 이기는 것만은 아니다. 글래드웰은 역사학자의 연구를 인용해 강대국과 약소국의 전투에서 약소국이 이길 확률은 28.5%라고 밝힌다. 그런데 베트남의 게릴라전처럼 강대국의 룰을 따르지 않고 다르게 접근한 전투에서는 약소국의 승률이 63.6%까지 올라간다고 한다.

좋은 여건에도 취약점이 있다. 이것은 '뒤집힌 U자 곡선'으로 설명할 수 있다. 긍정적인 특징은 뒤집힌 U자의 왼쪽이 상승하듯 한동안 긍정적인 효과를 불러온다. 하지만 어느 시점에서 뒤집힌 U자의 평평한 중앙처럼 더는 효과가 오르지 않게 된다. 그 이후에는 뒤집힌 U자의 오른쪽처럼 하락을 맞이해 부정적 결과를 불러온다.

뒤처지는 조건과 고통스러운 상황이 때로는 성공의 구름판이 될 수도 있다. 글래드웰은 이것을 '바람직한 역경'이라고 표현한다. 이 속에서는 더 잃을 게 없는 지점을 맞아 실패를 두려워하지 않는다. 결핍을 인식하고 이를 채우기 위해 초인적 용기를 발휘한다. 그리고 물어뜯겨도 물러서지 않는다.

글래드웰의 책에는 가난, 장애, 불운, 압제 등 거대한 역경과 싸워 승리를 거머쥔 사람들의 사례가 나온다. 그중 한 사람이 데이비드 보이스다. 그는 심각한 난독증으로 글을 쓸 수도 읽을 수도 없었다. 그는 청각을 발달시켜 들은 내용을 적지 않고 암기하는 능력을 키웠다. 그는 마이크로소프트와 반독점 소송에서 미국 정보를 대변하는 유명 변호사로 성장했다.

위대한 사람에게 역경은 구름판 역할을 한다. 그들은 고통을 딛고 힘차게 도약한다. 같은 주제 의식을 담은 로버트 쉴러 목사의 「절벽 가까이로 부르셔서」라는 시를 소개한다.

절벽 끝에 더 가까이 오라고 하셔서 다가갔습니다.

그랬더니 절벽에 겨우 발을 붙이고 서 있는 나를

절벽 아래로 밀어버리는 것이었습니다.

물론 나는 그 절벽 아래로 떨어졌습니다.

그런데 나는 그때까지 내가 날 수 있다는 사실을 몰랐습니다.

두려움과
직면하라

두려움을 지배하라

비폭력 흑인 민권 운동을 이끌었던 마틴 루터 킹 목사는 인종차별을 없애는 데 크게 이바지한 인물로 미국인이 가장 존경하는 사람 중 하나이다. 그가 태어난 날을 기념해 매년 1월 셋째 주 월요일을 국가 공휴일Martin Luther King Day로 지키고 있다.

마틴 루터 킹의 전기를 읽으며 그의 인간적인 면모를 발견했다. 그런데 사회적 불의와 거대 권력, 수많은 반대자에 맞서 당당히 싸웠던 담대한 사람이 심한 두려움에 시달렸었다는 사실은 뜻밖이었다. 그는 명연설과 카리스마로 집회를 진두지휘했는데, 숙소로 돌아오면 밤늦도록 두려움에 시달리며 잠을 이루지 못했다고 한다. 민권 운동이 바람직한 결과를 내지 못할까 두려워했고 집회나 행진 중 부상자가 나오는 것을 두려워했으며 운동 조직의 갈등을 두려워했다. 그리고 집에 돌을 던지는 등 위협을 가하는 폭력적인 반대자들에게 자신과 가족이 해를 입을까 두려워했다. 그가 시해되기 얼마 전에는 자신의 죽음을 직감한 듯한 말을 했으며 두려움을 토로하기도 했다고 한다.[35]

마틴 루터 킹이 위대한 인물인 이유는 그가 두려움을 전혀 느끼지 못하는 사람이어서가 아니다. 극심한 두려움을 느끼면서도 그것에 맞섰기 때문이다. 두려움은 그의 앞길을 한 치도 막지 못했다. 그는 두려움에 지배당하지 않았다. 그의 꿈과 정의에 대한 갈망은 두려움을 덮었다.

누구나 두려움을 느낀다. 인간이라면 어쩔 수 없을지도 모른다. 기업을 경영하는 사람들은 두려움을 그림자처럼 달고 다닌다. GE의 전설적인 CEO 잭 웰치조차 늘 두려움과 싸웠다고 한다. 그는 이렇게 말했다.

뭔가를 경영하는 사람들은 밤에 집에 가서 늘 똑같은 두려움과 마주하게 된다. 내가 이 회사를 망치는 것은 아닐까?[36]

나는 자칭타칭 '강단이 있는 사람'이다. 두려움을 느낄 심각한 위협도 없다. 그래도 두려움이 엄습할 때가 많다. 좋지 않은 대내외 여건에 막혀 회사가 부진에 빠지지 않을지, 고객이나 동료·주주 등에게 불이익이 가는 일이 생기지 않을지, 가족과 나의 건강이 상하지 않을지 두려워하곤 한다. 하지만 이것을 스쳐 지나가는 감정의 편린으로 여긴다. 두려움이 나를 압도하는 일은 없다. 나는 두려움에 지배당하지 않을 것이다. 만약 그렇게 된다면 나와 우리 회사는 앞으로 나아가지 못하기 때문이다.

두려워할 것은 두려움 그 자체

러시아의 대문호 안톤 체호프의 단편 중에 「기우杞憂」라는 작품이 있다. 주인공들은 저녁때 마차를 임대해 목적지로 갈 예정이었다. 그런데 마부의 인상이 험악하기 그지없다. 우락부락한 생김새가 금방이라도 강도로 돌변할 듯해 보였다. 일행들은 두려움에 빠졌고 마차 속에서 허세를 떨었다. 마부에게 겁을 먹고 딴짓을 못 하게 할 의도였다. 자신들이 힘이 무척 세고 권총을 가졌고 친구들이 뒤따라오고 있다고 큰소리로 대화를 주고받았다. 그러던 중 갑자기 마차가 멈췄다. 마부가 마차를 버려두고 도망을 친 것이다. 일행들은 꼼짝달싹 못 하는 처지가 됐다. 그렇게 두어 시간이 흐르고 두려움에 휩싸인 마부가 돌아왔다. 그러고는 일행을 향해 이렇게 물었다. "저를 해치지 않으실 거죠?"[37]

두려움에 빠진 사람들은 실수를 저지른다. 어떤 때는 그가 두려워한 결과보다 더 끔찍한 일을 겪어야 할 수도 있다. 어처구니없는 방법으로 두려움에서 벗어나려 하기 때문이다. 두려움은 진취적 결단을 가로막는 최대 장애물이다. 마땅히 해야 할 일을 하지 못하게 만든다.

사람들이 긴급하고 중요한 일을 미루게 되는 가장 큰 이유는 '실패에 대한 두려움' 때문이라고 한다.[38]

미국에서 유일하게 4선을 역임한 대통령인 프랭클린 루스벨트는 대공황으로 실의에 빠진 국민에게 이렇게 연설했다. "우리가 가장 두려워할 것은 바로 두려움 그 자체입니다. 막연하고 이유도 없고 정당하지도 않은 두려움입니다."[39] 그는 두려움과 맞서 싸웠다. 두려움 그 자체를 소아마비라는 그의 장애, 실업 사태와 파산 직전의 경제 상황, 세계대전보다도 더 위험하게 봤다. 사실 두려움의 대상 그 자체는 두려운 존재가 아니다. 그보다는 우리 속에 잠재된 두려움이 훨씬 무섭다. 두려움 앞에 당당하게 맞서라. 두려움을 지배하라.

걱정하지 말고 실천하라

◦—◦

사람들이 걱정하는 일 중에서 40%는 절대 일어나지 않을 것이며 30%는 이미 일어난 것이고 22%는 너무 사소해서 걱정할 필요조차 없는 것이며 4%는 우리 힘으로 막을 수 없는 것이며 나머지 4%만이 우리가 무엇인가 할 수 있는 걱정거리라고 한다.[40]

윈스턴 처칠은 어떤 노인이 죽기 전에 남긴 말을 사람들에게 들려주었다. 그 노인은 이렇게 말했다고 한다.

나는 평생 많은 걱정거리를 안고 살았지만 걱정했던 일의 대부분은 실제로 발생하지 않았다. 말하자면 평생 아무 쓸모없는 생각으로 산 셈이다. 내가 인생을 살면서 가장 후회되는 일은 쓸데없는 걱정 때문에 내가 하고 싶은 것들을 스스로 막으며 산 것이다.[41]

사람들이 늘 달고 사는 걱정은 대부분 쓸데없으며 불필요한 에너지 소모에 지나지 않는다. 걱정은 우리가 신념을 무너뜨리고 삶의 변화를 막는 부정적인 요소로 작용한다. 사람들의 행동과 감정, 그리고 대인관계에 영향을 끼치며 성장으로 가는 발목을 잡는다.

물론 닥쳐올지도 모르는 불행에 대해 반드시 대비해야 한다. 그런데 그것은 리스크 관리라는 구체적인 행동이지, 걱정이라는 어두운 심리 상태가 아니다. 보험이 존재하는 이유도 걱정을 줄이기 위해서이다.

걱정과 이별하는 근본적인 방법은 걱정을 내려놓는 것이다. 지금이 순간에 집중하고 지나친 욕심을 줄임으로써 이뤄질 수 있다고 한다. 그 방법으로 '흘려보내기'와 '방하착放下着'을 들 수 있다. 흘려보내기는 무엇인가 갖고 싶다는 욕망이 생길 때 바로 사지 말고 며칠이라도 그냥 지내는 것이다. 방하착은 불교의 화두인데, 마음속으로 아무런 생각도 하지 않고 텅 빈 허공처럼 유지한다는 뜻이다. 그저 멍하게 있는 상태다.[42]

걱정을 스스로 점검하는 방법도 있다. 걱정거리를 기록해 목록으로 만들고 그 불안한 정도로 표시한다. 그리고 기록된 걱정들이 생산적인지 비생산적인지 점검한다. 이 문제는 내가 해결할 수 있는 것인지, 실제로 이 문제에 집중하고 있는지, 그 걱정이 나에게 어떤 행동을 취하도록 자극하는지, 잠재적인 해결책이 있는지, 해결책대로 행동하고 있는지 스스로 답해보면 내 걱정들의 실체가 드러난다.

걱정을 없애려면 직접 행동에 나서면 된다. 상당수의 걱정은 행동하려는 그 순간 사라진다. 앞에서 걱정거리의 대부분이 내가 개입할 여지가 없거나 무엇인가 행동할 필요조차 없는 것이기 때문이다. 그리고 구체적인 행동과 대비를 통해 우려하는 결과를 대비하는 것으로 충분하다. 농부가 소를 도둑맞지 않을까 매일 밤 노심초사하는 건 시간과 열정의 낭비다. 외양간을 튼튼히 해놓는 게 그가 할 일이다.

작은 손해에
연연하지 말라

손해가 곧 이익이다

어느 성당의 본당 출입문이 낡아서 문짝이 떨어져 나갔다. 미사 시간이 다가왔기 때문에 신부님은 목수를 물색해서 급히 연락했다. 목수는 빨리 와주었고 열심히 일해서 짧은 시간 안에 깔끔하게 문을 고쳐놓았다.

신부님은 고마운 마음에 목수에게 선물을 건네며 말했다. "정말 고맙습니다. 이 지갑은 우리 성당 창립 기념 미사 때 만든 겁니다. 감사의 뜻으로 드리는 것이니 약소하지만 받아주시기 바랍니다."

그러자 목수는 버럭 화를 냈다. "아니, 사람을 어떻게 보고 이러시는 겁니까? 이깟 지갑이나 받으려고 바쁜 일 제쳐놓고 와서 문짝을 고친 줄 압니까? 저는 이 분야 최고 전문가입니다. 알아주는 고급 인력이지요."

목수가 화를 내자 신부님은 당황했다. "그러면 어떻게 해드리는 게 좋겠습니까?" 목수가 대답했다. "아무리 못해도 10만 원은 주셔야죠. 원래 이보다 더 받아야 하는데, 성당 일이니만큼 싸게 해드리는 겁니다."

신부님은 "예. 그러십시오. 참 감사한 일이군요"라고 말하며 선물로 주려던 지갑 안에 들어 있던 30만 원을 꺼내더니 그중에서 목수가 요구한 10만 원을 세어 목수에게 건넸다. 목수는 작업비 30만 원과 지갑까지 받을 수 있었는데 성급하게 욕심만 내다가 오히려 손해를 보고 말았다. 작은 손해에 연연하면 큰일을 그르칠 수도 있는 법이다. 성장을 바라는 사람은 때로는 대범하게 손해를 받아들일 수 있어야 한다.

가을이 되면 다람쥐는 부지런히 움직인다. 겨울을 준비하기 위해서이다. 산 구석구석을 누비며 도토리를 줍고 여기저기 땅에 파묻어 둔다. 한곳에 저장했다가 다른 동물에게 통째로 털리는 위험을 방지하기 위해서이다. 그리고 겨울이 오면 다람쥐는 기억력을 발휘해 도토리 파묻은 장소를 찾아가 캐내고 그것으로 겨울을 난다.

그런데 다람쥐가 가을에 만들어놓은 식량 저장고를 모두 기억하지는 못한다. 그래서 다 먹을 수는 없다. 일부는 헛수고한 셈이다. 하지만 이 손해는 다람쥐에게 이익으로 돌아온다. 묻어두었던 도토리가 씨앗이 돼 나무로 성장하기 때문이다. 다람쥐는 그의 조상 다람쥐의 헛수고로 양식을 얻고 자신의 헛수고로 후손들의 양식을 남긴다. 대를 이어 남는 장사다. 때로는 손해처럼 보이는 일이 큰 이익으로 돌아온다.

사업가와 장사꾼의 차이

눈앞의 작은 이익에 연연하는 것과 미래의 큰 이익을 바라보는 것은 사람의 그릇 크기를 결정한다. 사람은 자기 그릇만큼만 성장할 수 있다.

똑같이 작은 가게를 운영하더라도 대범한 사람이 있고 옹졸한 사람도 있다. 이 둘은 사업가와 장사꾼으로 구별된다. 사업가와 장사꾼의 차이를 설명하는 인상 깊은 글이 있기에 소개하고 싶다.

사업가는 사업을 시스템으로 보지만,

장사꾼은 사업을 눈앞의 돈으로만 본다.

사업가는 1억을 투자해서 10억 벌겠다는 마인드가 있지만,

장사꾼은 1억이 아까워 주머니에서 꺼내지 않는다.

사업가는 열매를 얻기 위해 씨를 뿌리지만,

장사꾼은 열매를 얻으려고 바구니를 챙겨온다.

사업가는 파이를 키우는 데 관심이 있지만,

장사꾼은 내가 먹을 파이에만 관심이 있다.

사업가는 장사란 말을 싫어하지만,

장사꾼은 본인이 사업가란 사실을 모른다.

사업가는 큰 이익에 관심을 두지만,

장사꾼은 작은 이익이라도 챙기려 한다.

사업가는 정당한 방법으로 돈을 벌려고 하지만,

장사꾼은 방법은 중요하지 않고 결과만 중요하다고 본다.

사업가는 남의 이목을 고려하지만,

장사꾼은 남의 이목 따위는 신경 쓰지 않는다.

사업가는 전문 지식 습득에 공을 들이지만,

장사꾼은 공부와 담을 쌓는다.

사업가는 노후에 편안한 삶을 꿈꾸지만,

장사꾼은 죽을 때까지 장사할 수 있는 것에 만족한다.

사업가는 전문가를 알아보고 대우해주지만,

장사꾼은 자기가 최고의 전문가라고 생각한다.

사업가는 명예를 지키려 하지만,

장사꾼은 돈을 지키려 한다.

사업가는 거래 이후까지도 생각하지만,

장사꾼은 거래 이후에는 아무것도 없다고 본다.

사업가는 세계를 무대로 꿈을 펼치지만,

장사꾼은 동네를 상대로 장사한다.

사업가 가운데 무늬만 사업가가 있는가 하면,

동네 장사 중에도 사업가 마인드로 사업가처럼 행동하는 사람도 있다.[43]

함께 잘사는 길 찾기

○─○

고려 말과 조선 초에 살았던 선비로 조선 태종과 세종의 총애를 받았던 윤회라는 인물이 있다. 병조판서를 거쳐 예문관대제학에 오른 그는 당대의 천재로 "문성文星·주성酒星의 정기가 합쳐져 탄생한 인물"이라는 평가를 받기도 했다.

윤회가 젊은 시절에 겪었던 일이다. 어느 날 먼 길을 나섰는데 날이 저물어 여관에 들어갔다. 그런데 마침 방이 없었든지 아니면 윤회의 행색을 초라하게 느꼈든지 주인은 윤회에게 방을 내주지 않았다. 윤회는 할 수 없이 뜰에 앉아 있었다. 뜰에서 여관 주인집 아이가 진주를 가지고 놀다가 떨어뜨렸는데 마침 곁에 있던 거위가 그것을 삼켜 버렸다. 윤회는 그 광경을 가만히 지켜봤다.

값비싼 진주가 없어진 것을 안 여관 주인은 구석구석을 뒤지다가 결국은 윤회를 의심하기에 이르렀다. 밧줄로 윤회를 묶어놓았다가 날이 밝는 대로 관아에 끌고 가기로 했다. 윤회는 아무런 변명도 하지 않았다. 그 대신 "저 거위를 내 곁에 묶어두시오"라고만 말했다.

날이 밝자 거위가 변을 봤고 거위 똥 속에서 진주가 나왔다. 여관 주인은 미안한 마음에 어쩔 줄 몰라 하며 거듭 사과했다. 그리고 윤회에게 물었다. "왜 다 알고 있었으면서도 어제 이야기하지 않았소? 일찍 말했다면 이 고초를 겪지 않아도 됐을 텐데." 그러자 윤회가 호탕하게 웃으며 대답했다. "내가 어제 말했다면 당장 거위의 배를 가르지 않았겠소. 내가 조금만 참고 기다리면 거위도 살고 진주도 찾을 수 있는데, 굳이 이야기해 거위가 죽게 할 수는 없지 않겠소."

구슬도 찾고 거위도 안전했다는 뜻의 '멱주완아覓珠完鵝'라는 한자성어는 이 이야기에서 비롯됐다. 윤회는 집에서 기르는 가축의 생명도 소중히 여기고 자신이 잠시 누명을 쓰고 고생하기를 마다하지 않았다. 그는 함께 사는 길을 찾았다.

그릇이 크고 착한 사람은 자신의 이익이나 편안함을 위해 다른 사람을 곤경에 빠뜨리지 않는다. 오히려 다른 사람을 위해 자신이 곤경을 겪는 것을 기꺼이 감수한다. 그것이 모두에게 이롭기 때문이다.

더 크고 장기적이며 가치 있는 이익을 위하여

눈앞에 이익이 보이는데 이를 애써 외면하기는 쉽지 않다. 그래서 현실과 타협하는 사람들이 있다. 고객의 이익에 어긋난 행동이나 눈속임을 선택한다. 고객의 유익을 위해 중요하지만 당장 이익이 되지 않는 일을 하지 않고 흘려보내기도 한다. 그런데 항상 여기서 문제가 발생한다. 깨진 유리창을 그대로 두면 이곳을 통해 도둑이 들고 쓰레기가 쌓인다. 결국 그 공간 자체가 완전히 망가지고 만다. '이 정도는 괜찮다'고 생각하는 곳, 잘 드러나지도 않은 데다 달콤하기도 한 바로 그곳에서 큰 손실이 빚어진다.

반면 우리가 추구해야 할 진짜 이익은 근본적이고 장기적인 것이다. 우리 회사의 업무 현장에서 부딪힐 수 있는 예를 들어보겠다. 어떤 고객이 자신이 보유한 포트폴리오에 대해 컨설팅을 의뢰해왔다고 가정해보자. 이때 담당 설계사가 기존 포트폴리오의 단점만을 찾아 비판하며 그 계약을 해지하고 새로운 금융 상품으로 가입을 유도했다고 하자. 그러면 그 고객은 설계사의 속내를 눈치 채지 못할까? 아니다. 고객은 그가 어떤 의도인지 금방 알게 될 것이다. 그러니 다른 금융기관의 전문가가 추천한 포트폴리오라 하더라도 고객의 니즈에 맞게 구성돼 있다면 "좋은 포트폴리오니까 그냥 장기간 가지고 계시는 게 좋을 것 같습니다. 이미 좋은 파트너와 거래하고 계시군요"라며 고객이 보유하고 있는 포트폴리오 중 잘된 부분을 먼저 부각시키고 가능한 최소한의 보완만 했으면 좋겠다고 제안하는 것이 옳다.

이럴 때 고객은 오히려 큰 신뢰와 감동을 받아 '지금까지 접해왔던 많은 금융 세일즈맨과는 다른 사람이구나'라고 생각할 것이다. 이 사람은 고객을 위해, 철저히 고객의 이익을 중심으로 생각한다는 신뢰를 받게 될 것이다. 지금 당장 계약을 놓쳐 이익의 기회를 잃더라도 고객의 신뢰를 얻으면 그것으로 충분하다. 그 고객은 때가 되면 다시 찾아올 것이며 주변 사람들에게 추천하는 일을 마다하지 않을 것이다. 이것이 A+그룹이 생각하는 진정한 이익 추구다.

아 낌 없 이   주 라
그 리 하 면   후 히   받 으 리 라

소 잡은 놈 이야기

옛 고객이나 업계 선배 중 몇몇은 나를 "소 잡은 놈"이라 부르곤 한다. 맨손으로 소를 때려잡은 건 아니다. 소 한 마리를 잡아서 고객들에게 선물한 것이 인상적이었던지 그런 별명이 붙었고 30년이 넘어서까지 그렇게 불리곤 한다.

1985년 내가 대구에서 대신영업소장을 할 때의 일이다. 연말에 전국 최우수지점으로 선정돼 상금으로 50만 원을 받았다. 당시 내 월급보다 많은 거금이었다. 이것을 고객들과 나누고 싶었다. 아니, 돈을 덧붙여서라도 사례를 하고픈 마음이었다. 어떤 선물이 가장 좋을지 고민했다. 그러다 손님을 극진히 대접하는 방법이 소를 잡는 것이라는데 생각이 미치자 꼭 그렇게 하고 싶어졌다. 아버지께 전화를 걸어 소한 마리를 사서 도축을 하면 비용이 얼마나 드는지 여쭤어봤다. 아버지께서는 100만 원 정도라고 하셨다.

나는 아버님을 모시고 경상북도 칠곡군 왜관읍의 우시장을 찾았다. 아버지께서는 "풀만 먹고 자란 암소로 엉덩이에 살이 없는 여윈 소가 가장 맛있다"고 추천하셨다. 우시장의 수백 마리 소 중에서 마침 그런 소가 눈에 띄었다. 그 소를 사서 직접 끌고 도축장으로 갔다. 암소가 도축장이 가까워지자 자기 죽음을 예감한 듯 버티던 기억이 지금도 또렷하다.

도축과 발골을 마친 후, 지점 사무실에서 동료들과 함께 밤새 2~3근씩 썰어 포장했다. 저울이 없어서 근처 정육점에서 그만큼의 고깃덩어리를 사와 눈대중으로 엇비슷한 분량으로 썰었다. 다음날 내가 직접 고객들을 일일이 방문해 감사 인사를 하면서 선물을 드렸다. 이 쇠고기가 고객의 손에 전달되기까지의 사연도 함께 전했다. 고객들은 몹시 즐거워하셨다. "지금껏 먹은 쇠고기 중에서 가장 맛있었다"고 칭찬해준 분도 여럿이었다.

그리고 우리 영업소 설계사들에게도 그 쇠고기를 나눠주며 기쁨을 함께했다. 그러고도 쇠고기가 남았는데, 소문을 들은 인근 영업소 소장과 설계사들이 찾아와 사가는 바람에 비용을 일부 충당할 수 있었다.

그로부터 24년이 지난 2009년의 일이다. A+에셋 대구 지역 고객 세미나 자리였는데 당시 고객이었던 중견 기업의 회장님 한 분이 나를 한눈에 알아보셨다. 나에게 다가와 "아이고, 소 잡은 곽 소장 아이가!"라고 하시며 덥석 손을 잡으셨다. 그리고 그때의 일을 생생히 회고하셨다. 부유한 그에게는 별것도 아니었을 쇠고기 몇 근이 그토록 강렬한 감동을 남겼다니, 진심을 담은 정성스러운 선물이 얼마나 가치 있는지를 새삼 깨닫게 됐다.

고객에게 주고 싶은 마음

나는 내가 가진 심리적 특징 중 한 가지를 몹시 감사한다. 그렇게 된 이유는 알 수 없지만, 무언가 좋은 것을 보면 고객에게 드리고 싶은 마음이 자연스럽게 우러나는 것이다. 그래서 번거로움을 자초할 때가 있지만, 매번 형언하기 어려운 즐거움을 느낀다. '주는 기쁨'이 이런 게 아닐까 생각하곤 한다.

삼성생명 송파지점장으로 일하던 1998년의 일이다. 집에서 저녁 뉴스를 보는데 그해 제주 은갈치가 많이 잡힌다는 소식이 전해졌다. 그때 문득 고객들의 얼굴이 스쳐 지나갔다. 그들의 식탁을 풍성하게 만들 기회라는 생각이 들었다. 나는 곧바로 부하직원 한 사람에게 전화를 걸었다. 상황을 설명하고 내일 아침 제주도로 가서 좋은 갈치를 구해오라고 지시했다.

다음날 급히 제주도로 간 직원은 그날 허탕을 쳤다. 많은 물량을 좋은 가격에 확보하려면 경매에 참여해야 하는데, 새벽에만 열렸기 때문이다.

그 직원은 그다음 날 한 중개인을 만났고 그에게서 갈치 60상자를 샀다. 그러고는 서둘러 공항으로 가서 긴급 항공 화물로 보냈다. 김포 공항에서 이것을 기다렸다가 60명의 고객에게 당시 막 등장한 퀵서비스로 한 상자씩 보냈다. 박스 겉면에는 오늘 새벽 5시 30분에 서귀포 어시장에서 경매된 갈치임을 알리는 문구가 쓰여 있었고, 내가 손으로 쓴 감사 편지도 함께 보냈다.

고객들은 무척 좋아했다. 회로 떠서 먹을 수 있을 만큼 싱싱한 갈치는 시장에서 파는 것과는 비교되지 않을 만큼 맛있었다. 그리고 먼 제주도에서 경매된 갈치가 그날 저녁 식탁에 올라올 수 있도록 신경을 써준 우리의 정성에 감동했다는 고객도 많았다.

그 이후로 나는 고객 선물로 갈치를 즐겨 선택했다. 지점 차원에서 하던 것을 본사에서 일하면서부터는 전사적으로 확대했다. 제주도 항공편을 가진 공항이 있는 도시에는 모두 갈치를 공수해서 고객들에게 선물했다. A+에셋에서도 갈치 상자를 고객 선물로 즐겨 보내곤 했다.

재미있는 일은 우리 직원이 처음 만나 갈치를 샀던 그 중개인이 크게 성공한 것이다. 지금 제주도에는 3대 갈치 중개인이 있는데, 두 사람은 대형 유통회사에 납품하는 이들이다. 그런데 나머지 한 사람은 대형 마트나 백화점 같은 유통회사에 납품하지 않는데도 큰 물량을 취급하며 승승장구했다. 바로 나와 거래한 그 중개인이다. 나와 우리 회사가 선물용으로 사들이며 물량을 늘렸던 이유도 있다. 그리고 우리 회사에 선물을 받은 고객이 좋은 품질과 정성에 감동해 자신도 자기 고객에게 신선한 갈치를 선물하고자 그 중개인을 찾았기 때문이다. 그러면서 '삼성에 납품하는 중개인', '삼성생명 부자 고객이 찾는 중개인'이라는 타이틀이 붙었고 매출이 어마어마하게 늘었다. 그것이 그의 성장의 발판이 됐다고 한다.

가장 가치 있는 것을 주라

나는 2002년 삼성생명 법인영업팀을 처음 맡았다. 이 무렵은 전 국민이 월드컵 응원 열풍으로 열광할 때다. 나는 이때 고객들에게 무엇을 줄지 고민했다. 법인영업팀의 고객은 회사지만, 당연히 사람을 상대해야 한다. 그 사람은 팀의 임원과 부장, 실무를 맡은 과장이나 대리이다. 나는 이들을 위한 정성스러운 선물을 준비해야겠다고 결심했다. 그리고 그럴 방법을 찾았다.

우리 고객이 가족이나 이웃과 함께 월드컵 응원을 하면서 맛난 음식을 먹을 수 있다면 정말 좋겠다고 생각했다. 그래서 나는 솜씨 좋은 일식집과 계약한 후에 생선회 4인분, 튀김 4인분, 음료수와 소주 2병씩을 세트로 만들어 포장한 후 경기가 열리기 전에 고객의 자택이나 경기를 보며 응원하는 장소로 보냈다.

그분들이 사는 동네를 권역별로 나눈 후에 각각 퀵서비스를 통해 월드컵 경기가 열리기 30분 전쯤에 음식이 도착할 수 있도록 요청한 것이다. 월드컵 1차 예선, 2차 예선, 16강전, 8강전이 열릴 때마다 계속 음식 세트를 보냈다. 우리가 보낸 음식은 가족끼리만 먹기에는 양이 많았기에 자연스럽게 이웃과 함께 축구 응원을 하며 나누었다고 한다. 그러면서 "이것은 우리가 거래하는 삼성생명에서 보냈다"고 자랑삼아 이야기했다. 그때 축구 국가대표팀은 예상과 달리 4강전까지 진출했는데, 경기가 열리던 날 우리 고객들이 나에게 전화를 해서 오늘도 그 선물 보내주시냐고 물어왔던 기억이 생생하다. 당시 고객들 중 일부는 아직도 그때 일을 떠올리며 나에게 이야기한다. 마음 씀씀이에 감동했다는 것이다.

내가 선물에 대해 고민하는 이유는 그것을 통해 파생될 무엇인가를 위해서가 아니다. 사소한 선물 하나에 마음을 움직여 계약을 체결할 만큼 어리석은 사람도 드물거니와 설령 그런 사람이 있다 하더라도 그것을 덥석 잡아채지도 않는다.

물론 아무런 목적이 없는 건 아니다. 고객을 향한 내 마음, 회사의 알뜰살뜰한 애정이 전해지기를 바란다. 그래서 나와 우리 회사가 선물할 때는 비록 값싼 물건이라도 정성과 스토리가 담기도록 노력하고 있다. 반드시 편지를 동봉해 그 선물에 얽힌 사연과 우리의 진정한 마음이 전해지도록 한다.

무엇인가를 줄 때는 주고 곧바로 잊어버려야 한다. 반대급부를 기대하지 않을 때만 주는 기쁨과 가치가 있다. 억지로 결과를 끌어내려 한다면 부작용이 생긴다. 이때는 주는 행위가 악덕 고리대금으로 전락하고 만다. 나는 줄 때 다른 기대를 하지 않는다. 그런데도 주는 것의 덕을 꽤 많이 보았다. 사람의 호감을 이끌고 관계를 형성할 수 있었다. 결과와 상관없이 주는 기쁨도 꽤 컸다. 그래서 우리 회사 구성원들에게 조급하게 반응을 기대하지 말고 아낌없이 주라고 말한다.

고객을 빚지게 하라

현대자동차에서 8년 연속 판매왕을 차지하며 연간 300대의 자동차를 판매한 최진성 부장은 자신의 영업 비결을 한마디로 요약했다. 바로 고객이 빚지게 만드는 것이다. 그러면 고객들이 이 빚을 갚기 위해 기꺼이 그의 영업을 돕는다고 한다.

최진성 부장은 비록 고객에게 차를 팔지는 못하더라도 그 사람을 도울 기회는 많으며 언제든 좋은 서비스를 할 수 있다는 신조로 한 사람 한 사람을 최선을 다해 섬겼다. 고객이 어려움에 처하면 언제든지 달려가 진심으로 돕고 궂은일을 마다하지 않는다. 고객 건강을 체크하기 위해 혈압측정기까지 챙겨 다녔다고 한다. 고객을 진정으로 사랑하는 마음과 지독한 성실성, 그리고 자신의 일을 즐기고 사랑하는 마음이 있기에 가능한 일이었다.

이런 섬김이 쌓이면서 그의 고객들은 빚졌다는 느낌을 받게 됐다. 그리고 직접 구매든 소개든 그 빚을 갚는 일에 즐겁게 나섰다. 그것이 영업의 성공을 이끌었다.[44]

A+에셋의 설계사들은 간혹 고객에게 의외의 제안을 할 때가 있다. 부유층 고객이 금액이 큰 상품에 가입하려고 결심했는데도 소액의

상품을 권하는 식이다. 예를 들어 월 소득이 1억 원이 넘는 분이 비과세 연금에 가입하고자 하는데, 가입 후 5년 동안은 모집 수당 등 사업비를 떼기 때문에 10만 원 내외의 소액을 내고 사업비 공제가 완료된 후에 사업비를 떼지 않는 추가 납입을 통해 큰 금액을 내도록 권유해 고객의 이익을 최대한 고려하는 식이다. 이때 고객은 세금 혜택을 받으면서도 사업비 공제를 최대한 줄인 가장 유리한 상품을 선택할 수 있다.

이 고객은 자신이 큰 금액의 계약을 통해 우리 설계사에게 주려고 했다가 오히려 자신이 받는다는 느낌을 받는다. 그리고 고객의 재력을 이용해 이익을 보려 하지 않고 철저하게 고객에게 유리한 합리적인 제안을 하는 사람에게 빚졌다는 생각이 든다고 말한다. 착한 마케팅은 그 자체로 고객을 빚지게 하는 것이다. 그리고 그 빚은 아예 잊어버리고 있는 사이 복리처럼 불어나 때가 되면 크게 돌아온다. 이것이 아낌없이 그리고 대가 없이 주는 행위의 신비이다.

고객을 창조하는
착한 마케팅

마케팅은 제품이 아니라 인식과의 싸움

○─○

유럽인에게 감자는 주식 중 하나로 꼽힐 만큼 중요한 곡물이다. 그런데 예전에는 그렇지 않았다고 한다. 18세기 유럽인에게 감자는 악마의 열매로 절대 먹지 말아야 할 음식이라 여겨졌다. 먹을 것이 부족한 그 당시에 영양가 높은 감자가 널리 보급될 필요가 있었지만, 대중에게 터부의 대상이 된 터라 해결책이 필요했다.

그때 프랑스의 농학자 파르망티에가 재미있는 대책을 내놓았다. 그는 감자의 유용성을 시시콜콜 설명하는 대신 감자에 대한 인식을 통째로 바꿔놓을 이야기를 했다. 그는 이렇게 말했다. "감자는 귀족만 먹을 수 있습니다. 만약 아무나 먹는다면 무거운 벌을 받을 수 있습니다." 파르망티에 이후 감자는 더는 악마의 열매가 아니었다. 금기

식품이 귀족용 고급 식품으로 바뀐 것이다.

1949년 독일 폭스바겐 자동차가 미국 시장에 진출했다. 그 당시 미국에서는 크고 화려한 자동차가 유행했고 그것이 자동차를 판단하는 절대 기준이었다. 그런데 폭스바겐이 내놓은 자동차는 작고 보잘것없어 보였다. 초기 시장에서 폭스바겐은 외면당할 수밖에 없었다.

폭스바겐은 '작고 보잘것없다'는 대중의 인식을 바꿔야 했다. 그들은 마케팅 캠페인을 통해 작은 차야말로 경제적이고 효율적임을 강조했다. 광고를 통해 '작게 생각하라', '젊은이를 위한 차', '갤런당 38마일(61km)을 달리는 차' 등의 메시지를 전달하며 작은 것이 초라하고 보잘것없다는 편견을 경제적이고 효율적이라는 인식으로 바꿔놓는 데 성공했다.

이 두 이야기를 통해 마케팅의 원칙 하나를 발견할 수 있다. 그 제품이 어떠냐가 아니라 소비자가 그 제품을 어떻게 인식하느냐가 승부를 결정짓는다는 사실이다. 한 제품의 속성은 고객의 인식에 따라 꼭 사야 할 이유가 되기도 하고 외면해야 할 이유가 되기도 한다. 거칠게 표현하자면 자본주의 사회의 모든 제품은 고객의 욕구와 필요에 의한 것이므로 그 자체로서의 독립적 속성이라는 것은 아예 존재하지 않는다고 말하는 것이 옳겠다. 그 이름을 불러줘야 비로소 꽃이되는 것처럼 모든 제품은 고객의 인식 속에서 규정된다.

그러므로 고객과 제품의 연결 지점에서 고객이 긍정적으로 인식할수 있도록 제품을 정의하고, 생각의 틀을 제시하는 것이 마케팅의 역할이 된다.

착한 마케터가 인식을 바꾼다

회사 거래 관계 때문에 웅진코웨이 윤석금 회장과 대화를 나눌 기회가 있었다. 웅진코웨이가 비데를 확산시키기 위해 시도한 마케팅에 대해 들었는데 그 내용이 인상적이었다. 그는 한국에서 아직 생소한 비데를 보급하기 위해 소비자 인식을 바꿀 필요가 있었다. 시장에서의 경쟁보다는 시장 자체를 키우는 것이 급선무였다. 사치품에서 필수품으로의 발상의 전환이 선행돼야 했던 것이다.

그는 모든 여자고등학교에 비데 하나씩을 증정하기로 했다. 교장 선생님들은 비데를 설치해주겠다는 제안을 반갑게 받아들였다. 그런데 각 학교에서 진풍경이 벌어졌다. 비데가 설치된 그 화장실 칸에 긴 줄이 늘어섰다. 그리고 비데를 경험한 여학생들은 집에서도 이용하고 싶어 했다. 호사스럽다는 인식이 당연히 필요하다는 인식으로 바뀐 것이다. 이런 과정을 거치며 비데는 생활필수품으로 재정의돼 시장을 확장할 수 있었다고 한다.

고객 인식 창조는 결코 제품의 기능과 가치를 왜곡하는 것이 아니다. 거짓이 없다. 철저히 고객 관점에서 제품에 대한 새로운 발상을 유도해야 한다. 그러려면 시장과 소비자에 대한 충분한 연구가 필요하다. 또한 소비자의 숨은 욕구와 필요가 무엇인지를 알고 그것을 시원스럽게 해결해줄 방안을 찾아야 한다. 철저히 고객을 지향하며 지식과 전문성으로 무장해야 한다. 즉, 착한 마케터가 돼야 한다.

사회와 금융 환경이 급변하고 있다. 저출산, 고령화, 저금리, 구조적 저성장, 미·중 패권 전쟁, 4차 산업혁명, 상품 정보 개방 등으로 고객의 잠재 욕구가 달라졌다.

이전에 주목받지 못했던 상품들의 가치가 새롭게 인식될 여지가 생겼다. 고객의 상황을 다각도로 연구하고 여러 금융상품의 숨은 가치를 발굴하고 해석하는 능력이 무엇보다도 중요한 시점이다.

A+그룹은 이런 변화에 발맞춰 고객에게 새로운 인식을 제시하고자 하는 학습과 연구를 게을리하지 않고 있다.

진정성을 담은 마케팅

서울대학교 경영학과 김상훈 교수는 학생들에게 매 학기 "도대체 마케팅이란 무엇인가?"라는 질문에 대한 답을 찾는 과제를 내준다고 한다. 그러면 "마케팅은 유혹이다", "마케팅은 예술이다", "마케팅은 뻐꾸기(무도회장에서 남녀가 호감 있는 상대에게 보내는 메시지를 뜻하는 속어)이다", "마케팅은 좋다", "모르겠다"에 이르기까지 다양한 답변이 쏟아진다고 한다. 그런데 뜻밖에 많은 학생이 "마케팅은 사기다"라고 써낸다고 한다.

이런 현상은 마케팅에 진정성이 사라진 기업의 현실을 드러낸다. 사람들은 마케팅에 속는다. 가치와 철학을 바탕으로 훌륭한 제품과 서비스를 창출하는 일은 게을리하고 마케팅에만 열을 올릴 때 마케팅은 '낚시'가 되고 '사기'가 된다. 그 결과 소비자들은 불량 명품名品,

불친절한 프리미엄 서비스, 맛없는 맛집에 속아 넘어간다.

낚시 같은 사기 마케팅의 성공은 일회적이고 우연적이다. 훌륭한 마케팅으로 큰 성공을 거둔 듯 보이는 제품과 서비스는 마케팅이 없더라도 성공할 조건을 충분히 갖추고 있다. 이런 제품과 서비스에 마케팅이 보완적으로 결합함으로써 히트 상품이 탄생하는 것이다.[45]

본질을 도외시하고 사람을 현혹하는 데 치중해서는 안 된다. 마케팅의 핵심은 최고의 상품과 서비스다. 진정성을 담을 때 마케팅의 진가가 발휘된다.

마케팅의 맥을 잡아라

동물행동학자 최재천 박사의 강연을 들은 적이 있다. 수컷 귀뚜라미들은 짝짓기를 위해 구애의 노래를 부르는데, 짝짓기에 성공하는 수컷은 소수라고 한다. 5%의 수컷만이 목적을 이루고 나머지 95%는 허탕을 친다고 한다. 그 5%의 수컷은 대부분 암컷 귀뚜라미를 불러들일 만큼 목청이 매력적이다. 그런데 그리 좋은 소리를 내지 못하는 수컷이 암컷을 차지하는 일도 있다고 한다. 심지어는 평생 수십 번씩이나 짝짓기에 성공한다고 한다. 목소리의 경쟁력이 없는 수컷 귀뚜라미가 어떻게 암컷을 유혹할 수 있을까? 독특한 비결이 있다. 멋지게 노래하는 수컷의 바로 앞 길목을 차지하고 있다가 모여든 암컷을 가로채는 식이다.[46]

나는 이 이야기를 들으며 마케팅을 생각했다. 귀뚜라미처럼 소통의 맥을 잘 잡으면 고객과의 대화에 성공할 수 있다는 깨달음이 생겼다. 어디가 길목이고, 초점은 무엇인지, 어떤 스토리로 접근해야 하는지를 알면 차별성 있는 메시지를 전달하며 고객과 소통할 수 있다. 마케팅은 내 자리에 서서 내가 하고 싶은 이야기를 목소리 높여 부르짖는 게 아니다. 고객이 있는 곳, 고객이 원하는 것의 맥락을 파악하고 의미 있는 메시지를 전하는 것이다.

품격과 자신감으로 무장하라

조선 후기의 거상 임상옥의 일대기를 다룬 최인호의 소설《상도》를 보면 인상적인 장면이 나온다. 청나라 상인들이 인삼을 거래하면서 턱없이 낮은 가격을 불렀다. 임상옥이 이역만리까지 힘들게 가지고 온 인삼을 그냥 가져갈 리 없을 것이라는 생각 때문에 협상 조건을 후려친 것이다. 싸게 사려는 쪽과 제값을 받으려는 쪽의 이해관계가 부딪히는 상황이다.

이때 임상옥은 청나라 상인들이 지켜보는 자리에서 인삼 더미에 불을 붙였다. 깜짝 놀란 청나라 상인들이 임상옥을 말렸고 결국 높은 값을 받고 인삼을 전량 팔 수 있었다. 자기 물건에 대한 자신감과 제값에만 팔겠다는 절실함이 임상옥이 용기 있는 행동을 하도록 이끈 것이다.

마케터는 팔면 끝이다라는 얕은 생각에서 벗어나 큰 시야를 가져야 한다. 자기 일과 자신이 판매하는 제품이나 서비스에 대한 전문성과 자부심을 유지하며 고객을 겸손하게 대하되 품격을 잃어서는 안 된다. 그래야 고객의 인식을 바꿀 수 있다.

지금 내 곁의 고객에게 최선을 다하라

『논어』에 "근자열 원자래近者悅 遠者來"라는 말이 있다. 공자가 초나라 섭공으로부터 정치의 본질에 대해 질문을 받은 후 대답한 내용이다. 풀이하자면 "가까이 있는 사람을 기쁘게 만들면, 멀리 있는 사람은 저절로 찾아온다"는 의미이다.

근자열 원자래의 원리는 마케팅에도 그대로 적용된다. 현재 내가 대하는 고객에게 집중해 그를 기쁘게 만들면 지금은 멀리 있어 보이지 않는 잠재 고객들이 나를 찾아온다. 소비자가 제품을 살 때 광고에 영향을 받아서 결정하는 비중은 15% 이내라는 조사 결과가 있다. 나머지 85%는 '사람'에 의해 이뤄진다. 평판과 구전이 결정적이다. 그러므로 마케팅이 성과를 내려면 사람을 움직여야 한다.

가까이 있는 고객을 화나게 하면 멀리 있는 고객을 쫓아 보내는 것과 마찬가지이다. 이웃으로부터 어떤 가게가 불친절하고 가격이 비싸며 파는 물건의 품질이 나쁘다는 이야기를 듣고도 거리낌 없이 그 가게를 찾아 물건을 살 수 있을까?

인터넷 네트워크로 연결된 세상에서 구전의 범위는 작은 지역 사회를 넘어 전 지구적으로 확장된다. 그러나 그 출발은 소박하다. 지금 현재 내 옆의 고객을 기쁘게 만드는 것이다. 그러면 멀리 있는 미래 고객이 나를 찾아올 것이다. 이것이 착한 마케팅의 원리이다.

스토리의 주인공이 되라

의사소통은 크게 2가지 방식으로 이뤄진다. 하나는 이론적 설명이며 하나는 이야기이다. 그런데 설명보다는 스토리가 훨씬 더 오래됐다. 나침반이 없던 시절에도 컴컴한 바닷가를 항해할 수 있었던 이유는 밤하늘에 펼쳐진 수많은 별과 별자리에 얽힌 이야기를 만들고 그것을 길잡이로 삼았기 때문이다. 달력이 없던 시기에 때맞춰 농사를 지을 수 있었던 것도 계절 징후에 관한 이야기가 전승됐고 이에 맞춰 파종하고 수확했기 때문이다. 스토리는 사람의 이성은 물론이고 정서 전체에 호소함으로써 깊은 전달력과 설득 능력을 발휘한다.

눈보라가 몹시 드세던 날이었다. 로키산맥 정상에 있던 무선중계국이 마비됐다. 이 때문에 물류 회사 사무실 전화가 불통이었다. 통신 업체에 문의해보니 복구하는 데 5일이나 걸린다고 했다. 이 상황이면 고객의 화물을 제때 제대로 전달할 수 없는 형편이다. 천재지변이라 포기해야 할 처지이다. 배송이 차질이 생기더라도 고객들은 이해할 것이다. 그런데 이때 직원 한 사람이 자기 신용카드로 헬기를 전세 내 직접 통신망 복구에 나섰다. 악천후로 착륙하기가 쉽지 않자 그는 헬기에서 직접 뛰어내려 허리까지 잠기는 눈을 헤치고 기어이 케이블을 연결했다. 통신망은 복구됐고 이 물류 회사는 고객의 화물을 제때 전달할 수 있었다.

항공 특송업체 페덱스에서 실제로 있었던 이 이야기는 삽시간에 퍼져나가 회사의 이미지와 신뢰도를 크게 높였다. 이 회사가 시행한 어떤 매체의 광고나 창의적인 카피보다도 마케팅 효과가 훨씬 더 강력했다.

스토리에는 즐거움과 감동이 있다. 가치와 의미가 그 속에 담긴다. 그래서 스토리는 광고가 범람하는 세상에서 강력한 마케팅 도구가 된다.

동서식품은 자신의 제품인 커피를 스토리로 재창조했다. 2년에 한 번 동서커피문학상을 공모하는데 국내 최대 규모의 여성문학으로 자리 잡았다. 그들은 이렇게 말한다. "주부 여러분, 문학에 대한 꿈과 열정은 어디로 갔습니까? 다시 펜을 잡으십시오."

동서식품은 커피와 글쓰기를 조화시킴으로써 여성들의 숨겨진 감성을 자극해 표면으로 끌어냈다. 이때 커피는 카페인 음료를 넘어 문학도의 친구로 자리매김한다.

좋은 스토리텔링을 위해서는 삶에 대한 깊은 이해가 필요하다. 그래야 인생의 희로애락을 관통하는 이야기와 메시지를 연결할 수 있다. 무엇보다도 스토리가 강력하고 설득력이 있어야 한다. 그렇지만 소설을 써서 스토리텔링을 할 수는 없다. 이것은 마케팅이 아니라 사기이기 때문이다. 착한 마케터만이 고객의 마음을 움직이는 감동적인 스토리를 창조할 수 있다.

이야기꾼이 되려면 이야기를 알아야 할 뿐 아니라 스스로 창조할 수 있어야 한다. 나는 우리가 고객을 만나고 일하는 과정 전체가 스토리임을 늘 강조한다. 특히 현장의 마케터들은 감동 드라마의 주인공이다. 마지못해 떠밀려서 사는 것이 아니라 훌륭한 작품의 주연으로 스토리를 창조해가고 있다.

A+그룹에서는 매일 수많은 이야기가 생겨난다. 자기 인생을 극적으로 변화시킨 TFA, 눈속임 없이 약속한 제품을 제공하고 남은 금액을 정확하게 되돌려주는 상조 서비스에 감동한 고객, 철저한 분석과 진단을 통해 잘못된 금융상품 설계를 바로잡은 고객, 장애 자녀를 잘 돌볼 수 있는 효과적인 대안을 찾은 고객 등 이루 말할 수 없는 이야기가 있다. 이렇듯 착한 마케팅을 통해 감동 스토리를 만들어가는 회사가 A+그룹이라고 자부한다.

원칙을
준수하라

원칙이 세상을 움직인다

기업을 경영하는 자리에 있으면 외부로부터 여러 사업 제안을 받기 마련이다. 그중에는 꽤 그럴싸해 보이는 것도 많다. 그 제안들은 "획기적이며 효율적인 방식으로 단기간에 엄청난 수준의 이윤을 낼 모델을 가졌다"고 장담한다. 이것들을 찬찬히 뜯어보면 대부분 원칙에서 크게 벗어나 있다. 세상이 굴러가는 원리를 외면하고 자기 계산에 따라 사람들이 움직일 것이라는 전제가 깔린 경우가 많다. 일을 추진하는 방법 역시 원칙에서 벗어나 있다. 약간의 편법을 적절하게 활용하면 문제 될 게 없으며 잠깐의 타협이 큰 성과를 불러온다고 말한다.

하지만 나는 이런 제안들을 무시한다. 눈길조차 주지 않는다. 원칙

208

에서 벗어난 사업이 성공을 거둘 수 없으며, 아주 잠시 반짝하더라도 곧 시들해질 것임을 너무나 잘 알기 때문이다.

스티븐 코비는 『원칙 중심의 리더십』에서 원칙의 절대성을 단호하게 선언한다. "우리가 세상일을 통제하는 것이 아니라, 원칙이 통제한다. 우리는 자신의 행동을 통제하지만, 이런 행동의 결과는 원칙이 통제한다." 개인의 삶, 회사의 사업, 나라의 국운도 원칙에 달려 있다. 원칙은 공을 던지면 항상 아래로 떨어지는 것과 같은 자연법칙이다. 우리 뜻대로 거스를 수 없다. 원칙이 아닌 다른 것에 집착할 때, 말하자면 쾌락이나 소유를 삶의 중심에 놓을 때 우리의 인생은 좌초하기 마련이다.

원칙은 인류 사회와 문명에 걸쳐 점진적으로 전해져 내려온 자연법칙이자 지배적인 사회 가치이다. 우리가 믿든 안 믿든 오랜 역사를 통해 그 효과가 입증된 것이다. 그래서 원칙을 계속 적용하고 습관화할 때 개인과 인간관계, 조직을 근본적으로 변화시킬 수 있다.

원칙은 이념과 다르다. 1970년대 말부터 덩샤오핑이 제기한 '흑묘백묘黑猫白猫'론은 검은 고양이든 흰 고양이든 쥐만 잘 잡으면 된다는 뜻이다. 원칙에 대해 유연한 것처럼 들리기도 한다. 하지만 인민이 굶지 않아야 한다는 원칙을 사회주의 이념보다 앞세운 원칙 중심의 사상이다.

원칙은 분명하다. 실제로 존재하며 관찰할 수 있으며 자연적이고 논쟁의 여지가 없다. 최고의 조직과 사회는 자연법칙과 원칙이 지배하는 곳이다.

원칙이 천대받을 때

심각한 재정난에 빠진 한 사내가 깊은 밤 고민으로 잠을 이루지 못하다가 밖으로 나와 무작정 걸었다. 지쳐서 호숫가에 잠시 앉았는데 자기 옆에 무엇인가가 와닿았다. 자루가 하나 있었는데 주변이 칠흑같이 어두워 무엇이 담겼는지 알아볼 수 없었다. 만져보니 주먹만한 돌덩이들이었다. 그는 그 돌들을 하나씩 호수로 던지기 시작했다. 첨벙 소리를 내는 게 재미있었다. 그는 일어서서 물수제비를 뜨기 시작했다. 잠시 상념이 사라졌다. 재미 삼아 돌들을 모두 호수에 던져 넣었다. 그는 자루에 담겼던 것이 다이아몬드 원석임을 전혀 알지 못했다.

원칙을 함부로 대하는 태도는 다이아몬드 원석을 재미 삼아 호수에 던져버린 사내의 행동과 비슷하다. 성공의 발판이 될 소중한 것을 순간적 흥미를 위해 버리는 것이다.

원칙을 가장 소중한 삶의 중심으로 삼아야 한다. 원칙을 인생의 방향을 인도해주는 길잡이로 삼아야 한다. 신이 부여한 원칙은 우리의 양심에 고스란히 보관돼 있다. 잘 정리된 문장으로 쓰지 못하더라도 우리는 자연법칙을 이미 체득하고 있다. 우리의 양심은 자연법칙을 그대로 비춰주는 내면의 거울이다. 이것으로 옳고 그름을 판단할 수 있다.

원칙을 어기는 성공은 있을 수 없다. 우리는 원칙을 거스름으로써 자신을 파괴할 뿐이다. 성장을 위해 달려나가는 사람에게 가장 필요한 것은 도덕의 나침반이다. 이것을 가진 사람은 아무리 힘겨운 경쟁도 이겨낼 수 있다. 진정한 의미의 성장은 고매한 인격, 즉 원칙을 소중히 여기고 수행할 때 이룰 수 있다.

우리는 사람의 자연적 본성을 알고 있다. 좋은 대접을 받고 싶어 하고 존경받고 싶어 하며 어딘가에 소속되려 한다. 다른 사람을 그 본성에 맞게 대하는 게 인간관계의 원칙이다. 원칙을 지키는 것은 착한 사람이 된다는 뜻이다. 다른 사람을 대접하고 존경하며 따뜻하게 맞아들여야 한다.

원칙은 스스로 자기 타당성을 입증하는 자명하고 보편적인 진리이다. 올바른 원칙을 인정하기 시작하면 우리는 그것에 친숙해진다. 우리에게 상식 같은 것이 된다. 그럼으로써 숭고한 삶의 목적을 세우고 위대한 삶을 살아갈 수 있다. 원칙을 중시하는 사람이 모인 조직은 시너지를 만들어 위대한 조직으로 성장한다. 진정한 힘은 원칙에 튼튼히 뿌리내릴 때 우러나온다.

우리 사회와 기업의 문제 중 상당수가 원칙을 외면함으로써 일어난다. 힘들고 따분해 보이는 원칙과는 달리 지름길이 존재할 것이라 믿고 그것을 찾아 헤맨다. 단기적인 처방이 난무한다. 그사이 방향을 잃고 흔들린다. 찾아낸 방법들은 원칙을 상실하고 있다. 삶의 중심에 무엇이 놓여야 하는지조차 분명하지 못하다.

원칙이 개인과 조직, 사회의 중심에 놓여야 한다. 원칙은 실패하지 않는다. 우리를 내팽개치고 다른 곳으로 가버리지도 않는다. 원칙 중심의 삶이야말로 혼돈과 변화의 급물살 속에서 흔들리는 우리에게,

삶을 제대로 세울 수 있는 가장 안정적이고 움직이지 않고 흔들리지 않는 기초가 된다.

원칙이 회사를 살린다

○—○

사업 부진에 시달리던 경영자가 회사 복도에서 우연히 현자 한 사람을 만난다. 현자는 경영자도 모르는 지하실 구석의 한 방으로 안내한다. 거기에는 금괴가 가득 쌓여 있었다. "이런 게 우리 회사에 있었습니까?" 깜짝 놀란 경영자가 물었다. 그러자 그 현자는 "이것들은 생각과 말에만 담겨 있고 실제 행동에 옮기지 않은 우리 회사의 원칙들입니다"라고 대답했다. 에릭 하베이 등이 쓴 『빌의 위대한 연설』에 나오는 경영 우화이다. 이 이야기는 원칙이 회사를 살리고 성장시키는 최고의 자원임을 역설한다.

원칙이 회사를 성장시킨다는 논리는 상상 속 우화에만 나오는 이야기가 아니다. 실제 사례가 다수 존재한다. 그중 대표적인 기업이 창업자 레이 달리오가 이끌어온 브리지워터 어소시에이츠Bridgewater Associates이다. 1975년 방 2개짜리 아파트에서 출발한 이 회사는 40년 만에 조지 소로스의 소로스 펀드 매니지먼트를 앞서는 세계 최대 규모의 헤지펀드가 됐다. 글로벌 금융위기를 예측해 대비한 것으로 유명하다.

레이 달리오는 원칙 중심의 인물이다. 그는 자신이 세운 원칙에 따라 인생을 살고 회사를 경영하며 경제를 예측하고 투자해왔다. 또한 그는 원칙을 직원들과 공유하곤 했다. 그래서 원칙을 정리한 문서를 직원들에게 나눠주고 읽도록 권했다. 브리지워터의 원칙은 더욱 풍부해졌다. 오랜 활동을 통해 회사에서 생길 수 있는 거의 모든 상황을 접했고 그것에 대처하는 원칙을 수립하고 정리했기 때문이다. 그 결과 212개의 원칙을 다룬 두꺼운 문서가 탄생했는데 이는 모든 직원의 필독 자료이자 의사결정의 도서관이며 브리지워터의 기업 문화를 상징하게 됐다.

브리지워터의 원칙 중 중요하게 다뤄지는 것 중 하나가 투명성이다. 이 회사는 투명성을 위해 모든 회의와 업무 관련 대화를 녹화한다. 나중에 누구든 그 내용을 다시 보고 들으며 객관적인 관점에서 배울 수 있도록 기록 체계를 갖췄다.

달리오는 이 원칙 문서를 비밀로 하려고 했었다. 하지만 은퇴할 시점이 다가오자 사회에 공유하기로 결심했다. 그리고 『원칙Principles: Life and Work』이라는 이름의 책으로 내놓았다. 이 책은 출판되자마자 베스트셀러가 됐고 전 세계에 번역됐다.

나도 부족하지만, 우리 회사의 원칙을 수립하고 정리하는 데 애써왔다. 그리고 그 원칙이 더욱 풍부하고 정교해지며 사내 전 구성원들에게 체화되기를 바란다. 원칙이 회사를 살리고 성장시키기 때문이다. 그것은 의심할 바 없는 자연법칙이다.

정직을 잃으면
모두 잃는다

죽더라도 거짓말을 하지 말자

도산 안창호는 한국 독립운동의 대표 인물이다. 독립운동 단체 신민회와 흥사단을 세웠고 대한민국 임시정부의 초대 내무총장을 지냈다. 대성학교를 설립해 진취적 애국 청년을 길러내기도 했다. 그는 한반도와 만주, 미국을 오가며 민족의 독립을 위해 자신을 내던졌다.

도산 선생은 스물다섯의 늦은 나이로 미국에서 공부할 기회를 얻었다. 한 선교사의 도움을 받아 샌프란시스코에서 중학교 과정부터 밟을 수 있게 된 것이다. 그런데 입학 과정에서 뜻밖의 난관에 부닥쳤다. 그 지역 중학교는 입학 연령 제한을 두고 있어 20세가 넘는 학생을 받지 않았다. 선교사는 이렇게 조언했다. "미국인은 아시아 사람의 얼굴을 보고 나이를 짐작할 수 없으니, 면접관이 나이를 물어보면

19세라고 하라." 하지만 도산 선생은 면접관이 나이를 물어보자 사실 그대로 25세라 답했다. 당연히 입학이 거부됐다.

도움을 줬던 선교사는 이 일을 전해 듣고 황망한 느낌이었다. '이렇게 꽉 막힌 사람이 있다니.' 그리고 도산 선생에게 왜 그렇게 했는지를 따져 물었다. 이때 도산 선생은 이렇게 대답했다. "내가 미국에 온 것은 서구의 제도와 교육 정신을 배워 조국에서 바른 교육으로 나라를 세우려 함이다. 그런데 어떻게 거짓말을 해서 학교에 들어갈 수 있겠는가. 나에게는 거짓말로 입학해 공부하는 것보다 정직하게 사는 것이 더 중요하다."

도산 선생은 무엇보다 거짓을 싫어하는 사람이었다. 나라가 망한 이유가 '거짓말'과 '거짓 행실'에 있다고 보았다. "거짓이여! 너는 내 나라를 죽인 원수로구나. 군부君父의 원수는 불공대천不共戴天이라 했으니, 내 평생에 죽어도 다시는 거짓말을 아니 하리라" 하고 정직에 대한 결의를 세웠다.

그가 세운 대성학교의 핵심 교육 철학은 '정직'이었다. 그는 학생들에게 "가장 큰 죄는 거짓말과 속이는 일이다. 죽더라도 거짓이 없으라"라고 강조했다. 또한 "농담으로라도 거짓말을 하지 말라. 꿈속에서라도 성실을 잃었거든 뼈저리게 뉘우쳐라. 죽더라도 거짓이 있어서는 안 된다", "정직과 성실만이 이 나라를 구하는 유일한 길이다", "청년이 다짐해야 할 2가지 과제가 있다. 첫째 속이지 말자. 둘째 놀지 말자"라며 평생 정직의 가치를 가르쳤다.[47] 거짓말이 임기응변의 영리한 처세술처럼 여겨지는 시대에 도산 선생의 정직한 인생은 큰 울림을 준다.

거짓을 권하는 세상에서

나는 국민학교 시절, 장터에서 물건을 훔친 적이 있다. 여러 색이 나오는 진귀한 볼펜이었는데 신기하고 갖고 싶은 마음에 충동이 일어 순간적으로 슬쩍 주머니에 넣었다. 볼펜이 없어진 것을 안 주인이 주위를 살피다 나를 의심스러운 눈으로 쳐다봤다. 나에게 볼펜을 가져 갔느냐고 물었고 나는 절대 아니라고 둘러댔다. 마침 어머니가 그곳을 지나다 이 장면을 보셨다. 자초지종을 들은 어머니는 나에게 정말 볼 펜을 훔쳤는지 물으셨다. 나는 또 아니라고 대답했다. 내 말을 철석같이 믿은 어머니는 그럴 아이가 아니라며 나를 옹호하셨다. 그러나 곧 내 주머니에서 문제의 볼펜이 나왔다. 어머니는 나에 대해 깊이 실망하셨고 호되게 야단치셨다. 물건을 훔친 것도 나쁘지만, 순간적인 충동의 잘못을 바로잡을 기회가 있었는데도 뻔뻔스러운 거짓말을 해버린 것을 더욱 질책하셨다. 이 일은 어찌 보면 내 인생에서 하나의 계기가 됐다. 나는 그날 절대 거짓말을 하지 않겠다는 굳은 결심을 했다.

다른 사람들도 나와 비슷한 경험을 어린 시절에 한두 번쯤 해봤다고 한다. 박목월 시인의 아드님인 박동규 교수의 강의를 들은 적이 있는데 그도 나와 비슷한 기억을 지니고 있었다. 그는 중학교 시절 어머니가 장롱에 감춰둔 생활비를 훔쳐서 용돈으로 썼다고 한다. 돈이 빈 것을 발견한 어머니가 돈을 가져갔는지 물었고 그는 솔직하게 시인했다고 한다. 이 부분이 나와 다르다. 그의 어머니는 흔쾌히 용서하며 정직하게 말해준 것에 대해서는 칭찬했다고 한다. 박 교수는 이 일로 정직의 가치를 깊이 새겼다고 말했다.

우리는 대부분 어린 시절의 경험을 통해 거짓이 어떤 결과를 불러오는지 본능적으로 체득하고 있다. 이때 부모님이나 선생님 등 정직한 어른이 정직의 가치를 일깨워준다면 더욱더 큰 깨달음을 얻는다.

그런데 이런 깨달음이 오래가지 않는 게 큰 문제다. 자라면서 거짓에 오염된다. 거짓말의 단기적 효용성에 눈뜨기 때문이다. 거짓을 권하는 사회이다. 타이밍에 맞춰 적절한 거짓말을 하지 못하는 사람은 우둔하다고 취급받는다. 가장 정직해야 할 고위 관료나 정치 지도자가 순간을 모면하기 위해 거짓말을 일삼는 것이 전혀 어색하지 않은 세상을 살게 됐다. 기업 경영자들도 예외는 아니다. 금방 드러날 거짓말을 하고 그것을 감추기 위해 또 다른 거짓말을 일삼는 사람이 너무나 많다.

나는 정직한 사람이 되기를 꿈꾼다. 내가 은퇴한 후에 혹은 세월이 더 지나 세상을 떠난 후에 다른 사람이 나를 이렇게 기억해줬으면 하는 모습이 한 가지 있다. 유능하다거나 똑똑했다거나 창의적이었다거나 하는 평가가 아니다. "곽근호는 적어도 거짓말을 하지 않았다. 그는 정직한 사람이었다"고 기억되고 싶다. 그런 평가를 받는다면 내 인생은 말할 수 없이 값지다고 믿는다.

정직한 기업이 이긴다

◦—◦

2001년 미국의 에너지 기업 엔론Enron Corporation의 파산은 전 세계 경제계에 큰 충격을 던져주었다. 6년 연속 미국에서 가장 혁신적인 기업으로 꼽히며 2만 명의 직원을 둔 대기업이 한순간에 무너졌기 때문이다.

엔론 파산의 결정적 원인은 거짓이었다. 기업 인수와 사업 확장으로 자금 경색에 빠진 그들은 상황을 솔직히 인정하고 대책을 마련하는 정도를 걷지 않았다. 그 대신 분식회계를 통해 장부를 조작하는 손쉬운 거짓을 선택했다. 부정직이 엔론을 파멸로 이끌었다. 엔론의 거짓말을 도와 분식회계에 깊숙이 개입했던 아더앤더슨은 세계적인 회계 법인이자 경영컨설팅회사라는 명예를 모두 잃고 영업정지를 당했으며 급기야 파산하고 말았다. 엔론 사태는 기업 회계의 정직성과 투명성에 경종을 울린 분기점으로 기억되고 있다.

2015년에는 폭스바겐이 위기에 처했다. 폭스바겐이 배기가스 배출량을 속였음이 드러났다. 주행 시험에서 센서 감지를 할 때만 저감 장치를 작동시켜 환경 기준을 충족하도록 하고 실제 주행에서는 기준치의 40배가 넘는 배기가스가 생기도록 엔진 제어 장치를 프로그래밍했다. 명백한 속임수였기에 소비자들의 분노는 더 컸다.

폭스바겐은 대규모 리콜을 하는 등 위기를 겪었지만, 곧 판매와 경영을 정상화했다. 하지만 브랜드 이미지에 치명상을 입은 것은 분명하다. 사람들은 폭스바겐의 멋진 차를 보면서 거짓의 기억을 떠올릴 것이기 때문이다.

나는 정직한 기업이 결국 이긴다고 믿는다. 정직하면 장기적으로 고객의 신뢰를 축적하고 옳은 행동을 할 수 있다. 문제를 은폐하지 않고 위험을 방치하지 않기 때문에 일이 단순하고 명쾌해진다. 불신으로 인한 비용이 훨씬 줄어든다. 그래서 정직은 기업의 생존 조건인 동시에 강력한 경영 도구가 된다.

기업에서 정직함은 경영자나 직원 개인의 도덕성으로 돌려서는 안 된다. 정직을 회사의 제1원칙으로 삼고 시스템화해야 한다. 부정직이 개입할 가능성을 원천적으로 차단해야 한다. 모든 정보와 업무 과정을 투명하게 공개하는 것이 효과적인 방안이다.

A+그룹은 정직과 투명성을 경영의 기본으로 삼는다. 고객에게 모든 정보가 숨김없이 전달되도록 한다. 정직을 위한 원칙과 시스템을 갖추고 있으며 교육과 대화를 통해 정직의 가치를 전사적으로 공유하고자 한다. 절대 해서는 안 되는 부정직 업무 관행을 정해놓고 사소한 위반에도 엄격하게 대응한다. 혹시 구성원의 부정직이 드러나면 회사의 조처는 가혹하다.

거짓은 손쉽다. 바로 눈앞에 달콤한 이익이 보이기도 한다. 잠깐만 타협하면 아무런 문제없이 잘 지나갈 것같이 느껴지기도 한다. 다른 사람, 다른 회사도 거짓말을 하는데 나와 우리 회사만 정직하면 큰 손해가 될 것도 같다.

하지만 거짓은 파멸의 지름길이다. 치러야 할 대가도 크다. 거짓말이 용인되는 조직에서는 불신이 싹튼다. 신뢰가 전제되지 않으면 협력도 일어날 수 없다. 고객이 불신하는 순간 그 회사가 망하는 것은 기정사실이 된다. 시간문제일 뿐이다. 거짓의 유혹에서 벗어나야 한다. 절대 정직 속에서만 진정한 성장을 이룰 수 있다.

변화와 도전을
사랑하라

현재의 안락에 취하는 순간

"이제 회사도 자리를 잡았고 연세도 있으신데, 건강도 챙기면서 편안하게 경영하시죠. 왜 굳이 골치 아프게 일하십니까? 변화를 좇고 새로운 일을 쉼 없이 벌이는 건 너무 힘들지 않으십니까?"

이따금 이런 내용의 조언을 하는 분들이 있다. 나의 성향을 잘 모르시기 때문이기도 하고 나름의 걱정을 담은 말씀이기에, 빙긋이 웃는 것으로 대답을 대신하는 게 보통이다. 그래도 변화의 피로와 안정의 안락함에 관한 이야기가 더 나오면 한 권의 책을 권하곤 한다. 『손정의 초조』이다. 부제가 "나는 아직 100분의 1도 성취하지 못했다"이다. 이 책은 손정의 회장과 소프트뱅크가 품었던 비전과 목표를 달성하지 못한 안타까움과 앞으로의 도전 과제를 이야기하고 있다.

손정의 회장은 목표를 좇는 집요한 열정을 불사르며 장기적 트렌드를 분석하는 탁월한 능력과 과감한 결단을 통해 혁신 기술 분야의 대표 유망 기업들을 투자 대상으로 발굴해 수익을 창출해왔다. 그가 이끄는 소프트뱅크는 첨단 기술 기업이 아니다. 그런데도 4차 산업혁명 시대를 이끌 일본 최고의 기업으로 평가받는다. 기술을 발굴해서 투자하고 지배하는 성공적인 '글로벌 기술 지주 회사'이기 때문이다. 이미 알리바바에 투자해서 천문학적인 수익을 기록했으며 정보통신과 인공지능 등의 첨단 분야의 기업들을 인수해 경쟁력을 확고히 했다.

손정의 회장이라면 사업으로 완성의 경지에 올랐다고 평가할 수 있다. 그런데도 그는 '초조'하다고 한다. 여전히 사업적 갈증을 호소한다. 끝없이 변화와 혁신을 시도한다. '정보혁명으로 사람을 행복하게'라는 비전이 아직 이뤄지지 않았다고 느끼기 때문일 것이다.

손정의 회장이 이럴진대 나는 갈 길이 너무나 멀다. '고객의 전 생애에 걸쳐 행복을 제공하는 서비스 회사'라는 비전은 이뤄지지 않았다. 절대 변화의 열정과 동력을 잃어서는 안 된다. 작은 성취에 만족해 변화를 멈추고 현재에 안주한다면 뜻을 이루지 못한 채 후퇴하고 말 것이다.

미국 플로리다주에 새우가 많이 잡히기로 유명한 바닷가가 있다. 이곳은 새우잡이 배가 가득한 황금어장이다. 이곳에 수많은 갈매기가 서식했었는데 하나둘 굶어 죽기 시작하더니 나중에는 모두 굶어 죽고 아예 자취를 감추고 말았다. 새우라는 식량이 풍부한데 왜 갈매기가 죽었을까? 그동안 갈매기들은 힘들여 직접 새우를 잡아먹는 대신 새우잡이 배가 그물을 끌어 올릴 때 떨어지는 어초와 작은 물고 기를 주워 먹고 살았다. 그러면서 사냥해서 먹고사는 법을 점점 잊었 다. 새우잡이 배들이 더 좋은 어장을 찾아 남쪽으로 떠나자 갈매기 들은 먹을 게 사라졌던 것이다. 그렇게 굶어 죽고 말았다.[48]

현재의 안락함에 취해 있으면 변화의 야성을 잃고 만다. 지금 양식 을 제공해주는 고깃배들은 언제 떠날지 모른다. 『누가 치즈를 옮겼을 까』에 나오는 이야기처럼 창고에 가득했던 치즈는 어느 날 사라질 것 이다. 이때 변화의 힘이 없다면 돌파구를 찾을 수 없게 된다.

격동하는 세계는 변화를 요구한다. 세계 경제가 패권 전쟁으로 흔 들리고 국내 경제는 끝을 모르는 침체에 빠져 있다. 4차 산업혁명이 라는 거대한 기술 혁신이 소비 형태를 전면적으로 바꿔놓고 있다. 정 보를 가지고 주도권을 쥔 소비자들이 과거와 다른 요구를 내놓고 있 다. 변화의 흐름을 타지 못한다면, 혁신을 이뤄내지 못한다면 성장은 커녕 생존조차 할 수 없을 것이다. 어떻게 긴장의 끈을 놓을 수 있겠 는가.

근본적인 변화를 추구하라

내가 삼성생명 임원으로 근무하던 시절 일본의 한 중견 보험회사 가 파산하는 충격적인 사건이 벌어졌다. 저금리 시대로 접어들자 고 금리 상품을 운용했던 보험회사들이 큰 타격을 입은 것이다. 이건희 회장도 일본 유학 시절 지인을 통해 한국도 머지않아 저금리로 접어들 텐데 이에 대해 대비를 철저히 해야 한다는 조언을 들었다.

이런 위기의식 속에서 삼성생명은 컨설팅회사 맥킨지에 경영 자문을 맡겼다. 그때 서울사무소 대표이던 도미니크 바튼이 팀을 구성해 찾았다. 회사의 현황을 파악한 컨설팅 팀은 충격적인 진단 결과를 내놓았다. 외형적으로 견실한 삼성생명이 실제로는 심각한 수준의 위기에 빠져 있다고 했다. 그는 겉으로는 번듯한 삼성생명이 실제로는 망한 것이나 다름없다고 했다.

바튼은 공유된 변화의 방향이 없는 게 치명적인 문제라고 꼬집었다. 회사가 나아갈 방향에 대해 여러 층의 구성원에게 물었을 때 최고경영진과 중간관리자, 일선 직원의 이야기가 제각각이었다는 것이다. 회사가 일치된 변화의 방향 없이 표류하는 배처럼 떠다니고 있다는 지적은 삼성생명이 근본적인 변화의 틀을 잡는 데 결정적인 계기가 됐다.

도미니크 바튼은 일상적 개선을 넘는 근본적인 변화를 강조했다. '하던 일을 더 잘하면 된다'는 차원을 뛰어넘어 '변하지 않으면 죽는다'는 절박한 심정으로 과거와 완벽한 단절을 이뤄야 하며 강력한 추진력을 발휘해야 성과를 이룰 수 있다고 말했다.

또한 삼성생명이 변화에 유연하게 대응할 수 없을 정도로 비대해져 있다고 지적했다. 당시 설계사는 7만 명이었고 임원 숫자도 많았다. 컨설팅 후 구조조정에 착수해서 설계사는 3~4만 명 정도로 조정했고 임원의 40% 정도가 회사를 떠났다. 그때 내가 곤혹스러운 변화를 이끌어야 했다. 대대적인 혁신을 시도한 끝에 삼성생명은 단단한 내실을 이룰 수 있었다.

변화에 관한 그의 메시지는 내가 회사를 떠나 창업하고 경영을 하는 데도 큰 자산이 됐다. 그가 강조했던 회사의 일치된 방향성에 대한 메시지는 '착한 보험', '착한 마케팅'이라는 일관된 목표를 전 구성원이 공유하게 하는 데 힌트가 됐다. 나는 "사랑은 서로 마주 보는 게 아니라 함께 같은 방향을 바라보는 것"이라는 생텍쥐페리의 말처럼 결속력이 강한 회사는 함께 바라보는 일치된 지향점이 있어야 한다고 생각한다.

또한 회사 규모에 대한 바튼의 조언을 때때로 상기하곤 한다. 회사는 외형이 크다고 무조건 좋은 것이 아니다. 변화에 대응할 수 있는 유연함을 유지하는 게 바람직하다. A+에셋 역시 설계사 1만 명, 2만 명 등의 규모만을 추구하지 않는다. 나는 미국의 대표적인 GA인 M파이낸셜을 벤치마킹 모델로 삼고 있다. 그 회사처럼 질적으로 우수한 설계사들을 교육·육성해 수준 높은 서비스를 제공하는 집단을 만들어나가려 한다.

현재 M파이낸셜처럼 고능률 조직 점포를 3개째 만들었는데 1인당 생산성 환산 400만 원(월 평균 소득 1,600만 원)에 육박하고 있다. 앞으로 이런 탄탄한 조직을 30여 개로 늘려갈 예정이다. 그리고 이 조직이 한국 보험의 역사를 새로 쓰리라 믿는다.

바튼은 "한국은 세계의 금융센터가 될 수 있는 곳인데, 아직 그 잠재력을 끌어올리지 못하고 있습니다"라고 조언했다. 나는 이 말을 거듭 떠올리며 한국 금융의 패러다임을 바꾸겠다는 비전을 다지고 있다.

삼성생명 컨설팅 이후 도미니크 바튼은 아시아태평양 담당 대표를 거쳐 맥킨지그룹 전체를 총괄 지휘하는 회장 지위에 올랐다가 은퇴했으며, 은퇴한 후에도 한국 경제를 위한 자문 활동을 하고 있다.

변화의 아픔과 상처에 공감하라

맥킨지로부터 컨설팅을 받은 후 얼마 되지 않았을 때 낯선 노인 한 사람이 우리 회사를 찾아왔다. 지적이면서 중후한 분위기의 그 사람은 맥킨지에 30~40년 넘게 근무한 고문급 원로였는데, 컨설팅을 받은 회사의 사후 피드백을 정리해 본사에 보고하는 임무를 맡은 분이었다.

그때 나는 우리 회사가 컨설팅을 통해 상황을 냉정하게 진단하고 방향을 잡았지만, 그 과정에 상처가 많았다고 털어놓았다. 컨설팅 시작부터 끝까지 "곧 망할 회사"라고 부정적인 관점에서만 접근했기 때문이다. 그래서 "합리적인 조언을 하더라도 구성원들의 감성을 헤아렸다면 진단과 조언을 수용할 때의 상처가 적었을 것"이라고 아쉬움을 토로했다.

예를 들어 삼성생명이 대한민국 1위 생명보험 회사가 된 강점이 무엇인지를 충분히 주지시키고 그 후에 취약한 부분을 지적하며 그것을 보완해나가는 방식이었다면 컨설팅받는 조직으로부터 더 큰 호응이 있었을 것이라 말했다. 컨설팅받는 첫날부터 끝날까지 줄곧 "삼성생명 망했다"만 말하는 것은 구성원의 자부심을 해치고 상처와 부작용을 불러올 수도 있다고 덧붙였다.

내가 이렇게 이야기하자 그분은 자신이 여러 회사에 방문해 컨설팅 피드백을 들었지만 나처럼 말해준 이는 처음이라고 했다. 그러고는 내 말에 깊이 공감하며 고맙다는 말을 남기고 떠났다.

내가 가고자 하는 착한 회사, 착한 경영, 착한 마케팅의 방향은 아무도 부정할 수 없을 만큼 옳고 바람직하다. 그렇지만 내가 옳다고 믿는다고 해서 공감에 이르지 못한 사람들에게 그것을 강요한다면 그분들에게 상처가 될 수밖에 없다. 옳은 것을 일방적으로 밀어붙일 때의 심각한 부작용이 나타나는 것이다.

예를 들어 4인 가족인 가구가 평균 14건의 보험에 가입하는 한국 현실에서 보험 컨설팅을 할 때, 보험 구성이 잘못됐다고 지적부터 하는 것은 바람직하지 않다. 그중에서 잘 가입된 보험, 현재 조건으로는 가입하기 힘든 보험 등을 찾아내 장점을 충분히 설명하고 유지를 권하는 것으로 시작하는 게 좋다. 그 후에 중복 가입되었거나 잘못 가입된 것을 보완하는 쪽으로 컨설팅하면 고객으로부터 더 큰 공감을 끌어낼 수 있을 것이다.

맥킨지 컨설팅을 받고 피드백하던 당시의 깨달음이 지금도 남아 있다. 내 길이 옳다고 믿는다면 그것을 다른 사람에게 강요해서는 안 된다. 상처를 주는 것은 더더욱 나쁘다. 내가 옳다고 진정으로 믿는다면 그것을 우직하게 실천함으로써 열매를 보여주는 것이 마땅하다. 그럼으로써 진정한 설득에 이르는 것이다.

고객 중심의 혁신

근본적인 변화의 기준은 무엇일까? 나는 고객이 중심이 돼야 한다고 생각한다. 자신과 조직의 틀 안에 머물러 있으면 시야가 좁아진다. 내가 아니라 고객이 어떤 변화를 원하느냐에 따라 변화의 방향을 설정하는 게 바람직하다. 철저히 고객을 지향할 때 혁신이 일어나며 기술 변화가 뒤따른다.

A+그룹 계열사의 업무는 개발보다는 판매에 초점이 맞춰져 있다. 이런 분야의 사업에서는 혁신이 잘 일어나지 않는다고 생각하는 사람들도 있다. 그들은 혁신을 IT, 모바일, 인공지능 같은 첨단 분야의 전유물로 여긴다. 하지만 그것은 큰 오해이다. 손정의 회장이 이끄는 일본의 소프트뱅크는 스스로 기술 회사가 아님을 표방한다. 사내에 연구개발 기능도 없다. 그런데도 4차 산업혁명 시대의 신기술을 앞서서 선도하는 기업이 됐다.

고객과 가까울수록 혁신의 동력이 더 커진다. A+그룹은 고객에게 초점을 맞춤으로써 새로운 사업을 창조해왔다. 이 과정은 사업을 다각화하거나 매출을 늘린다는 목적보다 고객의 태어남에서 죽음에 이르기까지 삶의 과정을 총체적으로 지원하겠다는 포부에서 비롯됐다. 그래서 고객 생애 전체에 걸친 행복 창조 즉, '토털 라이프 케어 Total Life Care'를 비전으로 정했고 여러 계열사와 사업을 통해 구현하고 있다.

그룹의 모태인 A+에셋은 고객 중심의 투명한 보험 판매를 기치로 출발했다. 현재 생명·손해보험 판매와 종합 자산 관리 컨설팅 서비스를 제공한다. 주식·펀드·세무·법무·부동산을 아우른다.

A+라이프는 토털 라이프 케어 서비스 전문 회사를 표방한다. 상조와 셀뱅킹, 웨딩, 여행 등의 업무를 한다. AAI헬스케어는 24시간 국내외 응급 의료 지원 서비스를 한다. A+효담라이프케어는 노인장기요양과 실버 케어 서비스가 주력 업무다. 주·야간 보호와 방문 요양도 수행하고 있다. A+리얼티는 종합 부동산 컨설팅 전문 회사이다. 부동산 중개와 투자 자문 등의 업무를 진행 중이다. A+모기지는 대출 전문 판매 법인이다. 담보·신용·집단대출을 다룬다. 파인랩FINElab은 4차 산업을 위한 데이터 기술 전문 회사이다.

이 모든 계열사와 사업은 고객을 지향하면서 창조된 것이다. 고객을 중심에 놓았더니 금융 판매 전문 회사가 라이프 케어 서비스로 확장했고 IT 회사를 계열사로 거느리게 됐다.

고객은 항상 변화를 요구한다. 다른 제품이나 서비스, 다른 회사와 다르기를 바란다. 또한 어제와 다르기를 바란다. 기업의 혁신은 고객의 변화 요구에 대한 대응이다.

때로는 고객의 막연한 요구도 구체적인 실체로 만들어내고 미래의 요구까지 감지해야 한다. 그럴 때 진정한 혁신이 일어난다.

한계와 울타리를 걷어내라

변화와 도전으로 가득 찬 역동적 삶을 사는 사람들은 스스로 한계를 설정하지 않는다. '나는 이 정도까지밖에 할 수 없을 거야'라고 생각하지 않는다. 그것이 자신의 성장을 가두는 감옥이 됨을 잘 알고 있기 때문이다. 변화를 향해 도전하는 사람은 자신이 신으로부터 받은 무한한 잠재력을 믿는다. 자신의 과거를 긍정적으로 해석하며 행동으로 현재를 바꿔내며 도전으로 미래를 바꿔놓는다.

1970년 세계역도선수권대회에서는 500파운드(226.79kg)의 벽이 무너질지가 주된 관심사였다. 특히 우승 후보 알렉세예프가 이 기록을 깰지 숨죽여 지켜보았다. 알렉세예프는 마지막 시기에 안전을 선택했다. 499파운드(226.34kg)를 신청해 도전했고 성공했다. 500파운드는 여전히 인간의 한계로 남는 것처럼 보였다. 하지만 알렉세예프가 실제 들어 올린 무게는 501.5파운드(227.47kg)였다. 대회 운영진이 실수로 바벨을 잘못 끼운 것이다. 알렉세예프는 자신이 들 수 있는 능력을 갖췄음에도 한계를 의식해 시도하지 않았음이 드러났다. 만약 알렉세예프가 처음부터 501.5파운드라는 것을 알았다면 도전하지 않았을 것이다. 도전했다 하더라도 한계를 의식해 들지 못했을 가능성이 크다. 하지만 한계가 깨지자 그 후 한 해 동안 500파운드를 들어 올린 선수가 6명이나 더 나왔다.[49]

변화를 지향한다고 하면서도 여전히 울타리 안에서의 안전함을 좇는 사람이 있다. 하버드비즈니스스쿨 하워드 스티븐슨 교수는 이런 사람을 향해 트랙 안을 달리는 경주마가 아니라 넓은 초원을 내달리는 야생마가 되라고 조언한다. 경주마는 골인 지점만 보고 달린다. 그러나 야생마는 갈 곳이 어딘지, 피할 곳이 어딘지를 끊임없이 생각하며 때로는 천천히 달린다. 경주마는 달리기 위해 생각을 멈추지만, 야생마는 생각하기 위해 달리기를 멈춘다.[50]

인생과 사업은 정해진 경로를 달리기만 하면 되는 트랙이 아니다. 그러나 어떤 이들은 자신의 배경이나 자신이 속한 회사가 일종의 트랙이라고 느낀다. 정해진 규칙대로 고민할 필요 없이 달리기만 하면 된다고 여긴다. 좁은 세계에 자신을 가둬버린다. 트랙은 안전해 보인다. 하지만 진정한 성장을 가로막는다. 우리 앞에 험준하지만 넓은 세계가 펼쳐져 있다. 멀리 보고 때로는 깊이 생각하며 앞길을 살피며 달리는 야생마가 돼 아름다운 미지의 땅을 차지하는 진정한 변화와 성장을 일구자.

착함의 원리 IV

착한 리더로 섬기라

○─○─○

리더십은 섬김이다

가장 먼저 들어가서 가장 나중에 나온다

함께 맞서는 용기

너른 품을 가져라

리더는 촉진자다

사명감과 자긍심을 갖춘 명예로운 리더

리더는 인재를 키워낸다

LEADER의 요건

"이상적 리더는 이타적 윤리성을 갖춘 사람이다. 즉 착한 사람이다.
존중, 봉사, 정의, 정직, 공동체 윤리가 체화돼 있다.
인간의 존엄성과 가치를 바탕으로
사람들을 존중하고 그들에게 창의력을 발휘할 기회를 제공함으로써
사람들의 성장을 돕는다."_로버트 그린리프

직장 생활을 하고 승진해 임원이 되고 회사를 창업해 최고경영자가 되는
과정을 거쳐오면서 리더에게 진정으로 요구되는 게 무엇인지를 깨닫게 됐다.
그것은 더 큰 수고와 희생이다. 더 많은 섬김이다.

"솔선수범이 괴롭다고 싫증내거나 게을리하지 말라
子路問政 子曰 先之 勞之 請益 曰 無倦."_『논어』

"우리 중에 인물이 없는 것은 인물이 되려고 마음먹고 힘쓰는 사람이
없는 까닭이다. 인물이 없다고 한탄하는 그 사람 자신이
왜 인물 될 공부를 아니 하는가?"_도산 안창호

"경영자는 절대적인 책임을 지겠다는 심리적인 준비가 돼 있어야 한다.
가장 높은 위치에 있는 만큼 책임 또한 그의 발밑에 모두 놓여 있는 것이다.
이것은 예나 지금이나 변치 않는 도리이다."_마쓰시타 고노스케

이해하지 못하는 수많은 일 속에
신의 정한 바가 있음을 인정하고 따르는 것이
인간의 갈 길이 아니겠는가?
내 뜻대로 되지 않는다고 불평을 늘어놓기보다는
받아들이는 것이 훨씬 현명하다.

리더십은
섬김이다

누가 리더인가?

H. H.라는 사람이 구도求道를 목적으로 하는 비밀결사에 가입했다. 그리고 이 모임의 사람들과 함께 미지의 동방을 향한 여행길에 나섰다. 순례자들을 도와 허드렛일을 하기 위해 여러 명의 몸종도 동행했다. 그중에 레오라는 종은 눈에 띄는 사람이었다. 매우 다정하고 겸손하고 지혜로웠다. 여행을 위한 지식과 경험도 풍부했다. 하지만 자신이 종의 신분임을 잊지 않았다. 무거운 짐을 나르는 등 궂은일을 도맡아하며 늘 섬김의 자세를 유지했다. 가끔은 휘파람을 불며 고된 여정에 지친 이들의 마음을 상쾌하게 만들어주었다. 여행객들은 진심으로 그를 좋아했으며 한편으로는 의지했다. 개와 새 같은 동물까지 그를 따랐다.

레오가 있는 여행은 즐겁고 순조로웠다. 그러나 여행객들이 스위스와 이탈리아의 국경 사이 협곡을 지날 때 레오가 실종되고 말았다. 일행들은 레오를 찾기 위해 며칠씩 협곡을 헤매고 다녔지만 끝내 레오를 찾을 수 없었다. 레오의 실종은 단순히 하인 한 사람이 사라진 데 그치지 않았다. 모두가 레오의 부재를 안타까워했으며 심지어는 순례의 의미를 잃어버린 듯 보였다. 뒤치다꺼리하던 봉사자가 실은 여행을 이끄는 중요한 인물이었음을 깨달은 것이다. H. H.는 레오가 없는 순례길은 의미가 없다고 생각하고 외롭게 집으로 돌아온다.

H. H.는 레오 찾는 일을 포기하지 않았다. 몇 년 후 H. H.는 친지의 도움으로 애타게 그리워하던 레오를 다시 만나게 된다. 레오는 H. H.를 기억하지 못하는 듯 보였다. 얼마 후 레오는 종의 신분으로 H. H.를 찾아와 비밀결사의 최고지도자가 호출했음을 알리고 그를 안내한다. 그곳에서 H. H는 피고로 재판을 받는다. 동방순례에서의 무단이탈, 비밀결사의 존재를 누설한 것, 비밀결사의 상징인 반지를 잃어버린 것이 그의 죄목이었다. 비밀결사의 지도자들은 그를 신랄하게 비난했다. 그리고 재판의 끝에 최고지도자가 등장했다. 그는 뉘우치는 H. H.에게 다가와 잃어버린 반지를 다시 끼워주었다. 다시 비밀결사의 회원으로 받아들이는 결정을 한 것이다. 그런데 최고지도자는 다름 아닌 레오였다.

헤르만 헤세의 『동방순례』라는 소설의 스토리이다. 미천한 임무를 맡은 사람이 실제로는 리더이며 종의 신분으로 조직을 잘 이끈다는 내용은 리더십 연구자들에게 깊은 영감을 주었다. 로버트 그린리프

Robert K. Greenleaf가 이를 바탕으로 서번트 리더십Servant Leadership 이론을 개발했고 같은 제목의 책을 출판했다. 이 책은 전통적 리더십의 관점을 뒤바꾼 획기적인 저작으로 꼽힌다.

서번트 리더십

◦—◦

그린리프에 따르면, 이상적 리더는 이타적 윤리성을 갖춘 사람이다. 즉 착한 사람이다. 존중, 봉사, 정의, 정직, 공동체 윤리가 체화돼 있다. 인간의 존엄성과 가치를 바탕으로 사람들을 존중하고, 그들에게 창의력을 발휘할 기회를 제공함으로써 사람들의 성장을 돕는다.

서번트 리더는 자신의 이익을 좇지 않고 자신을 따르는 사람들의 관심과 필요에 집중한다. 그들을 어떻게 돌보고 이끌어야 하는지에 주의를 기울인다. 다른 사람의 욕구를 파악하고 이것을 충족시키기 위해 봉사하며 희생을 요구받는다. 이런 봉사와 희생이 권위와 영향력을 이룬다. 따라서 리더는 충성스러운 종의 자질을 갖춘 사람이어야 한다. 자신에게 부여된 권력을 최대한 적게 사용하며 통제를 줄인다. 그 대신 다른 사람이 원하는 것을 이루도록 돕고 떠받든다. 이렇게 함으로써 리더에 대한 자발적인 존경과 신뢰를 형성하고 조직을 이끈다.[51] 서번트 리더에게는 다음과 같은 10가지의 요건이 요구된다.

① 경청: 개인이나 집단의 의지를 명확히 알기 위해서 듣는 것은 매우 중요하다. 다수 구성원의 의견을 듣는 중에 문제의 핵심이나 대안

을 파악할 수 있다.

② 공감: 상대방의 처지에 서는 것이다. 리더는 구성원의 감정을 깊이 이해하고 이를 통해 그들에게 진정으로 필요한 것을 파악하고 공급하기 위해 애쓴다.

③ 치유: 지나친 업무로 인한 건강의 악화, 관계들의 악화 같은 상처로부터 오는 구성원들의 감정적인 아픔과 좌절감이 치유될 수 있도록 돕는다.

④ 인지: 리더는 다른 사람들보다 주변 환경에 대해 더 잘 알아야 하며 어떤 상황에서나 영향을 주는 요소들과 전체적인 상황을 잘 파악해야 한다.

⑤ 설득: 권위와 지시가 아닌 대화나 설득, 상대에 대한 존중을 통해 구성원들에게 다가간다. 그러면 구성원들은 하나의 공동체로서 결속을 다지고 주인의식을 갖고 자발적으로 업무에 참여할 수 있게 된다.

⑥ 비전 제시: 리더는 비전을 제시하고 그 비전을 분명한 목표와 연결해 제시할 수 있어야 한다.

⑦ 통찰력: 리더는 과거의 경험과 직관을 가지고 과거의 경험 유형을 현재에 투사해 미래의 결과를 예측할 수 있는 능력을 지녀야 한다.

⑧ 청지기 의식: 리더로서의 지위가 자신의 소유물이 아니며 위임받은 것임을 알고 겸손하면서도 성실하게 임한다.

⑨ 구성원의 성장: 구성원들에게 적절한 성장 기회를 제공하고 적

극적으로 지원함으로써 스스로 역량을 개발할 수 있도록 환경을 조성해줘야 한다.

⑩ 공동체 형성: 공동체는 구성원들이 자신이 하는 일의 의미를 알고 함께 공유하는 역동적인 시스템이다. 서로에 대한 깊은 이해와 유대 관계를 통해 이러한 협력 체계를 이뤄야 한다.[52]

리더는 섬기는 사람

그린리프의 서번트 리더십 이론은 헤르만 헤세의 『동방순례』가 모티브가 됐지만, 그 원형은 그보다 약 2,000년 앞서 소개됐다.

> 이방인의 집권자들이 그들을 임의로 주관하고 그 고관들이 그들에게 권세를 부리는 줄을 너희가 알거니와 너희 중에는 그렇지 않을지니 너희 중에 누구든지 크고자 하는 자는 너희를 섬기는 자가 되고 너희 중에 누구든지 으뜸이 되고자 하는 자는 모든 사람의 종이 되어야 하리라 인자가 온 것은 섬김을 받으려 함이 아니라 도리어 섬기려 하고 자기 목숨을 많은 사람의 대속물로 주려 함이니라 「마가복음」(10:42~45)

무력을 근거로 통치하고 힘을 과시하는 것이 통치의 방법이던 로마 제국. 그 지배 아래 있던 유대 땅에서 예수는 상식을 뛰어넘는 이야기를 한다. "권세를 부리지 마라. 리더라면 오히려 종의 모습으로

섬기라"고 요구한다. 자신도 섬기고 목숨까지 희생할 것이라고 약속
했다. 이것이 리더십의 핵심이었다.

누구나 대접받고 권력을 누리며 사람들을 자기 마음껏 부리는 것
을 좋아한다. 리더를 높은 자리에 앉아 수발을 받으며 편히 지내는
사람으로 오인하기도 한다. 하지만 착한 리더는 이런 권리를 기꺼이
포기한다. 리더라는 자리가 무엇을 요구하는지 정확히 알기 때문이
다. 리더는 높은 곳이 아니라 낮은 곳에 있다. 군림하고 통제하는 사
람이 아니라 보살피고 도와주며 봉사하는 사람이다.

> 그러나 너희는 랍비라 칭함을 받지 말라
>
> 너희 선생은 하나요 너희는 다 형제니라
>
> 땅에 있는 자를 아버지라 하지 말라
>
> 너희의 아버지는 한 분이시니 곧 하늘에 계신 이시니라
>
> 또한 지도자라 칭함을 받지 말라
>
> 너희의 지도자는 한 분이시니 곧 그리스도시니라
>
> 너희 중에 큰 자는
>
> 너희를 섬기는 자가 되어야 하리라
>
> 누구든지 자기를 높이는 자는 낮아지고
>
> 누구든지 자기를 낮추는 자는 높아지리라
>
> _「마태복음」(23:8~12)

랍비·아버지·지도자는 모두 권력자다. 진정한 리더의 모습은 권력

자로 나타나지 않는다. 오히려 종의 모습으로 실현된다. 권력을 스스로 내려놓고 낮은 자리로 갈 때 진정한 리더십이 실현된다.

미국의 시인 로버트 프로스트는 "하루에 8시간씩 열심히 일하라. 그러다 보면 승진하고 결국 사장이 돼 하루 12시간씩 일하게 될 것"이라고 했다. 직장에서의 성실한 노동을 비꼬는 뉘앙스가 느껴져 좋아하는 말은 아니지만, 진실을 담고 있다고 생각한다. 리더가 된다는 것의 숨은 의미를 정확히 간파했다. 그것은 남들보다 더 많이 일하는 것이다. 더 땀 흘리며 다른 사람을 섬겨야 하기 때문이다. 이것이 진정한 리더십이다.

직장 생활을 하고 승진해 임원이 되고, 회사를 창업해 최고경영자가 되는 과정을 거쳐오면서 리더에게 진정으로 요구되는 게 무엇인지를 깨닫게 됐다. 그것은 더 큰 수고와 희생이다. 더 많은 섬김이다. 그럼으로써 진정한 리더가 완성된다.

가장 먼저 들어가서
가장 나중에 나온다

내 뒤에는 아무도 남겨두지 않는다

○─○

베트남과의 전쟁을 결심한 미국은 전면전에 앞서 정찰과 작전 수립을 위해 공수부대를 탐색 부대로 파견해 헬기 공습 작전을 펼치고자 한다. 이 전투의 지휘관으로 무어 중령이 선발됐다. 그는 작전 지역을 검토하면서 이곳이 10여 년 전 프랑스군이 몰살했던 죽음의 협곡임을 알게 된다. 그리고 살아서 돌아올 수 없을지 모른다는 비장한 마음으로 아내에게 유서를 남기고 전장으로 떠난다. 그의 휘하에는 전투 경험이 전혀 없는 395명의 대대원이 있다. 무어의 대대는 아이드랑 계곡에 헬기 침투를 시작한다.

전투는 암울하게 전개됐다. 선발대는 안타깝게도 모두 목숨을 잃었다. 이 지역은 정보 판단으로 분석한 400명이 아니라 그 5배인

2,000명의 최정예 월맹군이 점령하고 있었다. 전투 과정에서 부대원들이 하나둘씩 총탄에 목숨을 잃고 부상자들은 고통으로 신음한다. 극심한 공포가 무어의 대대를 휘감았다.

월맹군은 총력전에 나설 기세로 미군들을 포위해 들어간다. 대대의 절반이 희생된 상태다. 이때 본부는 작전의 실패를 인정하고 무어 중령에게 혼자서라도 본대로 귀환하라는 명령을 내린다. 무어 중령은 부하들을 내버리고 혼자 도망치듯 전장을 떠날 수 없다며 진내 사격陣內射擊인 브로큰 애로우Broken Arrow를 요청한다. 이에 따라 미 공군의 어마어마한 폭격이 쏟아지고 월맹군이 주춤한다. 그리고 무어의 부대는 최후의 반격을 가한다.

72시간의 목숨을 건 전투가 끝나고 마지막 헬기가 작전 지역을 떠나는 순간에 대대장인 무어가 최종적으로 헬기에 오른다. 이때 조종사는 대대장에게 "누구도 남겨진 자가 없다"고 보고한다. 무어 중령은 전투를 나서기 전 부하들에게 했던 약속을 지켰다. "전투 지역에서 나는 가장 먼저 내릴 것이고, 가장 나중에 떠날 것이다. 너희들이 살았든 죽었든 내 뒤에는 아무도 남겨두지 않을 것이다."

멜 깁슨이 주연을 맡은 〈위 워 솔저스〉라는 영화 내용이다. 이 영화는 주인공 할 무어가 전역 후에 자신의 경험을 바탕으로 종군기자였던 조셉 갤러웨이와 함께 쓴 『우리는 한때 군인이었다… 그것도 젊은 We Were Soldiers Once… And Young』을 원작으로 하고 있다. 할 무어는 나중에 한국에 주둔했던 미 7사단장을 역임했고 중장으로 전역해 2017년 94세의 나이로 사망했다.

리더는 생명을 책임지는 자리

최고의 리더십이 요구되는 곳이 전시의 군대다. 리더는 구성원들의 생명을 다룬다. 때로는 부하들이 극심한 공포와 스트레스, 고통을 겪는 것을 보면서 그들을 죽을 자리로 내보내며 죽음을 요구해야 한다.

영화의 실제 인물인 할 무어 역시 탁월한 리더십을 지니고 있었다. 상상력과 과장이 가미된 부분이 있겠지만, 죽어서라도 부하들과 함께 돌아갈 것이라는 책임감을 지니고 있었다. 또한 가장 먼저 침투하고 가장 나중에 떠날 것이며, 자신의 뒤에는 아무도 홀로 두지 않겠다는 솔선수범의 정신이 있었다.

그는 총탄이 쏟아지는 전장의 다급함 속에서도 현명한 판단을 하기 위해 냉철함을 유지했다. 그가 공포에 빠지고 마음이 흔들리며 심리적 안정을 잃는다면 부하들의 목숨을 장담할 수 없고 부여받은 임무를 수행하는 게 불가능해지기 때문이다.

무어는 전투를 지휘하며 항상 3가지 질문을 했다고 한다. "첫째, 현재 일어나고 있는 일은 무엇인가? 둘째, 현재 일어나고 있지 않은 일은 무엇인가? 셋째, 나는 여기에 어떤 영향을 미칠 수 있는가?" 이 단순한 질문들은 자신의 환경을 둘러보고 처한 상황을 고려하고 최선의 방법을 결정하는 전략적 리더십의 핵심을 보여준다. 현재 일어나지 않은 일을 고려하는 것은 탁월한 안목이다. 좀 더 많은 기회를 볼수 있었을 뿐 아니라 선택의 폭을 열어두는 현명함이 있었다. 그 결과 다음에 일어날 일과 그렇지 않은 일을 예상할 수 있었던 것이다.[53]

할 무어 중령처럼 솔선수범하며 막중한 책임을 기꺼이 감당하는 지혜로운 리더에게 부하들은 기꺼이 자기 목숨을 맡긴다.

솔선수범, 리더의 최고 덕목

탁월한 리더는 자신을 따르는 사람을 끝까지 책임진다. 그들에게 리더가 마지막까지 자신을 버리지 않을 것이며 자신을 위해 가장 좋은 결정을 할 것이라는 믿음을 준다. 이런 리더가 이끄는 조직은 신뢰와 협력을 바탕으로 한 끈끈한 공동체를 이룬다.

리더가 구성원의 신뢰를 얻는 방법은 솔선수범率先垂範이다. '남보다 앞장서 지킴으로써 모범을 세움'이라는 뜻이다. 대대장 무어가 그랬듯 먼저 나아가고 가장 늦게 후퇴하는 태도다. 직장인들이 솔선수범하는 리더를 가장 좋아하며 그들의 업무 성과도 높다고 여긴다는 설문 조사결과도 나와 있다.[54]

솔선수범은 동양 리더십의 기초를 이룬다. 『논어』「자로子路」편을 보면 공자의 제자 자로가 스승에게 정치에 대해 묻는 장면이 나온다. 공자는 "먼저 백성에게 모범을 보이고 그들을 위로해야 한다"고 말했다. "자로가 더 가르쳐달라고 청하자 솔선수범이 괴롭다고 싫증 내거나 게을리하지 말라子路問政 子曰 先之 勞之 請益 曰 無倦"고 했다. 리더십의 요체가 꾸준히 솔선수범하는 것임을 일깨우는 가르침이라 할 수 있다.

중국 주나라 태공망과 황석공의 저술로 알려진『육도삼략』에는 솔 선수범의 전형적인 모습이 묘사돼 있다.

장수는 병사들이 자리에 앉기 전에 앉지 말고, 식사하기 전에 식사하지 말라. 샘을 다 파기 전에 목마르다고 하지 말며, 막사가 준비되기 전에 피 로하다고 하지 말 것이며, 밥 짓기가 다 되기 전에 배고프다고 말하지 않 는다. 병사들의 막사에 불이 켜지기 전에 장수는 자기 막사에 불을 먼저 켜지 말라. 또한 장수는 겨울에 외투를 입지 않고, 여름에 부채를 쓰지 않 으며, 비 올 때도 우의를 입지 않는다. 그러할 때 병사는 죽도록 장수를 따 른다.

최근 A+에셋의 사내 발표회 자리에서 감동적인 이야기를 들었다. A+에셋은 '착한 보험 119'를 콘셉트로 인포모셜 광고를 진행하고 있 다. 이 광고를 본 많은 고객이 여러 가지 문의를 해온다. 그분들 중에 는 대응하기에 매우 민감하고 까다로운 처지에 계신 분들이 많다. 이 런 상담은 대개 경험이 많은 임원급 TFA에게 맡겨진다. 사실 실적과 수입이 좋은 TFA 입장에서는 이런 일이 달가울 리 없다. 시간과 노 력이 많이 들고 고생스러운데 그만한 성과는 나지 않는다. 그 시간에 다른 영업을 하는 게 더 효과적일지도 모른다. 그런데도 많은 임원급 TFA들이 이 일에 헌신적인 모습을 보였다. 이것은 현장에서 솔선수 범하는 리더의 모습으로 귀감이 된다.

발표자는 A+에셋에서 가장 높은 수준의 실적을 올리는 TFA였다.

그녀는 아파트 경비원이 직업인 70세 독거 남성을 상담했다. 이분은 당시 월수입이 100만 원도 되지 않는데 월 68만 원이나 되는 보험을 들고 있었다. 대부분이 케이블 TV 방송 광고를 보고 가입한 계약이었다. 여러 건을 중복해 가입한 상태라 보장도 효율적이지 않았다. 자세히 살펴보니 이상한 점도 눈에 띄었다. 이분은 9년 전 암 병력이 있는데도 암 보험에 가입하고 있었다. 자세히 알아보니 '암'이 '염증'으로 잘못 기록돼 있었다. 이 상황에서는 보험료를 계속 내더라도 나중에 보험금을 받을 수 없을 가능성이 크다. 그래서 조정 끝에 이미 낸 보험료를 되돌려 받는 방식으로 잘못 가입된 보험 계약을 해지했다. 그 결과 납입 금액 260만 원을 돌려받을 수 있었다. 그리고 큰 의미 없이 허비되는 보험도 정리했다.

이분은 필요 없는 보험을 절반 이상 해약해 생계를 짓누르는 무거운 보험료 부담을 줄였고 목돈도 생겨서 그녀를 은인처럼 여기게 됐다. 그런데 그녀는 어려운 상담 과정에서 한 건의 계약도 올리지 못했다. 정말 열심히 했는데도 말이다.

그다음에 이어진 이야기는 내 마음에 깊은 울림을 주었다. 이분의 소식을 전해 들은 비슷한 처지의 동료와 친구들이 이 TFA를 찾아왔다. 그래도 그녀는 전혀 번거롭게 느끼지 않았고 성실하게 대했다. 심지어는 동료 경비원들을 상담할 수 있도록 소개해달라고 부탁하기까지 했다. 지식과 정보가 부족해서 보험에 잘못 가입하고 고생하는 분들에게 상담을 해주는 것을 자신이 높은 소득을 올리는 것 못지않게 중요하다고 느꼈다고 한다. 모인 사람 모두가 그녀의 솔선수범한 이야기에 아낌없는 박수를 보내며 눈시울을 적셨다. 그녀가 발표 마지막에 한 말은 가슴속에 또렷하게 남아 있다.

저는 연봉이 4억 원이 넘습니다. 이만하면 소득이 적은 게 아니죠. 하지만 그럴수록 더욱더 큰 책임감을 느낍니다. 저는 더 나은 컨설팅을 통해 어려운 처지에 놓인 사람에게 봉사할 수 있는 나의 직업이 최고라고 생각합니다.

"조직에 믿고 일을 맡길 만한 사람이 없다"고 불평하는 리더들이 더러 있다. 이들은 스스로 비난하고 있는 셈이다. 자신이 앞장서 나가지 않았기에 조직이 움직이지 않는 것이다.

도산 안창호 선생은 "우리 중에 인물이 없는 것은 인물이 되려고 마음먹고 힘쓰는 사람이 없는 까닭이다. 인물이 없다고 한탄하는 그 사람 자신이 왜 인물 될 공부를 아니 하는가"라고 말했다. 또한 "자기의 몸과 집을 자신이 다스리지 않으면 대신 다스려줄 사람이 없듯이 자기의 국가와 자신의 민족을 자신이 구하지 않으면 구해줄 사람이 없다는 것을 아는 것이 바로 책임감이요, 주인 관념이다"라고 강조했다.

자신도 하지 못 하는 일을 남에게 요구할 수 없다. 조직에 인재가 없다고 불평하기보다는 자신이 먼저 인재가 되는 사람만이 리더의 자격이 있다. 이들은 가장 앞장서서 실천한다. 그럼으로써 구성원들이 무엇을 해야 할지를 선명하게 보여준다. 리더는 큰 것을 약속하기에 앞서 작은 것부터 행동으로 증명해 보이는 사람이다.

함께 맞서는
용기

나는 네 편이다

제키 로빈슨은 메이저리그 최초의 흑인 선수다. 그가 메이저리그에 정식 데뷔한 1947년 당시는 미국의 인종차별과 편견이 극에 달했던 시기이다. 제키 로빈슨은 어떤 운동선수도 경험하지 못한 최악의 처우를 견뎠다. 살해 위협, 인종차별의 욕설, 날아다니는 신발, 증오심을 드러낸 편지, 머리 위로 빈볼을 던지는 투수들, 그의 운동화에 침을 뱉는 포수들, 호텔에서의 투숙 거절 등. 그는 편견과 위협에 맞서며 자신의 길을 걸었다.

로빈슨은 데뷔 첫해 내셔널리그 신인상을 받았고 2년 후에는 메이저리그 MVP에 선정됐다. 그의 10년 선수 생활 동안 다저스는 여섯 차례 페넌트레이스 우승과 한 차례의 월드시리즈 우승을 차지했다.

제키 로빈슨은 팀의 수훈 선수였을 뿐 아니라 스포츠를 넘어 미국의 인종차별에 변화를 불러일으킨 중요한 인물이 됐다. 그는 사악한 눈초리들과 증오심에 결코 굴복하지 않았으며 당당히 맞섰다. 그러면서도 자제력을 발휘해 험난한 갈등의 와중에서도 사고를 일으키지 않았다. 그의 이러한 위대함에는 한 동료의 용기 있는 도움이 한 자리를 차지한다.

1947년 5월 14일은 역사적 날이다. 로빈슨이 등 번호 42번의 브루클린 유니폼을 입고 첫 출전했다. 다저스는 신시내티 레즈와의 원정 경기에 나섰는데, 크로스리필드 구장 관중석에서는 엄청난 야유가 쏟아졌다. 관중은 다 함께 "니그로"를 외쳤고 조롱하는 욕설을 퍼부었다. 경기장 안에는 적개심이 가득해서 폭발 일보 직전의 상황으로 치닫고 있었다. 뭔가 사고가 일어날 태세였다.

바로 그때였다. 당시 29살의 피 위 리즈가 자신의 포지션인 유격수 자리를 떠나 천천히 다이아몬드를 가로질러 1루의 로빈슨을 향해 걸어갔다. 그는 1루에 도착하자 글러브를 벗어 떨어뜨리고는 천천히, 그리고 의도적으로 로빈슨을 감싸 안았다. 살기등등한 팬들의 눈앞에서 남부 출신의 백인 리즈가 흑인 로빈슨을 포옹한 것이다. 로빈슨과 가볍게 웃음을 주고받은 리즈는 외야석을 바라보았다. 리즈가 뜨거운 동료애와 화합을 표현한, 그리고 집단적인 불의에 용기 있게 저항한 그 순간은 로빈슨의 메이저리그 입성의 전환점이 된 중요한 사건이었다. 그리고 인종차별주의자들에게 맞서지 못했던 비겁한 사람들에게 경종을 울렸다.

리즈에게 관중의 집단적인 위협은 두려움거리가 되지 않았다. 그는 진정으로 용기 있고 품위 있는 사람이었다. 사악한 인종차별주의 자들과 불의에 침묵하는 비굴한 사람들, 집단적 목소리에 자신의 편견 을 함께 실어 보내는 사람들의 무섭고 거대한 벽 앞에 한 흑인 선수 가 외롭게 맞서고 있을 때 그 곁을 한 백인 선수가 함께했다.

피 위 리즈는 팀의 중심 선수로 뛰어난 활약을 했다. 여덟 차례 올 스타에 선정됐고 1955년 월드시리즈 우승의 견인차 역할을 했다. 그 리고 1984년 명예의 전당에 헌액됐다.[55]

피 위 리즈는 위대한 리더십의 한 전형을 보여준다. 그것은 거대한 불의와 억압에 함께 맞서는 뜨거운 동료애와 용기이다. 리즈는 코치 나 감독이 아니었지만, 로빈슨을 위로하고 안정시키며 용기와 열정을 끌어내는 힘을 보여주었다. 심지어는 비겁한 군중까지 압도했다. 불안 과 공포에 흔들리며 자칫 힘을 잃을 수도 있는 동료에게 '너는 혼자 가 아니다. 내가 함께 싸우겠다'는 메시지를 거대하고 사악한 적들 앞 에서 공공연히 전달한 것이다. 이렇듯 차원 높은 리더십은 끈끈한 애 정과 신뢰를 형성함으로써 구성원들이 외로움과 두려움을 느끼지 않 도록 무한한 용기를 제공한다.

끝까지 함께한다

리더는 끝까지 함께하는 사람이다. 양을 치는 목자는 사나운 맹수가 덮쳐도 양 떼를 떠나지 않는다. 목숨을 걸고 맞서 싸운다. 혼자 살려고 도망하는 이는 목자가 아니라 삯꾼이다.

항공기와 배를 책임지는 사람과 승무원도 마찬가지다. 사고가 나면 끝까지 승객과 함께한다. 최후의 승객이 탈출한 이후에 그들도 탈출해야 한다. 이런 사람들에게만 비행기와 배를 맡길 수 있으며 승객의 안전을 의탁할 수 있다. 그렇지 못한 리더가 책임을 맡으면 불행하고 비참한 일이 생긴다. 우리는 이미 그런 뼈아픈 경험이 있지 않은가.

영국인들은 항해 중에 재난을 당할 때면 당황하지 않고 옆 사람에게 차분한 어조의 귓속말로 이렇게 속삭인다고 한다. "버큰헤드호를 기억합시다Remember the Birkenhead." 이 오래된 전통은 해양 국가 영국에서 수많은 사람이 생명을 건지는 데 큰 도움을 주었는데, 1852년 버큰헤드호 침몰 사건에서 비롯됐다.

1852년, 영국 해군의 대형 수송선 버큰헤드호가 해군들과 가족들을 싣고 남아프리카를 향해 항해 중이었다. 승객은 모두 630명. 그중 130명이 여성과 아이들이었다. 칠흑같이 어두운 새벽 2시 무렵, 이 배는 케이프타운에서 약 65km 떨어진 해상에서 바위에 부딪혀 좌초했다. 배는 반 토막이 난데다 거센 풍랑이 일었다. 시간이 흐를수록 물속으로 가라앉기 시작했다. 더구나 이 해역은 식인 상어가 들끓는 곳이었다. 죽음의 어두운 그림자가 버큰헤드호에 내려앉았다. 결단이 필요한 시점이었다. 그런데 배에 있는 구명정은 모두 3척. 정원은 1척당 60명이었다. 다 합해도 180명 정도만 구조될 수 있었다.

함장인 시드니 세튼 대령은 굳은 얼굴이었지만 동요하지 않는 차분한 표정이었다. 그는 전 함선의 전 장병을 갑판 위에 집합시켰다. 수백 명의 해군은 마치 아무 일도 일어나지 않은 듯 절도 있고 일사불란하게 움직였다. 그리고 열을 정돈하고 부동자세를 취했다. 그동안 한쪽 편에서는 횃불을 밝히고 여성과 아이들을 3척의 구명정에 나눠 싣고 하선시켰다. 마지막 구명정이 그 배를 떠날 때까지 군인들은 의연한 모습으로 갑판 위를 지켰다. 구명정에 옮겨 탄 여성과 아이들은 갑판 위에서 의연히 죽음을 맞이하는 군인들을 바라보며 흐느껴 울었다. 버큰헤드호는 큰 파도에 휩쓸려 완전히 침몰했다. 군인들도 모두 물속에 잠겼다.

그날 오후 구조선이 도착했고, 살아남은 사람들을 구출했다. 하지만 이미 436명이 목숨을 잃은 후였다. 함장 세튼 대령 역시 숨졌다. 군인 중 구사일생으로 살아남은 이도 있었다. 그중 한 사람인 존 우라이트 대위는 "모든 장병은 의연했다. 누구나 명령대로 움직였고 불평 한마디 하지 않았다. 그 명령이라는 것이 곧 죽음을 의미하는 것임을 모두 잘 알면서도 말이다"라고 말했다.[56]

'어린이와 여성 먼저'라는 전통이 1852년의 버큰헤드호에서 시작된 것이라 한다. 버큰헤드호에서 산화한 군인들의 모습에서 리더십의 진면목을 발견할 수 있다. 그것은 어려울 때 끝까지 함께하는 것이다. 최후까지 자신에게 의지하는 사람들에게 책임을 다하는 것이다. 이 책임이 목숨을 잃는 것이라 해도 마다하지 않아야 한다.

마쓰시타 고노스케는 "경영자는 절대적인 책임을 지겠다는 심리적인 준비가 돼 있어야 한다. 직원이 100명이든 또는 1,000명이든

2만 명이든 경영자 한 사람이 모두 책임을 져야 한다. 가장 높은 위치에 있는 만큼 책임 또한 그의 발밑에 모두 놓여 있는 것이다. 이것은 예나 지금이나 변치 않는 도리다"라고 말했다. 자리가 클수록 리더의 책임은 더욱 중한 것이다.

위기에 빠졌을 때, 자기 혼자 살겠다고 부하와 동료를 내팽개치고 도망가는 상관을 믿고 따를 사람이 있겠는가. 동료나 부하가 외로운 사투를 벌이고 있는데 자기 한 몸의 편안함을 좇는 이가 조직을 이끌 수 있겠는가. 리더십은 어려울 때 그리고 위급한 순간에 빛을 발한다. 자신을 희생해가며 함께 맞서는 용기 속에서 실현된다.

너른 품을
가져라

내 뜻대로 안 된다

나이가 들어가면서 점점 더 또렷해지는 깨달음이 한 가지 있다. 세상일이 내 뜻대로 흘러가지 않는다는 것이다. 돌이켜보면 내 뜻대로 안 풀리는 것투성이였다. 그런데도 선한 방향으로 흘러온 것이 신비롭기만 하다.

A. W. 토저의 『하나님의 길에 우연은 없다』를 읽었는데, 인간의 경륜으로는 헤아릴 수 없는 신의 섭리와 그에 대한 순종의 가치에 대해 깊이 생각하게 됐다. 나의 사고방식과 도덕관념, 생활방식, 계획은 모두 신의 뜻을 떠나서 존재할 수 없다. 그분의 숨겨진 섭리의 은밀한 각본을 읽을 수 없으며 최종 목적 또한 알 수 없다. 이해하지 못하는 수많은 일 속에 신의 정한 바가 있음을 인정하고 따르는 것이 인간의

갈 길이 아니겠는가. 내 뜻대로 되지 않는다고 불평을 늘어놓기보다 받아들이는 게 훨씬 더 현명하다.

'세상이 내 뜻대로 안 되는 게 정상이다.' 이렇게 생각하세요. 그러면 내 뜻대로 안 돼도 괴롭지가 않을 겁니다. 괴롭지 않은 상태에서 내 뜻대로 하고 싶으면 계속 노력하면 언젠가는 이룰 수 있습니다. 다만 그렇게 할 뿐이지요. 여기 멋있는 남자가 있어서 열 여자가 다 이 남자하고 결혼하고 싶어 합니다. 그런데 이 열 여자가 바라는 대로 되려면 어떻게 돼야 할까요? 또 대통령 선거에 서른 명이 후보로 나서서 저마다 대통령이 되고 싶다고 했을 때 모두 원하는 대로 대통령이 된다면 세상이 어떻게 될까요? 나라가 망하겠지요. 여러분 모두 일은 조금 해도 돈은 많이 벌어서 마음껏 쓰면서 살고 싶지 않나요? 만약 모두의 뜻대로 된다면 세상은 뒤죽박죽이 되겠지요. 또 한국에 사는 부모라면 누구나 자기 자식을 서울대학교에 보내고 싶어 하지 않나요? 그게 모두 이뤄진다면 서울대학교는 어찌 되고 나머지 대학들은 또 어찌 될까요? 그러니까 세상이 제 뜻대로 되면 안 됩니다. 제 뜻대로 안 되니까 세상이 이만큼이라도 굴러가는 것입니다.

법륜 스님의『즉문즉설』중 공감이 가는 내용이 있어 옮겨보았다. 그렇다. 세상사는 내 뜻대로 안 되는 게 정상이고 그게 올바르다.

내 마음대로 안 되는 것 중 최고가 사람이다. 사람이야말로 정말 내 뜻대로 안 된다. 내가 낳아 기른 자식들조차 뜻대로 안 되는데 하물며 직장을 매개로 만난 사람들이 내 뜻대로 될 도리가 없다. 이 중요한 사실을 인정해야 한다.

공산주의자들의 의식화 목표는 '자기 복제'다. 강력한 이념으로 무장한 엘리트들이 자기와 똑같이 생각하고 똑같이 움직이는 사람을 찍어내듯 만들어낼 수 있다고 믿는다. 하지만 이런 시도가 불가능함을 역사가 증명하고 있다.

도산 안창호 선생은 "성격이 모두 나와 같아지기를 바라지 말라. 매끈한 돌이나 거친 돌이나 제각기 쓸모가 있는 법이다. 남의 성격이 내 성격과 같아지기를 바라는 것은 어리석은 생각이다"라고 역설했다. 리더의 지위에 있다고 해서 구성원들을 내 뜻에 맞춰 재단하려 해서는 안 된다. 그들의 고유성을 인정하고 제각각의 욕구를 이해하고 그것에 진심으로 공감하며 받아들이고 그것을 지원해야 한다.

리더의 포용력

삼성의 반도체 사업 신화를 이끌었던 권오현 삼성전자 회장은 『초격차』라는 책에서 조직에서 쫓아내야 할 4가지 유형의 사람을 들었다. 첫째, 남의 말을 경청하지 않는 사람, 둘째, 겸손하지 않고 무례한 사람, 셋째, 매사에 소극적이고 부정적인 사람, 넷째, 뒤에서 딴소리하는 사람이다. 소통과 포용력이 부족하며 실천력이 떨어지고 속이 좁은 리더들이 이런 모습을 보이곤 한다.

이런 작은 그릇과 대비되며 위대한 리더십의 모범으로 추앙받는 대표 인물로 에이브러햄 링컨이 있다. 그는 '노예 해방'과 '미국 연방의 유지'라는 가치 있는 목적worthy object을 이루기 위해 전쟁을 불사한 강직하고 비타협적인 사람이었지만, 사람을 대하는 데에서는 놀라운 포용력을 보여주었다. 이런 포용의 리더십 속에서 노예 해방이라는 성취가 이뤄지고 미국 민주주의 역사가 새로운 장을 열었다.

링컨은 그와 정치적으로 대립했던 반대쪽 사람을 기용하기를 주저하지 않았다. 링컨은 말 그대로 탕평 내각을 구성했는데, 역사학자 도리스 굿윈은 그것을 '경쟁자들의 팀Team of Rivals'이라 표현했다. 에드윈 스탠턴을 국방장관에 임명한 것은 실감 나는 사례다. 스탠턴은 링컨이 변호사를 하던 시절부터 '고릴라' 운운하며 비아냥거리던 인물이다. 중요한 선거 때마다 대립했으며 "링컨이 대통령이 되는 것은 국가적 재난"이라며 모욕적 언사를 서슴지 않았다. 그런 사람조차 끌어안았다. 스탠턴은 링컨 행정부의 유능한 참모이자 진심을 나누는 친구가 됐다. 그는 후일 링컨을 "완벽하게 인간을 다스렸던 사람"이라고 회고했다.

링컨은 인간적 약점도 너그럽게 받아들였다. 그는 남북전쟁을 승리로 이끌기 위해 율리시스 그랜트를 북군 총사령관으로 임명했다. 이러한 결정은 주위의 반발을 일으켰다. 그랜트는 용맹한 장군이었지만 술을 너무 좋아한다는 단점이 있었다. 하지만 링컨은 알코올 문제로 퇴역한 장군을 최고 지휘관에 임명했으며 그의 약점에 대해 한 번도 비난하지 않았다. 링컨은 농담 삼아 이렇게 말하곤 했다. "그랜트 장군이 좋아하는 술이 무엇인지 알면 다른 장군들에게도 한 통씩 보내줄 텐데."

사람을 굴복시켜서 압도한다는 생각은 위험하다. 리더십은 이기고 지는 게임이 아니다. 지배하고 굴복하는 권력 쟁탈전 또한 아니다. 서로 존중하고 협력을 이뤄야 한다.

구타가 사라진 요즘 군대가 "너무 빠졌다"고 걱정하는 사람이 더러 있다. 이들은 구타와 폭언 같은 강력한 억압을 통해 조직의 기강과 전투력이 살아날 수 있다고 믿는다. 적어도 군대에서는 이런 논리가 통한다고 주장한다. 하지만 무력을 매개로 존재하는 집단인 군대에서도 이런 리더십은 통하지 않는다.

국내의 한 장군이 자신이 지휘하는 부대에서 사병 간에 서로 존댓말을 쓸 것을 지침으로 삼았다. 내외부에서 반대의 목소리가 들끓었다. 군의 기강이 무너진다는 이유였다. 하지만 결과는 달랐다. 부대의 사고 발생 비율은 급격히 낮아졌으며 전투 능력 평가는 놀랍게 향상됐다. 병사들도 크게 어색해하지 않았다.[57]

진정한 리더십은 지배가 아니라 포용을 통해 이뤄진다. 링컨이 보여주었듯이 포용은 적도 친구로 만든다. 인간관계에서 적을 없애는 효과적인 방법은 적을 죽이는 것이 아니라 적을 친구로 만드는 것이다.

죽음을 넘어서는 너른 마음

◦—◦

2017년 9월 강원도 철원군에 근무하는 한 병사가 인근 사격장에서 날아온 유탄을 직격으로 맞고 사망한 사건이 일어났다. 사격장과 사격 훈련 안전 관리를 부실하게 해서 일어난 안타까운 인재人災였다. 이런 경우 유가족은 해당 부대나 지휘관, 유탄을 쏜 병사에게 책임을 묻고 배상을 요구하는 게 마땅할 것 같다. 그런데 사망한 병사의 아버지는 언론과의 인터뷰를 통해 "조사 결과 빗나간 탄환을 어느 병사가 쐈는지는 드러나더라도 알고 싶지도 않고, 알려주지도 말라"고 말했다. 그는 "누군지 알게 되면 원망하게 될 것이고, 그 병사 또한 얼마나 큰 자책감과 부담을 느낄지 알기 때문"이라고 한다. 자식을 잃은 아픔 속에서도 너른 품으로 감싸 안음으로써 또 다른 불행을 막는 용서의 위대한 힘을 보여준다.

공군 조종사인 오충현 중령은 2010년 3월 전투기를 갓 몰기 시작한 후배를 앞 조종석에 태우고 비행 훈련을 하다가 비행기가 추락해 순직했다. 장례와 보상 절차가 논의될 즈음, 유가족은 오 중령이 1992년 순직한 동료의 장례식에 다녀온 후 쓴 일기를 공개했다. 거기에는 마치 18년 후 닥칠 일을 알고 있었던 것처럼 자신의 사후 가족의 자세에 대해 당부하는 내용이 있었다. 고인의 유언과도 같았다. "내가 죽으면 우리 가족은 내 죽음을 자랑스럽게 생각하고 담담하고 절제된 행동을 했으면 좋겠다"고 썼고 "나로 인해 조국의 재산과 군의 사기가 실추됐음을 깊이 사과할 줄 알아야겠다"고 덧붙였다. 그의 너른 마음은 많은 사람을 감동시켰고 공군은 물론 모든 군인의 본보기가 되고 있다.[58]

배려하고 소통하라

배려는 '다른 사람을 도와주거나 보살펴주려고 마음을 쓰는 것'이다. 착한 사람의 대표 속성이기도 하다. 여기서 중요한 점은 자기 소견에 좋은 대로 하지 않고 상대방 처지를 고려해 바람직한 행동을 해야 한다는 것이다.

'소와 사자 부부' 이야기는 잘 알려져 있다. 소와 사자가 서로 사랑했는데 사자는 매일 자신이 가장 좋아하는 맛있는 살코기를 소에게 대접했고, 소 역시 자신이 가장 좋아하는 신선한 풀을 뜯어 사자에게 매일 가져다주었다. 서로 서운함을 느낀 소와 사자는 결국 헤어지고 말았다는 내용이다. 상대방을 자기 시선에 가둬놓고 자신은 최선을 다했다고 생각하는 태도는 배려가 아니다. 그의 상황에 공감하고 그가 진정으로 원하는 게 무엇일지 헤아리는 지혜가 필요하다.

소통 역시 상대방 입장에 서야 원활하게 이뤄질 수 있다. 소통하는 방식은 서로 차이가 있다. 남녀 차이가 특히 크다. 하루는 아내가 남편에게 이렇게 말했다. "길 건너에 초밥집이 생겼는데. 괜찮아 보이더라." 남편은 "어, 그래" 하고 무심코 대답했다. 다음날 아내는 남편에게 "길 건너 초밥집 있잖아. 지나가면서 봤는데 장사가 잘되더라. 사람이 바글바글해." 남편은 역시 "어, 그래"라고 받아넘겼다. 다음날 아내가 또 말했다. "내 친구 혜숙이 있잖아. 개가 길 건너 초밥집에 가봤는데, 엄청나게 맛있다고 하네." 그래도 남편은 "어, 그래"라고 받아넘기고 말았다. 이 부부는 그날 밤 다른 사소한 이유로 심하게 다투었다. 조금만 관심을 기울였다면 남편이 아내가 초밥을 함께 먹고 싶어 한다는 사실을 알아차릴 수 있었을 것이다. 상대의 처지에 깊은 관심을 두지 않는 대화는 겉돌기 마련이며 이때 소통은 이뤄지지 않는다.

상대를 존중하고 그의 처지를 이해할 때 소통이 이뤄지고 의견의 조율에 이를 수 있다. 대학교수가 강의 시간에 맞춰 길을 나섰다. 시간은 급한데 도로가 꽉 막혀 있다. 왕복 2차선 도로에서 고장 난 트럭 한 대가 차선을 가로막고 있었으며 나머지 차선에는 양 차선의 차들이 서로 대치하면서 비킬 생각을 하지 않았다. 교수는 차에서 내려 가장 앞에서 반대편 차들을 막고 경적을 울려대는 택시로 다가갔다. 그리고 기사에게 다소 강압적인 어투로 말했다. "꼭 그렇게까지 해야겠습니까?" 그러자 기사는 몹시 못마땅한 얼굴로 교수를 노려보았다. 교수는 자신이 실수를 저질렀다는 사실을 깨달았다. 상대방의 기분을 상하게 한 것은 잘못이었다. 그는 나긋나긋한 말투로 계면쩍게 웃으며 말했다. "그러니까 제 말은⋯. 조금만 양보해주시면 좋을 것 같아서 하는 얘기입니다." 하지만 택시 기사는 여전히 꿈쩍하지 않았다. 그것만으로는 충분하지 않았던 것이다. 교수는 그를 최대한 존중하는 말을 찾아야 한다는 결론을 내렸고 정말 간절한 눈빛으로 진심을 담아 말했다. "아무래도 운전을 가장 전문적으로 할 줄 아는 분이 먼저 길을 열어주셔야 할 것 같습니다." 택시 기사는 그제야 어깨를 으쓱하더니 차를 뺐다.[59]

나는 소통에 서툴렀던 뼈아픈 기억이 하나 있다. 삼성생명 기획

팀장을 맡고 있던 2001년의 일이다. 대표이사 주재로 회사 전 임원 60여 명이 회의를 했다. 회의에 앞서 기획팀 부장이 "회의 때는 모두 휴대폰을 꺼주십시오"라고 말했다.

나는 이 요구에 거부감이 들었다. 중요한 임무를 맡은 임원들은 사내 설계사들이나 직원들로서는 조율하지 못하는 긴급한 업무가 있을 수도 있고 중요한 고객과의 연락이 잦을 터이다. 그런데 고객과의 소통을 적어도 1~2시간 완전히 단절시킨다는 것은 고객에 대한 무례가 아닐까 하는 생각이 들었다. 더욱이 그 회의실 벽에는 "고객은 왕이다"라는 현수막이 걸려 있었다.

지금도 그때 내 생각이 옳다고 믿는다. 우리 회사에서는 임직원들이나 설계사들이 최고경영자인 나와 회의할 때도 거리낌 없이 고객 전화를 받곤 한다. 사장보다 고객이 우선이기 때문이다. 하지만 내 생각을 전달하는 소통에는 미숙했다. 나는 대뜸 대표이사께 따지듯 질문했다. "사장이 높습니까, 고객이 높습니까?" 내색하지는 않았지만, 대표이사님은 매우 불쾌하셨을 터이다.

회의를 마친 후 직접 뵙고 "회의 중 고객과의 긴급한 통화를 원천적으로 막는 것은 우리 회사의 서비스 정신에 맞지 않으니 이 관행을 바꾸는 것을 검토해주십시오"라고 정중하게 제안했더라면 훨씬 더 효과적이지 않았을까?

소통 역량이 부족하면 합리적이고 정당한 제안이나 지시를 무력하게 만들 수도 있다. 그 사람을 최대한 존중하고 배려하며 그의 머릿속을 그려보는 것. 그것이 바로 소통의 기술이다.

리 더 는
촉 진 자 다

창조의 견인차

라면은 묘한 중독성이 있는 음식이다. 다른 국수 종류 음식과 차별되는 특유의 감칠맛이 있다. 이 라면 맛을 내는 게 겨우 0.2g의 핵산계 조미료라고 한다. 핵산계 조미료가 빠진 라면은 국물이 밍밍하고 라면 특유의 맛이 전혀 느껴지지 않는다.

빵을 만들 때 꼭 필요한 게 이스트다. 이스트는 당분이나 영양분이 들어간 습기가 있는 밀가루에 넣으면 알코올 발효를 일으키는 빵 효모이다. 알코올 발효가 일어날 때 많은 양의 이산화탄소가 생기는데 이것으로 빵을 부풀게 한다.

어린 시절 학교 앞 문방구에는 국자에 설탕을 담아 졸여서 만들어 먹는 과자를 팔았다. 요즘 '달고나'라고 하는데 옛날에는 동네마다

부르는 이름이 다 달랐다. 설탕물만 끓이면 달고나의 모양이 잡히지 않는다. 여기에는 반드시 소량의 소다가 들어가야 한다. 그래야 잘 부풀어 오르고 적당한 모양과 맛을 가진 달고나가 완성된다.

과거 산업용 폭약으로 글리세린에 초산을 작용시켜 만든 나이트로글리세린을 썼다. 이것은 폭발력이 아주 좋았으나 안전 문제가 심각했다. 보관이나 운반 중 폭발하는 일이 허다했다. 이것을 해결한 물질이 규조토다. 나이트로글리세린을 흡착한 규조토는 아무리 흔들어도 폭발하지 않는 안전한 성질을 보였다. 그런데 뇌관을 사용해서 기폭하면 큰 폭발을 일으킨다. 규조토에 흡착한 나이트로글리세린이 노벨이 발명한 다이너마이트의 원형이다.

핵산계 조미료, 이스트, 소다, 규조토 등은 자체로는 핵심 성분이 아니지만, 제품의 기능을 높이거나 물질의 적절한 변화를 일으키는 데 유용하게 사용된다. 그리고 그 제품에 없어서는 안 된다. 필수불가결한 촉진제로 쓰인다. 화학에서는 이와 비슷한 역할을 하는 물질을 촉매라고 한다. 화학 물질이 화학 변화를 겪어 다른 물질로 변화하는 과정인 화학 반응에서 자신이 소모되지 않으면서 반응 속도를 변화시키는 물질이 촉매다. 촉매는 소량으로도 반응 속도에 큰 영향을 끼칠 수 있다.

촉진제와 촉매의 역할에서 리더십의 중요한 기능을 발견한다. 다양한 구성원이 제각각 산재하는 조직에서 응집력을 일으켜 하나의 형태를 만들고 유용한 기능을 창조하며 변화를 일으키는 역할이다.

현대 조직에서 촉진자는 중요한 직무로 자리 잡았다. 퍼실리테이터

facilitator라고도 불리는데, 회의나 교육 등의 진행이 원활하게 되도록 돕는 일을 한다. 촉진자, 조력자, 조정 촉진자, 학습 촉진자라고도 부른다. 촉진자facilitator는 별도의 전문가가 맡기도 하지만 그 조직의 리더가 그 역할을 맡는 게 일반적이다.

지혜로운 촉진자

한 노인에게 세 아들이 있었다. 그는 죽기 전에 아들들에게 유언장을 남겼다. 거기에는 이렇게 쓰여 있었다. "내 전 재산은 소 17마리다. 큰아들은 여기서 절반을 차지하고 둘째는 3분의 1을, 막내는 9분의 1을 갖도록 해라. 하지만 소를 죽여서는 안 된다."

아버지가 죽은 후 세 아들은 유언장을 펼쳐놓고 고민에 빠졌다. 그런데 도저히 계산이 맞지 않았다. 유언을 따르자면 큰아들은 소 8.5마리를 둘째 아들은 5.6666…마리를, 막내아들은 1.8888…마리를 차지해야 한다. 소를 6마리 잡아서 나눠야 계산이 맞다. 그런데 아버지는 소를 죽여서는 안 된다고 했으니 해결책을 찾을 수 없었다.

세 아들은 동네에서 가장 지혜롭다는 노인을 모셔와 도움을 청하기로 했다. 현자는 이들의 하소연을 듣더니 빙그레 웃었다. 그러고는 자기 집으로 되돌아가 소를 한 마리 가져왔다. 이 소를 세 아들의 17마리 소 곁에 두었다.

노인은 "소가 18마리가 됐군. 이제 유언을 집행하겠네"라고 말했다. 그리고 소를 분배하기 시작했다. "큰아들이 절반을 받기로 했으니 9마리를 갖게나. 둘째 아들은 3분의 1이니 6마리를 갖고 막내아들은 9분의 1인 2마리를 갖게나. 원래 몫보다 많으니 불만은 없겠지. 이제 1마리가 남았군. 주인인 내가 가져가겠네." 삼 형제는 어안이 벙벙했다. '이런 기가 막힌 계산 방법이 있다니….'

원래보다 하나를 더해 계산한 후에 그 하나를 되찾는 절묘한 계산법은 화학 반응에서 촉매를 연상시킨다. 자신을 소모하지 않고 다른 사람의 행복을 창조했다.

이익을 놓고 첨예하게 대립하고 분쟁을 일으키는 세상에서 리더에게 필요한 자질은 이런 지혜가 아닐까? 문제 해결과 화합을 위한 중요한 하나를 기꺼이 내놓음으로써 창조적인 변화를 일으킨다. 현대 조직은 촉매catalyst로서의 리더십을 요구한다. 기업이 갖춘 자원을 잘 파악하고 여기에 리더십 역량을 더함으로써 자원 활용을 창조적 방식으로 극대화하고 예전에는 상상하지도 못했던 성과를 일으키는 변화의 촉매들이 기업을 혁신하고 있다.

리더가 촉매로서 그 역할을 감당할 때 그 조직은 질적으로 다른 변화를 이룰 수 있다. 이는 조직의 역량을 단순히 합한 것과는 다른 결과이다. 게임의 성격과 방식을 통째로 바꿔놓기에 전혀 다른 차원의 성과를 거둘 수 있다.

지금 리더에게 요구되는 자질은 꼭 필요한 소 한 마리를 가져오는 촉매로서의 지혜와 통찰이다.

목표를 제시하고 지원한다

조직을 변화시키는 리더의 촉진자 역할은 목표를 제시하는 데서 찾을 수 있다. 피터 드러커는 개인과 조직의 성패를 결정짓는 요인으로 목표를 제시했다. 그리고 그는 자신이 여러 사람이 목표를 달성할 수 있도록 도와준 사람으로 기억되기를 바랐다.

구성원들이 역량을 쏟아부어 몰입하고 성과를 내게 하려면 리더가 분명한 목표 제시를 해야 한다. 이때 목표는 그 사람의 능력보다 다소 높은 수준으로 제시돼 적절한 도전정신을 가져야만 해결할 수 있는 수준이어야 한다. 또한 목표는 강제로 부여되기보다는 자발적으로 공유되는 게 바람직하다. 훌륭한 리더는 일방적으로 목표를 강요하지 않는다. 조직의 목표를 구성원 개인의 목표와 일치 또는 조화시키도록 이끈다.

촉진자인 리더는 구성원이 스스로 설정하고 동의한 목표에 도달할 수 있도록 지원을 아끼지 않는다. 인간적인 차원의 격려와 협력은 물론 시스템에 의한 공식 지원을 적절하게 제공한다. 또한 자신이 이끄는 조직의 목표 달성에 매진한다. 이것은 구성원 개개인의 목표 추구가 융합돼 이뤄진다. 또한 조직의 목표를 향한 구성원들의 협력을 통해 도달할 수 있다. 목표를 향한 몰입과 자발적인 협력을 끌어내는 것이 촉진자로서 리더의 역할이다.

A+그룹의 리더십은 영업 조직의 구성원들이 현장에서 최대한의 성과를 내도록 지원하고 촉진하는 데 맞춰져 있다. 스태프와 연구 조직,

계열사까지 현장 마케팅의 성과를 지원하는 데 초점을 맞춘다. 그것이 지금의 A+그룹이 있게 한 동력이다.

기업가 정신

촉진자인 리더는 기업가 정신이 충만하다. 기업가 정신은 "기업가 고유의 가치관 내지는 기업가적 태도를 말한다. 특히 기업 활동에서 계속적으로 혁신해나가려고 하며 사업 기회를 실현하기 위해 조직하고 실행하고 위험을 감수하려고 한다. 또한 조직과 시간 관리 능력, 인내력, 풍부한 창의성, 도덕성, 목표 설정 능력, 적절한 모험심, 유머 감각, 정보를 다루는 능력, 문제 해결을 위한 대안 구상 능력, 새로운 아이디어를 내는 창조성, 의사결정 능력, 도전 정신 등이 요구된다."[60]

경제 침체와 위기를 겪으며 한국인은 기업가 정신을 잃어가고 있으며 이것은 도전의 부재와 기회의 상실로 이어진다. 청년들은 안정을 찾아 공무원 시험에 몰두한다. 그 경쟁률은 수십, 수백, 심지어 수천 대 1에 달한다. 이런 시험에 매달리는 젊은이가 50만 명이 넘는다고 한다. 이 50만 명이 기업가 정신을 품고 산업 현장에서 일하거나 연구실에서 연구하거나 세계무대로 나간다면 한국의 미래가 얼마나 밝아질까?

공무원은 국가에 봉사하는 직책이니 봉사하는 삶을 지향하는 것은 탓할 바는 아니다. 하지만 솔직히 봉사의 계기를 찾아 공무원 시험에 몰리겠는가. 좋은 근무 여건과 안정성을 빼도 지금처럼 경쟁률이 높을까.

젊은이가 도전 의식을 잃어가는 현상을 개탄한 선각자가 있다. 다산 정약용 선생이다. 그는 『목민심서』 서문에서 "나라 곳곳에 부패가 만연하니 이 나라 장래가 어떻게 될까? 이 나라 청년들이 과거 시험에만 매달리니 나라의 장래가 어떻게 될까? 이대로 나간다면 나라가 망하는 길밖에 없겠구나"라고 한탄했다. 그는 20년 가까운 세월을 전라남도 강진에서 유배 생활하며 300여 권의 책을 남겼다. 그중에서 가장 알맹이를 일표이서一表二書라고 한다. 일표는 『경세유표』이고 이서는 『목민심서』와 『흠흠신서』이다. 『경세유표』는 국가를 경영하는 경륜을 다뤘고 『목민심서』는 지방관의 행정을 이야기하며 『흠흠신서』는 종합 형법 이론서다.

베트남의 호찌민이 독립운동을 하며 도망 다니던 와중에 꼭 챙겼던 책이 『목민심서』 48권이라고 한다. 하노이의 호찌민기념관 한가운데 다산의 『목민심서』가 안치돼 있다. 호찌민이 여러 번 읽어 헤지고 너덜너덜한 상태 그대로다. 이런 다산을 연구해 박사학위를 받은 사람이 일본에서만 350명이라고 한다. 우리나라는 이보다 훨씬 적다. 선조로부터 받은 기회를 놓친 것이다.

허준이 『동의보감』을 썼는데 생활에서 쉽게 접할 수 있는 298가지 약재가 나온다. 그중 하나가 개똥쑥이다. 말라리아에 특효다. 그런데 베이징대학 약학과 출신의 학자가 이 개똥쑥을 평생 연구해서 치료제 성분을 만들어냈고 그 업적을 인정받아 노벨 생리의학상을 받았다. 우리는 400년 전부터 『동의보감』의 개똥쑥 내용을 읽으면서도 전혀 도전하지 않았고 그에 따라 기회를 잃고 말았다.

우리에게는 도전의 기회가 산적했다. 선조들이 남긴 지적 유산도 풍부하다. 이것을 외면하지 않아야 한다. 위험을 감수하면서 새로운 가능성을 개척하며 창조해야 한다. 또한 그 과정에서 뜻을 함께하는 공동체를 이뤄야 한다. 조직의 살길이 여기에 있다. 선한 야심과 지혜를 품고 비전을 제시하며, 이것을 향해 이끄는 기업가 정신이야말로 조직의 촉매가 된다.

기업가 정신의 실현은 거칠게 말해 저지르는 것이다. 기회를 향해 두려움 없이 저질러야 한다. 명지대학교 김정운 교수는 《나는 아내와 결혼한 것을 후회한다》라는 간 큰 제목의 책을 썼다. 그런데 결혼했기 때문에 후회라도 할 수 있는 것이 아닐까? 해도 후회하고 안 해도 후회하는 일이라면 하고 후회하는 편이 훨씬 낫다. 나는 리더들에게 조언한다. 저질러라. 목표를 세우고 행동에 옮겨라.

A+에셋의 역사는 과감한 실천의 도전이었다. 고객 중심적인 GA의 시스템의 전개, 오더 메이드 상품 개발, 각종 교육과 마케팅 프로그램 실행, 상조·헬스케어·요양 서비스·데이터 마케팅 등 고객의 전 생애에 걸친 서비스를 입체적으로 제공하는 계열사 설립 등 많은 일을 저질렀다. 기회를 보고 앞으로 나가는 기업가 정신이 뒷받침됐기 때문이다. 이런 도전이 현재 우리의 든든한 버팀목이 되고 있다.

함민복의 「마흔 번째 봄」의 시구처럼 "꽃 피기 전 봄산처럼, 꽃 핀 봄산처럼, 누군가의 가슴 울렁"이는 리더로 살고 싶다.

사 명 감 과 자 긍 심 을 갖 춘
명 예 로 운 리 더

리더는 어떻게 길러지는가?

◦—◦

황제로 등극한 나폴레옹이 유럽 제패의 야심을 꺾고 역사의 뒤 안길로 사라지게 한 사건이 워털루 전투Battle of Waterloo(1815년 6월 18일)이다. 영국이 중심이 된 연합군이 워털루에서 나폴레옹 군대를 격퇴함으로써 나폴레옹의 통치가 완전히 끝났다.

그런데 영국에서는 "워털루 전투의 승리는 이튼 운동장에서 시작되었다"는 유명한 말이 전해진다. 이튼 칼리지 출신과 재학생들이 영국군의 주력을 이루었으며 전투에서 목숨을 아끼지 않는 헌신적인 활약을 보였기 때문이다.

이튼 칼리지는 잉글랜드 왕 헨리 6세가 1440년에 설립했다. 13~18세의 남학생을 위한 사립 학교인데, 600년 가까운 세월을 거치며 영국에서 가장 명망 높은 학교가 되었다. 오랜 예배당과 벽화, 교실은 수 세기의 전통을 간직하고 있다.

이튼 칼리지는 지금까지 총 19명의 영국 총리를 배출하는 등 영국 사회를 움직이는 엘리트 리더를 양성해왔다. 그 비결은 이 학교만의 가치와 철학에서 찾을 수 있다. 이튼 칼리지는 자신의 영달만을 좇는 이기적 엘리트를 배척한다. 성공을 위해 수단과 방법을 가리지 않는 독선적이고 탐욕이 가득한 사람이 아니라 지도자에 걸맞은 사명감과 자긍심을 지니고 희생을 감수할 진정한 리더를 길러내고자 한다.

어느 해 졸업식에서 교장이 한 송별사는 전 세계인에게 감동을 주었다. 그는 이렇게 말했다.

"우리 학교는 자신이 출세하거나 자신만이 잘되기를 바라는 사람은 원하지 않습니다. 주변을 위하고 사회나 나라가 어려울 때 가장 먼저 달려가 선두에 설 줄 아는 사람을 원합니다."

이튼 칼리지 학생들은 전쟁이 일어나면 기꺼이 참전한다. 1·2차 세계대전 때에는 무려 2,000명이나 전사했다. 어떤 해에는 재학생의 70%가 전사하기도 했다. 설립자 헨리 6세의 동상 앞에 있는 전사자 기념비는 이들의 존귀한 정신을 기리고 있다.

이튼 칼리지는 인문학, 수학과 자연과학, 외국어, 기술 등에서 수준 높은 교육을 하지만, 학생들에게 공부를 강조하지는 않는다. 그 대신 스포츠를 통해 팀워크와 페어플레이 정신을 기를 것을 강조한다. 하루에 한 번 함께 축구를 하고 휴일에는 두 번씩 운동한다. 여기에 빠지면 벌금을 내고 친구들 사이에 비난을 감수해야 한다. 한겨울에는 진흙탕에서 레슬링을 하기도 한다.

학업 성적을 강조하지 않아도 이 학교의 진학률은 매우 높다. 졸업생 중 3분의 1은 옥스퍼드와 케임브리지에 진학한다. 자긍심과 국가관, 사명감을 고취한 것이 학생들에게 엄청난 학습 유발 효과를 가져오기 때문이라고 한다.

이튼 칼리지에는 다음과 같은 교훈이 전통으로 내려온다.

① 남의 약점을 이용하지 마라.

② 비굴하지 않은 사람이 돼라.

③ 약자를 깔보지 마라.

④ 항상 상대방을 배려하라.

⑤ 잘난 체하지 마라.

⑥ 다만, 공적인 일에는 용기 있게 나서라.

국가와 사회, 이웃과 시민들을 섬기고 희생하는 진정한 리더로 성장해야 함을 교육하는 학교. 자신이 '약자를 위해, 시민을 위해, 나라를 위해' 진정한 리더가 될 것이라는 자긍심과 사명감을 품고 땀 흘리는 학생들. 그런 사명감과 자긍심이 전통으로 자리 잡은 이튼 칼리지의 명예로운 모습은 진정한 리더에게 무엇이 필요한지를 선명하게 보여준다.

죽음을 넘어서는 사랑

우리 회사에서 2018년 ATC(A+group Top Conference)가 열릴 때 김동길 교수께서 강연을 해주셨다. 강연 중에 2차 세계대전에 참전했다가 전사한 공군 조종사의 편지를 읽어주셨는데 그 내용이 무척 감동적이어서 강연이 끝난 후 김 교수님께 그 내용을 주십사 하고 요청해 받았고 그것을 소중하게 간직하고 있다. 이 책에서 꼭 나누고 싶어서 옮겨 신는다.

1940년 5월 스물세 살의 영국 공군 조종사 비비안 로즈원Vivian Rosewarne은 덩케르크 전투에서 전사했다. 그가 조종하던 웰링턴 폭격기가 벨기에 상공에서 격추당했다. 그가 전사한 지 얼마 후 그의 상관이었던 클로드 힐튼 키스는 비비안의 소지품 중에서 그가 전사하면 어머니에게 전달해달라는 밀봉이 되지 않은 편지 한 통을 받았다. 그의 어머니는 그 편지를 읽으며 깊은 감명을 받았고《타임즈》에 익명으로 기고해 많은 사람이 읽을 수 있도록 했다. 수많은 사람이 이 글을 읽고 마음이 움직였고, 후에 소책자로 출판되었는데 출판하던 해에만 50만 부가 팔렸다고 한다.

사랑하는 어머님

제게 무슨 예감이 있는 것은 아니지만, 사태가 급변하고 있으므로 조금 뒤에 저희가 결행해야 하는 출격에서 제가 돌아오지 못한다면 이 편지를 어머님에게 전해달라고 부탁했습니다. 어머님께서 한 달쯤 기다리셔야 하겠지만, 그 한 달이 끝날 무렵이면 어머님은 다음과 같은 사실을 받아들이셔야 합니다. 그 많은 훌륭한 병사가 그렇게 한 것처럼 저도 매우 유능한 공군 전우들의 손에 제가 하던 일을 넘겨야만 한다는 것입니다.

첫째, 이 전쟁에서 제가 맡은 역할이 가장 중요한 것이었다는 사실을 어머님이 아신다면 다소 위로가 될 겁니다. 북해 상공으로 우리 정찰기가 바다를 지키기 위한 출격을 여러 번 한 덕분에 우리들의 수송선들이 무난히 임무를 완수할 수 있었고 한 번은 우리가 건네준 정보가 파괴된 등대의 구조선에 탔던 많은 생명을 건지는 일에 결정적 역할을 했습니다.

어머님께서는 매우 어려우시겠지만, 감정을 거두시고 이러한 사실들을 받아들이려는 최선의 노력을 하지 않으신다면 저는 어머님에게 크게 실망할 것입니다. 저는 제가 해야 할 일을 제 능력을 다해 마무리 지었을 것이기 때문입니다. 누구도 저보다 일을 더 많이 할 순 없을 것이고 저보다 일을 덜한 사람이 자기 자신을 대장부라 부를 순 없을 것입니다.

겹치는 좌절 속에서도 어머님께서 보여주신 놀라운 용기를 저는 소중히 여겼습니다. 어머님은 이 나라의 누구보다도 훌륭한 교육을 제게 베푸셨고 그 배경도 잘 마련해주셨습니다. 언제나 미래에 대한 신념을 버리지 않으시고 항상 태연하셨습니다. 저의 죽음은 어머님의 노력이 허무했음을 뜻하는 것은 아닙니다. 어머님의 희생은 저의 희생 못지않습니다.

영국을 섬기는 사람들은 영국으로부터 기대하는 것이 아무것도 없어야 합니다. 만일 우리가 조국을 단지 먹고 자는 장소로만 여긴다면 우리는 스스로를 천박하게 만드는 것입니다. 역사는 자기가 가진 모든 것을 바친 영웅들의 이름으로 가득 차 있습니다. 그들의 희생은 평화와 정의와 자유를 우리 모두에게 나눠주어 오늘의 대영제국이 존재합니다. 여기서 보다 높은 수준의 문화가 발전했고 지금도 발전하고 있습니다. 지구상 어디에도 이런 나라는 없습니다.

그러나 우리가 사는 이 땅을 두고서만 말씀드리는 것은 아닙니다. 오늘 우리의 기독교와 그 문명은 일찍이 겪어보지 못했던 엄청난 조직적 도전에 직면하고 있습니다. 저는 저 자신이 행운아인 동시에 올바르게 살면서 모든 일에 최선을 다하도록 충분히 훈련되어 있다는 사실을 자랑스럽게 생각합니다.

이 일로 인해 저는 어머님께 감사합니다. 어머님께서는 아직도 할 일이 있으십니다. 전쟁에 이긴 뒤에도 앞으로 여러 해 우리 사회는 굳게 뭉쳐야만 하기 때문입니다. 전쟁을 못마땅하다고 할 수도 있지만 저는 이 전쟁이 훌륭한 전쟁이라고 주장하고 싶습니다. 마치 옛날의 순교자들처럼 우리 각자는 자신의 본분을 지키기 위해 각자가 가진 모든 것을 과감하게 포기할 수 있는 기회를 가지게 되기 때문입니다.

시간이 흘러도 바꿀 수 없는 것이 꼭 한 가지 있습니다. 그것은 제가 영국인으로 살다가 영국인으로 생을 마친다는 것입니다. 세상에 그 무엇도 문제 되지 않고 세상의 그 무엇도 이 사실을 바꿀 수는 없습니다.

어머님, 저를 위해 슬퍼하시면 안 됩니다. 어머님께서 가지신 종교를 믿고 이에 따르는 모든 가르침을 또한 믿으신다면 슬퍼하시는 것은 위선이 될 수밖에 없기 때문입니다.

저는 죽음을 앞에 놓고 묘하게 기분이 들뜰 뿐입니다. 제게는 다른 길이 없습니다. 우주는 무한히 크고 그 역사가 오래됩니다. 그러므로 한 인간의 생명은 그의 희생의 크기로 정당화될 수밖에 없습니다. 우리가 이 세상에 온 것은 성품을 형성하고 인격을 연마하며 살기 위해서이고 우리의 성품과 인격은 그 누구도 우리에게서 빼앗을 수 없습니다. 단지 먹고 자고 잘 살고 번식하는 일밖에 하지 못한다면 우리가 동물보다 나을 것이 무엇입니까. 한평생 편하게 살 수는 있을지 몰라도.

저는 우리를 시험하기 위해 악한 것들이 이 세상에 밀려온다고 믿고 있습니다. 조물주께서 우리를 시험하시기 위해 의도적으로 악한 것들을 보내시는 것 같습니다. 그분께서는 우리에게 유익한 것이 무엇인지 알고 계십니다. 성경에는 도덕적 원칙을 지키지 않고 멋대로 나가다가 망한 사례가 많이 수록되어 있습니다. 저는 제가 행운아라고 생각합니다. 이 나라 곳곳을 다녀보았고 여러 분야의 사람들도 알고 지냈습니다. 그러나 전쟁을 체험하면서야 제 인격이 제대로 형성되었다고 자부하고 있습니다.

젊은 나이에 제가 땅 위에서 해야 할 일은 이제 다 끝이 났고 다만 한 가지 유감을 안고 저는 죽음에 임합니다. 노년에 접어들어 어머님의 몸이 쇠약해지셨을 때 정성을 다해 모시려던 꿈은 이젠 접어야만 하겠습니다. 그 행복을 누리지 못하는 것만이 가장 유감스러울 뿐입니다.

그러나 어머님께서는 앞으로도 평화와 자유를 누리시면서 사실 것이고 저도 그 일에 직접 기여한 바가 없지는 않습니다. 어머님 저의 삶이 결코 헛되지는 않았습니다.

어머니를 사랑하는 아들로부터

사람을 위대하게 만드는 것은 깊은 사랑과 사명감, 명예와 자기 역할에 대한 자부심이 아닐까? 이런 차원 높은 품격을 갖춰야 진정한 리더로서 다른 사람을 이끌 수 있음을 되새기면서 스스로 돌아본다.

리더는
인재를 키워낸다

삼성그룹 세계적 도약의 숨은 힘

1995년 5월, 베트남의 도므어이 공산당 서기장 일행이 삼성전자 기흥 반도체 공장을 방문했다. 삼성은 베트남 진출을 계획하고 있었기에 의전에 각별한 주의를 기울였다. 베트남어를 구사할 수 있는 직원 18명이 그들과 동행하여 공장 안내를 하도록 했고 점심시간에도 테이블마다 나누어 앉아 대화를 나누도록 배치했다.

도므어이 서기장 일행은 한국의 한 회사에 베트남어를 할 줄 아는 직원이 많다는 사실에 매우 놀라며 친근함을 느꼈다. '삼성은 대단한 회사'라는 인식이 머릿속에 박혔다. 이날의 일은 2000년대 초 삼성이 베트남에 진출할 때 보이지 않는 힘으로 작용했다고 한다.

도므어이 서기장 일행과 동행했던 삼성 직원들은 '지역 전문가' 출신이다. '지역 전문가'는 삼성그룹의 독특한 글로벌 인재 양성 프로그램이다. 삼성의 해외 사업에 결정적인 보탬이 되었으며 전사적으로 글로벌 마인드를 확산시키는 견인차로 작용했다. 2011년 세계적 경영 학술지 《하버드 비즈니스 리뷰》는 지역 전문가 제도를 "삼성이 글로벌 기업으로 빠르게 성공한 핵심 비결"이라고 평가했다.

이렇듯 탁월한 성과를 낳은 지역 전문가 제도이지만 도입 초기에는 지지부진하게 흘러갈 위험이 있었다. 1990년 이건희 회장은 삼성그룹의 글로벌 성장을 계획하면서 지역 전문가 제도를 전격적으로 도입했다. 지역 전문가로 뽑힌 임직원들이 아무런 조건 없이 원하는 국가에 1~2년 머물며 현지 언어와 문화를 익힐 수 있게 했다. 회사가 그동안의 급여와 현지 체재비를 지원했다. 조 단위의 투자가 들어가는 엄청난 인재 양성 프로젝트였다. 그 당시 삼성그룹 전체 매출이 30조 원에 미치지 못했던 것을 고려하면 이 회장이 이 일을 얼마나 중요하게 여겼는지를 알 수 있다.

그런데 지역 전문가 제도가 시작되던 당시 계열사의 사장들은 A급 인력을 외국으로 보내는 데 주저했다. 현장에서 중요한 일손을 빼내는 것을 꺼렸던 것이다. 임기가 3년 내외인 계열사 CEO들은 단기 성과를 더 중요하게 생각했고 우수한 인력을 보내지 않으려는 경향이 나타났다.

그러자 이건희 회장은 격노하며 사장들에게 크게 호통을 쳤다. "국제화, 국제화 하지만 국제화된 인력 없이는 아무것도 할 수 없다"고 했다. 그리고 "이 일은 사장들이 직접 챙겨도 시원찮을 텐데 실무자들이 하고 있다. 한마디로 대소완급大小緩急을 가리지 못한다"고 다그치기도 했다. 실무진이 20여 명을 선발해 결재를 올리자 이 회장이 "아직도 내 말뜻을 못 알아듣느냐"고 호통을 치며 200여 명을 보냈던 일이 전해진다. 이건희 회장은 눈앞의 일에만 급급하지 말고 미래를 바라보며 세계화된 인재를 양성할 것을 강하게 주문한 것이다.

삼성그룹의 지역 전문가 프로그램은 30년 가까운 시간을 축적하며 전 세계 80여 국가에서 5,000명이 훨씬 넘는 글로벌 인재를 길러냈다. 그중에서 계열사 사장과 임원들이 배출되었다. 삼성그룹의 세계적 도약의 밑거름이 된 것이다.

이건희 회장의 미래를 내다보고 인재에 투자한 과감한 결정은 이병철 회장의 유지가 배경이 되었다. 이병철 회장은 자서전에서 "우리나라 사람 중에는 '10년 전에 무엇에 투자했더라면 부자가 되었을 텐데'라고 후회하면서도 10년 후는 전혀 생각하지 않는 이가 많다"고 꼬집었다. 과거에 얽매이고 미래를 생각하지 않는 태도를 비판한 것이다. 이병철 회장의 미래관과 인재관은 다음 세대로 이어져 삼성그룹 경영의 지침이자 기업 문화로 자리 잡았다.

시작은 미약하나 그 끝은 창대하리라

탁월한 리더는 구성원을 대할 때 현재의 화려함이 아니라 미래의 성장에 주목한다. 비록 미약한 출발점이라 하더라도 창대한 결말을 바라고 성장을 이뤄간다.

2018년 미국 슈퍼볼 우승컵을 거머쥔 팀은 필라델피아 이글스이다. 창단 첫 우승이었다. 애초에 우승 후보로 꼽힐 만큼 강팀이 아니었다. 다른 팀에 비해 뛰어난 슈퍼스타를 보유하지도 않았다. 감독인 더그 페더슨도 불과 몇 년 전까지 고등학교 팀을 이끌던 무명 지도자였다. 하지만 그는 약체 팀을 최강 팀으로 탈바꿈시켰다. 그는 승리의 원동력에 대해 이렇게 말했다. "우리는 누가 공을 가지고 자신을 높이느냐에 관심이 없습니다. 우리는 모두가 이기적인 마음을 버리고 우승을 위한 목적으로 하나 되기를 힘썼습니다." 우승 후 이글스 감독과 선수들의 인터뷰는 신앙 간증을 방불케 했다. 이글스의 팀원들은 신앙으로 하나가 되었으며 탁월한 팀워크를 창조함으로써 위대한 성취를 이뤄냈다. 그리고 그들은 더 원대한 인생의 목적을 위해 한 걸음씩 전진하고 있다.

한국 남자 축구 역사상 최초로 20세 이하 월드컵에서 국가대표팀을 결승에 올려놓은 정정용 감독의 리더십이 화제가 되고 있다. 그는 축구 선수로서는 무명 중의 무명이었다. 프로 1부 리그에서 뛰어본 적조차 없는 데다 부상으로 일찍 선수 생활을 끝내야 했다.

하지만 지도자로서 각고의 노력을 통해 성장했다. 그는 선수로 뛸 때부터 구단의 허락을 받아 대학원에 다닐 정도로 학구열에 불탔다. 철저한 분석을 통해 과감한 전략을 수립하고 승부수를 띄운다. 그리고 선수들에게 한없이 부드럽게 대하며 그들의 마음을 얻고 끈끈한 팀워크를 창조한다. 지시하지 않고 스스로 이해하게 만드는 게 그의 리더십 스타일이라고 한다. 선수로서 정정용 감독의 출발은 미약했지만, 성장을 통해 최고의 지도자가 되었으며 자신이 이끄는 팀을 세계 정상에 올릴 수 있었다.

삼성그룹을 일으키며 한국 경영의 신화를 이룩한 이병철 회장의 출발도 화려하지 않았다. 흔히 그가 와세다대학 중퇴 후 귀국해 부친의 도움으로 삼성을 창업한 것으로 알고 있으나, 그의 자서전인 『호암자전』을 보면 실제와 다르다.

이병철 회장은 귀국 후 고향에서 요양한 후에 상경하고 거처를 잡았으나 2년여 동안 취직하지 못하고 방황했다고 한다. 다시 낙향했지만, 집안일에는 자기 역할이 필요한 부분이 없었고 소일로 시작한 농사나 양계에도 정을 붙이지 못했다. 그러다 도박에 빠졌다. 밤늦게까지 도박판을 전전하다가 집으로 돌아오기 일쑤였다.

그러던 어느 날 밤이었다. 여느 때와 다름없이 한밤중에 도박판에서 돌아왔다. 그리고 집 문을 열었는데, 아이들의 곤히 잠든 모습이 은은한 달빛 아래 빛났다. 그 모습을 본 순간 이병철 회장은 한 대 맞은 듯 정신이 번쩍 들었다. 그 무렵 그는 26세로 네 아이의 아버지였다. 이 회장은 방탕하며 세월을 탕진한 자신을 꾸짖으며 무엇을 할지를 밤새워 고심했다. 독립운동, 관직, 사업 등을 떠올렸는데, 사업이 성격에 가장 맞으니 그것을 해야겠다고 결심했다고 한다.[61]

현재의 모습이 보잘것없다고 해서 미래도 그럴 것이라고 예단해서는 안 된다. 사람에게는 무한한 성장 잠재력이 깃들어 있다. 탁월한 인물은 방황과 절망 속에서도 그 사실을 깨닫는다. 이병철 회장이 달빛 아래 깨달음을 얻었던 것처럼 말이다. 그리고 위대한 리더는 초라한 사람을 최고로 성장시키는 발판이 된다.

인재 육성을 위한 A+그룹의 노력

기업은 미래를 바라보고 미래에 투자해야 한다. 미래에 대한 투자 중 가장 중요한 것이 '인재 양성'이라 생각한다. A+그룹도 미래를 위해 최고의 인력을 개발하는 데 힘을 쏟고 있다.

A+에셋을 예로 들면 체계적인 인재 양성 프로그램을 도입해 시행하고 있다. 신인 설계사가 들어오면 무경력자는 '금융 전문가 과정', 경력자는 '경력 신인 입문 과정'을 통해 금융 지식을 습득하고 회사의 철학과 가치, 착한 마케팅 실천 방식을 공유한다. 또한 실무 능력 강화를 위해 'TRD 및 손보 전산 실습 교육'과 '변액 자격증 교육' 등도 진행된다. 4~7차월과 8~12차월의 차월 교육도 병행한다.

전문성을 강화하기 위해서 'GI 마스터 과정(생명보험)', '재물 보험 마스터 과정(손해 보험)'이 마련되어 있으며 특화된 스페셜리스트 육성을 위해 '법인 전문가(C-TFA) 양성 교육'과 'COT 양성(VIP 마케팅) 과정'을 진행하고 있다. 커리어 강화를 위한 '신인 단장 교육', '육성실장EM 역량 강화 과정'도 활발하게 이뤄진다.

정규 교육뿐 아니라 '토요 강좌' 등 열린 교육이 마련되어 원하는 사람이 자유롭게 다양한 지식과 정보를 획득할 수 있도록 돕는다. 지방 등 교육의 사각지대에는 '찾아가는 신인 교육 지원'도 시행하고 있다. 이러한 다양한 교육 프로그램 외에도 개별적인 육성 지원을 시스템화함으로써 성장을 돕는다.

회사의 역할 중 빼놓을 수 없는 것이 구성원들이 성장하도록 돕는 일이라 생각한다. 사람을 길러내는 것이 회사가 발전하는 원동력임은 두말할 필요도 없다. 구성원들이 인재로 성장하는 동안 회사는 초우량기업으로 발전한다. 인재 양성이야말로 미래에 투자하는 최고의 방법이다. 이렇게 볼 때 좋은 리더는 사람을 길러내고 발전시키는 사람이다. 리더십의 핵심은 결국 미래 인재 양성에 있다.

LEADER의

요건

리더에게 요구되는 자질을 'LEADER'라는 단어를 이루는 각 글자로 풀어서 설명하는 강의를 들은 적이 있다. 매우 흥미롭고 인상적이었다. 기억을 더듬어 내 생각을 덧붙여서 소개하려 한다.

Listen: 경청

리더에게 경청은 매우 중요한 자질이다. 특히 현장의 이야기를 겸허히 들음으로써 보고서 수치 바깥에 있는 생생한 정보를 받아들일 수 있다. 또한 구성원들의 정서적인 요구까지 파악할 수 있게 된다. 진심으로 몰입해 들으면 마음의 소리까지 들린다.

"사람은 입 때문에 망하고 귀 때문에 흥한다"는 잠언이 있다. 말이 많아지면 실수가 늘어나고 적도 더 많이 생긴다. 그 대신 많이 들으면 실수가 줄어들고 기회를 발견하게 되고 친구를 더 많이 얻을 수 있다. 리더는 듣는 사람이다.

Education: 교육과 지식

ㅇ—ㅇ

앞에서 여러 번 강조했듯이 착한 사람은 지적인 사람이다. 무엇이 다른 사람에게 유익한지를 아는 분별력과 그것을 실행할 수 있는 지식으로 무장한 사람이다. 착한 리더 역시 지성으로 무장해야 한다. 비전과 목표를 향해 조직을 이끌어가려면 지식과 통찰력이 기본이다.

조직에서 지식을 쌓아가는 효과적인 방법 중 하나가 교육이다. 리더는 구성원들을 교육하는 사람이다. 그런데 일방적으로 주입하거나 위에 서서 계몽하는 방식으로 교육이 이뤄지면 귓전만 울리고 만다. 구성원들이 스스로 학습하도록 독려하고 돕는 게 효과적이다. 또한 머리를 시원하게 만들고 가슴을 뒤흔드는 교육이 필요하다. 그러려면 성공을 위한 지식을 뛰어넘어 성장을 위한 지성을 제공해야 한다.

나는 회사를 경영하며 구성원 교육에 많은 공을 들인다. 그룹의 주력 계열사 A+에셋은 우리나라 GA 중 가장 다양하고 체계적이며 효과적인 교육 프로그램을 갖췄다고 자부한다. 우리 회사의 리더는 자신과 구성원을 함께 교육하며 지성을 갖춰가는 사람이어야 한다고 믿는다.

Assist: 돕기

리더는 구성원들이 자신의 욕구를 채우고 목표를 이뤄갈 수 있도록 돕는 사람이다. 돕는 리더의 모습을 잘 드러낸 것이 앞에 소개한 '서번트 리더십' 모델이다. 군림하고 지배하고 대접받음으로써 권위를 확보하는 리더는 구성원의 자발적인 협력을 끌어내지 못한다. 그보다는 섬기고 도와주는 종의 모습이 조직의 정서적 결속력을 높인다.

A+그룹은 돕는 리더십을 추구한다. 기본적으로 현장에서 마케팅하는 사람을 돕는 조직 구조를 갖추고 있다. 지점장과 본부장 등 각급 리더들은 구성원들이 성과를 내도록 돕는 일에 우선순위를 둔다. 현장 동행 등이 활성화돼 있다. 회사의 연구와 스텝 조직은 모두 지원을 위해 조직됐다. 현장에서 마케팅하면서 이들 부서와 계열사의 자원까지 활용할 수 있도록 효율적인 지원 체계를 마련하고 있다.

Discussion: 토의와 공감

탁월한 리더는 격의 없는 대화를 통해 구성원들의 의견을 청취하며 목표를 공유하고 상호 협력을 창조한다. 자신의 의견을 강요하고 일방적으로 설득하려는 의도는 리더십 원칙에 어긋난다. 리더십은 친밀감과 신뢰를 바탕으로 하기 때문이다.

토의의 목표는 공감을 이루는 데 있다. 공감은 다른 사람의 생각과 감정에 깊이 동의하고 함께하는 것이다. "즐거워하는 자들과 함께 즐거워하고 우는 자들과 함께 우는"(「로마서」 12:15) 것이다. 인간관계는 공감 능력을 바탕으로 발전한다. 사람은 자신의 마음을 이해해줄 것 같은 이에게는 마음을 열지만 공감하지 못할 것 같은 이에게는 마음의 문을 닫아버린다.

공감은 경청에서 시작한다. 공감적 경청은 상대방에게 집중해서 경청함으로써 상대방의 생각과 감정에 깊이 동화되는 것이다. 공감적 경청을 하면 상대방은 자신이 더 이해받는다고 느끼게 돼 마음을 연다.

Evolution: 발전과 성장

◦—◦

탁월한 리더는 구성원들의 전인적 성장을 돕는 사람이다. 구성원들이 지적·윤리적·정서적·인격적으로 발전할 수 있도록 힘을 다해 지원해야 한다. 이 시대는 유능하기만 한 사람을 원하지 않는다. 유능함은 기본이다. 여기에 덧붙여 정직하고 따뜻하며 모든 일에 성실과 선의가 묻어나는 인간미 넘치는 착한 사람을 요구한다. 진정으로 일을 잘하는 경지는 역량과 인격이 균형을 이룰 때 도달할 수 있다.

소득의 향상과 커리어의 진전은 입체적인 성장의 한 결과로 존재한다. A+그룹은 구성원의 성장에 대해 깊이 고민한다. 특히 일선에서 마케팅을 담당하는 이들이 직업적 자긍심을 갖고 선량하고 성실하게 일하며 높은 단계의 커리어에 도달하는 데 관심을 두고 있다. 그중 한 방안은 마케팅 임원 제도이다. 상당수 회사가 현장 마케팅을 하는 사람의 중요성을 부르짖지만, 이들을 임원으로 승진시키는 데는 인색하다. A+그룹은 이들이 회사 최고위직에 오를 수 있도록 제도적 장치를 마련해놓았다.

Respect: 존경

"최상의 리더는 존경받는 리더이고 최악의 리더는 경멸당하는 리더"라는 말이 있다. 리더는 반드시 구성원의 존경을 받아야 한다. 존경받는 리더가 되려면 당근과 채찍을 잘 사용하면 된다고 한다. 규율을 엄격히 하고 성과에 대해서는 포상함으로써 권위를 획득하고 존경을 끌어낼 수 있다는 의미이다. 하지만 이것으로는 부족하다. 진정성이 있어야 한다. 인격적으로 완성되고 진심으로 구성원들과 공감하며 구성원들의 요구와 힘든 점을 파악하고 섬기는 태도로 돕는 사람이 정서적인 측면에서 존경을 받을 수 있다. 구성원들은 이런 리더를 신뢰하고 의지하며 그에게 힘을 보태려 한다. 리더에 대한 마음에서 우러나온 존경이 넘치는 조직은 탁월한 역량을 발휘한다.

착함의 원리 V

메멘토 모리

죽음을 기억하라

죽음을 준비하기

착하게 나이 들기

바쁜 사람에게 늙을 시간도 없다

건강과 매력을 유지하기

착한 성공의 증인

새로운 문화의 창조자

우리는 죽음을 부정적으로 받아들이는 경향이 있다.
죽음에 대해 생각하고 죽음을 이야기하는 것을 꺼린다.
하지만 죽음을 삶의 한 과정으로서
자연스럽고 고귀한 것으로
이해하고 성실히 준비할 필요가 있다.

"당신이 태어났을 때는 당신만이 울고
당신 주위의 모든 사람은 미소를 지었습니다.
당신이 이 세상을 떠날 때는 당신 혼자 미소 짓고
당신 주위 모든 사람이 울도록
그런 인생을 사십시오."_김수환 추기경

우리 옛 선비들은 독특한 나이 듦과 죽음의 철학을 가지고 있었다.
이것은 '오멸伍滅'이라는 명제에 응축돼 있다.
노년에 5가지를 없앤다는 것인데
멸재滅財, 멸원滅怨, 멸채滅債, 멸정滅情, 멸망滅亡이 그것이다.

고객에게 유익을 끼치기 위해 최고로 헌신할 때,
착하게 일할 때,
전인적 성장과 행복을 일굴 수 있음을 입증하는 것이
직업인으로서 나의 역할이라고 생각한다.

나는 증인으로 살고 싶다.
기독교인으로서 예수 그리스도의 증인이 되고 싶다.
'아! 저 사람을 보니 정말 하나님이 살아 있는 것 같아'라고
느끼는 존재로.

죽 음 을
기 억 하 라

죽음은 삶을 비추는 거울

○—○

친숙하게 알려진 라틴어 중에 '메멘토 모리Memento mori'가 있다. '메멘토'는 '기억하다', '모리'는 죽음이다. '죽음을 기억하라'는 뜻이 된다. 살아 있는 사람이 죽어본 경험은 없을 터인데 마치 과거 일인 양 '기억하라'고 한 것이 인상적이다. 모든 사람이 죽는 것은 피할 수 없이 확실한 일인 만큼 과거를 떠올리듯 확실히 깨달으라는 의미로 느껴진다.

옛날 로마에서는 원정에서 승리하고 돌아온 개선장군이 시내를 행진할 때 행렬 뒤에서 노예들에게 "메멘토 모리"를 외치게 했다고 한다. 승리감과 환호 속에 마음이 들뜰 때 죽음을 향하고 있는 인생의 본질을 생각하며 성찰의 끈을 놓지 않도록 그렇게 하지 않았을까.

죽음은 삶을 비추는 거울이다. 죽음을 염두에 둘 때 삶의 의미가 비로소 확실해진다. 죽음 앞에서 인간은 겸허해진다. 나는 회사의 큰 프로젝트가 성공적으로 마무리돼 성취감에 젖을 때면 일부러 죽음을 떠올려보곤 한다. 이 기쁨이 죽음 앞에서도 가치와 의미가 있는지를 곰곰이 생각한다. 나는 꽤 구체적으로 죽음을 생각한 일이 있다. 몇 년 전 건강 진단을 받았는데 악성 종양 그러니까 암이 의심된다는 의사의 소견을 들었다. 확실한 검진을 위해 조직 검사를 의뢰해놓고 돌아왔다. 확진 결과를 기다리는 며칠 동안 나는 죽음을 기준으로 삶의 여러 부분을 돌이켜보았다. 그때 무엇이 중요하고 어떤 삶을 살아야 하는지가 뚜렷하게 떠올랐다. 감사하게도 암은 아니었다. 그때 기점으로 내 생각과 행동, 우선순위는 많이 달라졌다.

찰스 디킨스의 단편 「크리스마스 캐럴」의 주인공인 수전노 스크루지 영감이 죽음을 경험하면서 사람이 완전히 뒤바뀐 것을 연상하면 쉽게 이해가 될 것이다.

요즘 유서를 쓰거나 관에 들어가서 자신의 장례가 진행되는 과정을 느껴보는 임종 체험이라는 프로그램에 참여해 깊은 성찰을 해봤다는 사람들이 많은데, 나는 임종 체험을 훨씬 더 실감 나게 해본 셈이다.

우리는 죽음을 부정적으로 받아들이는 경향이 있다. 죽음에 대해 생각하고 죽음을 이야기하는 것을 꺼린다. 하지만 죽음은 삶의 한 과정으로서 자연스럽고 고귀한 것으로 이해하고 성실히 준비할 필요가 있다.

아름다운 죽음

·——·

고 김수환 추기경은 "당신이 태어났을 때는 당신만이 울고 당신 주위의 모든 사람은 미소를 지었습니다. 당신이 이 세상을 떠날 때는 당신 혼자 미소 짓고 당신 주위의 모든 사람이 울도록 그런 인생을 사십시오"라는 고언을 남겼다.

인생은 죽음을 향해 달려가는 기차이지만, 종착역은 각기 다르다. 나의 종착역을 김수환 추기경이 말한 것과 같이 아름다운 곳으로 만드는 게 삶의 역할이 아닐까 생각해본다. 그런 빛나는 죽음을 맞이한 사람들이 실제로 많이 있다.

아프리카 수단 남쪽 와랍주의 작은 마일 톤즈에서 의사·교사·지휘자·건축가로 헌신했던 이태석 신부의 삶은 숙연한 감동을 준다. 아프리카에서도 가장 오지로 불리는 수단의 남부 톤즈는 오랫동안 수단의 내전으로 폐허가 된 지역으로 주민들은 살길을 찾아 흩어져 황폐화됐다. 이태석 신부는 이곳에서 가톨릭 선교 활동을 펼쳤으며 말라리아와 콜레라로 죽어가는 주민들과 나병 환자들을 치료하려고 흙담과 짚으로 지붕을 엮어 병원을 세웠다. 또한 병원까지 찾아오지 못하는 주민들을 위해 척박한 오지마을을 순회하며 진료를 했다. 그의 병원이 점차 알려지자 많은 환자가 모여들었고 원주민들과 함께 벽돌을 구워 병원 건물을 직접 지어 확장했다.

하지만 오염된 톤즈 강물을 마시고 콜레라가 매번 창궐하자 톤즈의 여러 곳에 우물을 파서 식수난을 해결하기도 했다. 하루 한 끼를 겨우 먹는 열악한 생활을 개선하려고 농경지를 일궜으며, 학교를 세워 원주민 계몽에 나섰다. 처음 초등 교육으로 시작한 학교는 중학교와 고등학교 과정을 차례로 개설하며 발전시켰고 톤즈에 부지를 확보해 학교 건물을 신축하기 시작했다.

그는 음악을 좋아했으며 전쟁으로 상처받은 원주민을 치료하는 데 음악이 효과적임을 알았다. 치료의 목적으로 음악을 가르쳤으며 예상을 넘는 효과가 있자 학생들을 선발해 브라스밴드brass band를 구성했다. 그의 밴드는 수단 남부에서 유명세를 탔으며 정부 행사에도 초청돼 연주했다. 그는 헌신적인 공로를 인정받아 2005년 인제인성대상을 받았다.

하지만 그는 미처 자신의 건강을 돌보지 못했다. 2008년 11월 휴가 차 입국했을 때 대장암 4기 판정을 받았다. 그의 암은 이미 간으로 전이돼 있었다. 아프리카에 머무는 동안 항생제를 투약하지 않았기 때문에 자신의 몸은 항암 치료에 잘 반응할 것이라며 완치에 대한 희망을 품었고 또 그렇게 기도했다. 수도원에 머물며 투병 생활을 했으나 증세는 나빠졌으며 2010년 1월 14일 새벽 5시 48세를 일기로 영면했다. 투병 생활 중인 2009년 12월에는 '한미 자랑스러운 의사상'을 수상했다.[62]

톤즈 사람들은 강인하고 용맹하며 세상에서 가장 키가 큰 부족이다. 그들은 눈물을 흘리지 않는 사람들로 알려졌다. 하지만 그들은 이태석 신부의 죽음 앞에 하염없는 눈물을 흘렸다.

죽음을
준비하기

아름다운 삶이 아름다운 죽음을 준비한다

말기 암으로 투병하다 사망한 한 남자의 이야기를 인터넷에서 읽은 기억이 있다. 그의 자녀가 아버지의 마지막을 기록한 내용이었다.

평생 초등학교 평교사로 일하다 은퇴한 그는 재직 시절 어린 학생들을 자상한 배려와 애정으로 보살폈다고 한다. 특히 가난한 환경에서도 밝고 열심히 공부하는 한 학생에게 각별한 정을 쏟았다. 그 아이의 집에 쌀과 고기를 놓고 오기도 했다.

은퇴 후 그는 병원에서 폐암 말기 진단을 받았는데 치료 불가능한 상태였다. 집에서 죽음을 맞이하기로 하고 자녀들이 돌보던 중 병원에서 파견했다며 젊은 여의사가 찾아왔다.

그는 그 의사를 무척 반가워하고 좋아했다. 의사는 고통스러워하는 아버지를 극진히 치료하고 보살폈다. 기침이 심해지자 손을 입속 깊숙이 넣어 가래를 긁어냈고 그것으로 충분하지 않자 빨대를 목구멍에 넣고는 무려 2시간 동안 입으로 빨아서 빼내기도 했다.

의사의 헌신적인 치료에도 불구하고 병세는 호전되지 않았고 결국 숨을 거뒀다. 그의 자녀들은 장례를 치른 후 병원을 찾아 여의사에게 감사를 전하려 했다. 그런데 병원에는 그 여의사가 없었고 의사를 파견한 적조차 없다고 답했다.

얼마 후 자녀들은 아버지 앞으로 온 편지를 보고 눈물겨운 사연을 알게 됐다. 이 의사는 선생님인 그에게 따뜻한 애정을 받으며 용기를 얻었고 열심히 공부해 의사가 됐다. 아프리카로 의료 봉사를 떠나기 전 그의 인생을 있게 해준 선생님께 감사 인사를 하려고 찾아왔는데 병으로 죽어가는 모습을 보고 마지막 치료를 맡았던 것이다.

그 의사는 선생님의 가르침대로 사람의 생명과 영혼을 구하는 의사가 되려고 아프리카 오지로 떠났다. 감사와 그리움이 가득한 편지는 자녀들의 심금을 울렸다. 그는 생애의 마지막에 고통스러운 투병생활을 했지만, 사랑하는 제자의 보살핌을 받으며 행복했을 것이다. 아름다운 죽음은 아름다운 삶의 결과가 아닐까.

죽음을 준비하며 정리해야 할 것들

◦─◦

우리 옛 선비들은 독특한 나이 듦과 죽음의 철학을 가지고 있었다.

이것은 '오멸'이라는 명제에 응축돼 있다. 단어 그대로 노년에 5가지를 없앤다는 뜻인데, 멸재, 멸원, 멸채, 멸정, 멸망을 말한다.

첫째는 '멸재滅財'다. 말 그대로 재물을 없애라는 뜻이다. 노후를 위해 돈을 모아야 한다는 요즘 생각과는 근본적으로 다르다. "다 쓰고 죽어라"라는 베스트셀러 제목을 연상시킨다. 여기에는 돈에 대한 집착과 욕망에서 벗어나라는 의미도 있고, 자식들에게 재산을 물려주기보다는 의미 있는 일에 투자하라는 뜻도 담겨 있다.

둘째는 '멸원'이다. 없앨 멸滅에 원한 원怨을 쓴다. 나이 들어서는 인생을 살면서 쌓아둔 크고 작은 원한을 다 풀어야 한다는 뜻이다. 원한을 푸는 방법에는 2가지가 있다고 한다. 하나는 용서다. 다른 사람이 나에게 잘못하고 상처를 준 일이 가슴에 응어리져 있다면 이것을 다 용서해주고 기억에서 사라지게 해야 한다. 둘째는 사죄다. 남에게 잘못한 것을 사과하고 용서를 구해야 한다. 멸원의 과정을 통해서 우리는 마음의 평안을 얻고 관계의 진정한 회복을 이룰 수 있을 것이다.

셋째는 '멸채滅債'다. 빚을 없앤다는 뜻이다. 이것은 물질적으로 진 빚만을 의미하지 않고 정신적인 부채도 포함하는 큰 개념으로 보인다. 남은 빚이 있다면 죽음을 맞이하며 정신적 평화를 누리기 어렵다. 이렇게 우리 마음을 괴롭히면서 남아 있는 부채를 모두 다 갚는 것이 중요한 과정이다.

넷째는 '멸정滅情'이다. 정을 없앤다는 뜻이다. 정든 사람이나 정든 일, 정든 물건 등과 정을 떼고 이별하라고 주문한다. 좀 야박하게 느껴질 수도 있지만, 욕망과 집착에서 벗어나 정신적인 자유를 얻으라는 의미로 이해하면 좋을 것 같다.

다섯째, '멸망'은 완전히 망하라는 뜻은 아니다. 없앨 멸滅 자에 망할 망亡 자를 써서 '망하는 것을 없앤다' 즉, '망하지 않는다'는 뜻으로 이해하면 좋겠다. 불멸하는 인생을 이뤄야 한다는 의미이다. 죽어서도 살아 있는 사람과 함께하기를 기원하는 마음이 이 철학에 담겨 있다. 나이 든 이는 앞 세대로서 이뤄낸 가치와 의미, 자산 등 소중한 것을 다음 세대로 전해줌으로써 멸망을 이룰 수 있다는 것이다.

부끄러운 고백을 하나 하자면, 나는 최근에 심각한 속앓이를 했다. 과거 직장의 후배였으며 아끼고 믿었던 사장급 임원 한 사람이 조직을 깨고 나가는 배신을 했다. 회사는 심한 손해를 입었다. 나는 배신감과 분노, 좌절감을 느껴야 했다.

극심한 우울감에 정신과 상담까지 받기도 했다. 하지만 정리되지 않은 채 나를 괴롭히는 상처에 시달릴 수만은 없었다. 그것을 극복하는 방식은 용서였다. 조쉬 빌링스의 "용서만큼 완벽한 복수는 없다"는 명언이 깊은 공감을 불러일으켰다. 용서하자고 마음먹으니 마음을 흔들던 고통과 상처가 사라졌고 아픈 기억을 잊을 수 있었다.

때로는 상황을 받아들이고 때로는 잊고 용서하며 자신의 마음을 다스릴 수 있는 것이 나이 듦의 진정한 미덕이 아닐까 생각해본다.

착하게
나이 들기

노년은 성숙의 다른 이름

◦—◦

지미 카터 전 미국 대통령은 은퇴 이후에 재임기보다 더 빛나는 업적을 쌓았다는 평가를 받는다. 그는 나이가 들어갈수록 더욱 성숙한 모습을 보이며 국제 분쟁을 중재하는 등 세계 평화를 위한 큰 사명을 감당하고 있다. 그는 노년의 삶에 대해 깊이 성찰한 책을 썼는데, 나이 드는 것에는 2가지의 미덕이 있다고 한다. 하나는 '특별한 은혜'이고 다른 하나는 '존경할 만한 품성'이다. 구체적으로 "나이 드는 것의 미덕은 우리가 나이 들어가면서 받게 될 축복과 다른 사람에게 도움을 주는 것이라는 2가지 의미를 포함한다"고 한다. 나이 드는 것은 그 자신에게 차원 높은 성장을 제공하며 경륜과 지혜를 통해 다른 사람에게 유익을 끼칠 수 있다는 의미로 이해한다.[63]

성숙하게 나이 들어가는 사람은 세상과 삶을 바라보는 시야가 넓어진다. "나이가 어리고 생각이 짧을수록 물질적이고 육체적인 삶이 최고라고 여기는 법이며, 나이가 들고 지혜가 자랄수록 정신적인 삶을 최고로 여기는 법이다"라고 한 톨스토이의 말처럼 삶의 본질적 가치에 더욱더 충실해진다.

사회 각계의 여성 원로 네 분의 대담을 엮어서 『대화』라는 제목을 달고 나온 책이 있다. 원로들의 대화에서 우리 삶과 세상을 바라보는 정문일침頂門—針의 통찰과 함께 품격과 경륜을 느낄 수 있다. 사람은 나이를 먹는 것이 아니라 좋은 포도주처럼 익는 것임을 일깨워준다.

이들은 나이 들어가는 것을 행복하게 받아들인다. 원로 역사학자 이인호 교수는 "요즘은 늙었기 때문에 생기는 자유를 느낍니다"라고 말하며 새로운 자유를 역설하고 원로 화가 방혜자 선생은 "나이 먹어 슬픈 게 아니라, 깨어 있는 눈과 마음을 가져 기쁩니다"라고 말했다. 음악가 바흐의 "우리는 젊을 때 배우고, 늙어서 이해한다"는 말처럼 이분들이 느끼는 자유와 행복은 따뜻한 시선으로 자기 인생을 관조한 끝에 나온 것이리라. 젊은 사람은 감히 상상할 수 없는 경지라고 생각한다.

당대의 석학으로 꼽히는 이어령 교수는 종교에 회의적인 사람으로 알려졌었다. 그래서 그런 그가 기독교인이 됐다는 소식은 반가웠지만 뜻밖이기도 했다. 켜켜이 쌓인 지성과 삶의 곡절들이 그를 영성이라는 새로운 차원으로 이끌지 않았을까? 노년에 이룬 깨달음과 변화가 아름답게 느껴진다.

나이가 들었다고 모두가 성숙에 이르지는 않을 것이다. 어니스트 헤밍웨이는 "나이를 먹었다고 해서 현명해지는 것은 아니다. 조심성이 많아질 뿐이다"라고 꼬집어 말한 적이 있다. 또한 알랭은 "청년은 사랑을 추구하고 장년은 지위를 추구하고 노인은 탐욕스러워서 지위와 명예를 모두 손에 넣으려고 한다"고 말했다. 나이 듦의 경계에 선 초로初老의 나는 조심스럽기만 하고 탐욕이 가득한 늙은이가 되지 않도록 스스로 돌아보며 경계하려 한다.

지혜로운 충고

⋄—⋄

경험을 통해 인생의 가치를 깨달은 노인의 조언은 인생 후배들에게 귀중한 지침이 된다. 70세 이상의 노인 1,000명을 대상으로 한 인터뷰를 바탕으로 인생의 교훈을 정리한 책이 있다. 칼 필레머가 쓴 『30 lessons for living』이다. 우리나라에도 번역돼 나왔는데 『내가 알고 있는 걸 당신도 알게 된다면』이라는 제목이다. 그 내용을 간추려 소개한다.

행복한 결혼 생활을 위한 5가지 조언

(1) 비슷한 사람과 결혼하라.

(2) 감성적 열정보다 우정을 믿어라.

(3) 결혼은 반반씩 내놓는 거래가 아니다.

(4) 대화는 두 사람을 이어주는 길이다.

(5) 배우자뿐 아니라 결혼과도 결혼했음을 잊지 마라.

만족스러운 직업을 찾기 위한 5가지 조언

(6) 내적 보상을 주는 직업을 찾아라.

(7) 포기하지 마라. 평생 해야 할 일이다.

(8) 나쁜 직업도 최대한 활용하라.

(9) 인간관계가 전부다.

(10) 자율을 추구하라.

자녀 교육을 위한 5가지 조언

(11) 아이들과 더 많은 시간을 보내라.

(12) 편애하지 마라.

(13) 체벌하지 마라. 마음의 멍이 평생 남는다.

(14) 무슨 수를 써서라도 관계의 균열은 피하라.

(15) 자녀와의 관계는 인생 전체의 관점에서 보라.

아름답게 나이 들기 위한 5가지 조언

(16) 나이 먹는 것은 생각보다 괜찮은 일이다.

(17) 100년을 써야 할지도 모르는 몸을 아껴라.

(18) 아직 오지 않은 죽음을 앞당겨 걱정하지 마라.

(19) 관계의 끈을 놓지 마라.

(20) 노후의 거처를 계획해두라.

후회하지 않는 인생을 위한 5가지 조언

(21) 정직하라.

(22) 기회가 왔을 때 잡아라.

(23) 더 많이 여행하라.

(24) 배우자를 고를 때는 신중에 신중을 더하라.

(25) 하고 싶은 말이 있다면 지금 즉시 하라.

인생을 지혜롭게 살기 위한 5가지 조언

(26) 시간은 삶의 본질이다.

(27) 행복은 조건이 아니라 선택이다.

(28) 걱정은 시간만 파괴할 뿐이다.

(29) 오늘 하루에만 집중하라.

(30) 신앙을 가져라.

바쁜 사람에게
늙을 시간도 없다

꿈꾸며 일하는 사람이 청년이다

○─○

나이를 먹어가면서 이따금 늙음에 대해 생각하게 된다. 노안이 찾아오고 머리가 세기 시작한 것은 벌써 까마득하다. 체력이 떨어지고 몸 여기저기가 고장이 난 느낌이다. 일에 매달리느라 혹사한 탓일 터이다. 예전보다 피로도 훨씬 더 많이 느낀다. 하지만 삶을 향한 열정은 전보다 더한 느낌이다. 판단도 더 명료해진다.

나이가 든다는 것과 늙는다는 것은 서로 다른 차원일지도 모른다. 나이를 먹지만, 늙지는 않는 삶이 가능하다는 말이다. 그것은 꿈을 꾸고 비전을 세우고 목표를 향해 일할 때 이뤄진다. 아무렇게나 사는 40세 중년보다 일하는 70세 노인이 더 명랑하고 더 희망이 많은 법이다. 아무리 나이를 먹었다 해도 배우고 일할 수 있을 만큼은 충분하게 젊다. 괴테가 말했듯 무언가 큰일을 성취하려고 한다면, 나이를 먹어도 청년이 되지 않으면 안 된다.

큰일은 노년에 이뤄진다

○—○

김형석 연세대학교 명예교수는 100세를 바라보는 나이를 잊은 듯 왕성한 강의를 이어가고 있다. 특히 퇴직자들에게 인생이 지금부터 시작임을 일깨우는 생생한 교훈을 주고 있다. 그가 최근에 쓴 책 제목은 『백년을 살아보니』이다.

현대 경영학의 아버지로 불리는 피터 드러커는 96세의 나이로 사망하기 전까지 강의와 집필을 멈추지 않았다. 그가 노년에 제시한 통찰력 넘치는 메시지는 기업 경영자들에게 깊은 영향력을 주었다.

시바타 도요는 90세에 신문에 시를 처음 투고했다. 98세 때 시바타는 장례비로 모아둔 100만 엔을 털어 첫 시집 『약해지지 마』를 출판했다. 삶에 대한 긍정적인 태도와 순수한 마음이 우러나와 깊은 감동을 선사한 이 시집은 일본에서만 150만 부 이상이 팔렸고 우리나라와 독일, 이탈리아 등 세계 각국에서 번역됐다.

나를
할머니라고 부르지 말아요
"오늘은 무슨 요일이죠?"

"9 더하기 9는 얼마예요?"

바보 같은 질문도 사양합니다.

"사이죠 야소의 시를

좋아하시나요?"

"고이즈미 내각을

어떻게 생각하세요?"

이런 질문이라면

환영합니다.

시바타 도요의 「선생님」이라는 시다. 고령의 노인을 치매 환자로만 대하는 세태를 꼬집으며 지적 열망을 표현한 것이 인상적이다.

미국 현대 화단에 돌풍을 일으킨 리버맨은 81세 때부터 그림을 그리기 시작했다. 그는 101세에 스물두 번째 개인전을 열었는데, 평론가들은 그를 가리켜 '미국의 샤갈'이라고 극찬했다.

르네상스의 거장 미켈란젤로가 시스티나 성당 벽화를 완성한 시기는 90세 때였다. 베르디는 오페라 〈오셀로〉를 80세에 작곡했고, 〈아베마리아〉는 85세 때 작곡했다. 괴테는 대작 『파우스트』를 60세에 쓰기 시작해 82세에 탈고했다. 소크라테스의 원숙한 철학은 70세 이후에 이뤄졌고 철인 플라톤은 50세까지 학생이었다.

스위스의 법률가이자 사상가인 카를 힐티는 딸에게 우유를 가져다달라고 부탁하고는 평온한 모습으로 자신의 서재에서 숨을 거뒀다. 책상에는 그날 아침 쓴 원고가 놓여 있었다. 77세의 나이로 죽는 날까지 집필에 열중했던 것이다.

예술과 문학, 학문 영역에서만 노장이 꽃을 피운 것은 아니다. 사업 영역에서도 노령에 성취를 이룬 사람이 많다.

미국의 부호 밴더빌트는 70세에 상업용 수송선 100척을 소유했었는데 83세에 죽기까지 13년 동안 그 규모를 1만 척으로 늘렸다. 커넬 샌더스는 65세의 나이로 파산을 딛고 치킨 프랜차이즈 사업을 시작했는데 이것이 프랜차이즈 브랜드 KFC의 모태가 됐다.

그는 "노장은 녹슬어 사라지는 게 아니라 닳고 닳아 없어지는 것"이라고 말했다.

늙음에 대한 사회적 기준도 달라지고 있다. 미국 시카고대학의 번스 뉴가튼 심리학과 교수는 55세 정년 기준으로 은퇴 이후의 시기를 3단계로 구분한다.

55~75세를 '영 올드young old', 76~85세를 '올드 올드old old' 그 이후는 '올디스트oldest'로 나눴다. 특히 '영 올드 세대'는 이전 세대와 달리 고학력, 풍부한 경험과 정보, 균형감각 등을 지닌 새로운 노년층으로서 사회의 주역이 될 것으로 전망했다.[64]

노년으로 불리는 상당수의 사람이 사실은 하나도 늙지 않았다. 그들은 활발히 몸을 움직여 노동할 수 있을 만큼 건강하고 지적이며 경륜도 풍부하다. 다만 일부 사람들이 노화에 관한 사회적 편견 속에 자신을 옭아매며 스스로 노년의 감옥에 들어갔을 뿐이다. 우리 사회는 이들의 역량을 간절히 필요로 한다.

시들지 않는 기업가 정신

기독교인인 나는 나이 듦의 모범으로 성경 속 인물인 갈렙을 꼽는다. 그는 이스라엘 민족이 이집트를 탈출해 40년 동안 광야에서 모진 고생을 한 후 가나안 땅에 들어갈 때 여호수아를 보필했던 사람이었다. 85세라는 당시 그의 나이와 그동안의 힘든 여정을 고려했을 때 안정과 쉼을 얻고 싶어 하는 게 당연해 보이지만, 그는 거인 족속이 버티고 있는 거친 산지로 가겠다고 한다.

> 오늘 내가 팔십오 세로되 모세가 나를 보내던 날과 같이 오늘도 내가 여전히 강건하니 내 힘이 그 때나 지금이나 같아서 싸움에나 출입에 감당할 수 있으니 그날에 여호와께서 말씀하신 이 산지를 지금 내게 주소서 당신도 그날에 들으셨거니와 그 곳에는 아낙 사람이 있고 그 성읍들은 크고 견고할지라도 여호와께서 나와 함께 하시면 내가 여호와께서 말씀하신 대로 그들을 쫓아내리이다
>
> _「여호수아」(14:10~12)

그는 청년 시절과 다름없는 건강과 힘을 유지했고 지혜를 가지고 있었다. 그리고 비전을 품고 새로운 도전에 나섰다. 높은 이상을 품은 청년과 다를 바 없었다. 그에게 나이는 아무런 장애가 되지 않았다. 견고한 신앙심과 깊은 영성이 뒷받침됐기에 두려움이 그를 가로막지 못했다.

갈렙은 원대한 꿈을 꾸며 위험을 무릅쓰고 도전하는 기업가 정신의 상징이다. 나도 갈렙처럼 도전하는 청춘의 모습으로 나이 들어가고 싶다.

건강과 매력을
유지하기

건강하면 다 가진 것

◦—◦

고 박완서 소설가는 자신이 허리 근육통으로 고생한 일을 「일상의 기적」이라는 짧은 글에 담은 적이 있다. 건강에 차질이 생기니 허리 굽혀 세수하기나 물건 줍기, 양말 신기, 앉았다 일어나기 등의 사소한 일이 기적처럼 느껴졌다는 내용이다. 그녀는 '기적은 하늘을 날거나 바다 위를 걷는 것이 아니라, 땅에서 걸어 다니는 것이다'라는 중국 속담을 떠올리며 아침에 벌떡 일어날 수 있는 게 감사한 일임을 깨닫는다. 이 글은 "건강하면 다 가진 것이다"로 끝을 맺는다.

건강은 소중하다. 나이가 들수록 그 소중함이 더 절실히 느껴진다. 박완서 선생의 글처럼 몸이 아파 평범한 일상을 사는 게 기적처럼 느껴지는 경험을 한두 번씩은 하기 때문이다. 또한 내가 겪었던 것처럼 건강 검진 결과를 놓고 죽음이라는 문제에 직면해야 하는 때도 있다.

또한 큰 재산을 형성하고 높은 학문적 경지에 이르고 빛나는 명예를 가진 사람이 그것을 누리지 못한 채 병원 침대나 휠체어에서 꼼짝달싹하지 못하고 고통 속에 하루하루를 살아가는 안타까운 일을 점점 더 자주 접하기에 건강의 가치를 거듭 되새기게 된다.

우리 선조들은 '신체발부 수지부모身體髮膚 受之父母'를 금과옥조로 삼아 지켰다. 몸과 머리털, 살갗은 부모님께 받은 소중한 것이기에 함부로 할 수 없다는 뜻이다. 이 때문에 목숨을 걸고 단발령에 저항하기도 했다. 하지만 이 금언은 부모님께서 주신 몸을 잘 관리해서 건강하게 사는 것이 진정한 효도라는 속뜻을 담고 있다고 생각한다. 건강관리는 윤리적인 사명이기도 한 것이다.

균형 잡힌 건강을 추구하라

세간에서 흔히 말하기를 노후에 필요한 4가지로 요소로 동맥(건강), 인맥(친구), 돈맥(경제력), 문맥(지식)의 4맥이 있다 한다. 물론 이 중에서도 단연코 건강이 가장 중요한 요소임은 두말할 필요가 없겠다.

하지만 신체적 건강에 지나치게 집착하거나 질병을 두려워하는 태도 역시 바람직하지 못하다고 생각한다. 신조어 중에 '메디컬라이제이션medicalization'이라는 게 있다. '의료화' 정도로 번역할 수 있는데, 자신의 모든 증상을 치료 대상이라 생각하며 환자로 살아가는 것을 말한다. 노년기를 맞이하는 사람에게 자주 있는 심리적 현상이라고 한다. 노화는 자연스러운 신체 변화를 가져오는데 이를 모두 질병이라 여기고 치료해 없애려 하는 것은 현명하지 못하다. 변화를 이해하고 수용하며 그에 맞춰 사는 지혜도 필요할 것이다.

건강을 추구할 때는 균형을 잡고 폭넓게 생각해야 한다. 스트레스가 만병의 근원이 되듯 몸과 마음은 밀접하게 연결돼 있다. 정서적 건강과 사회적 건강도 함께 고려할 필요가 있다. 세계보건기구WHO는 건강을 질병이 없거나 허약하지 않은 상태뿐 아니라 "신체적·정신적·사회적으로 완전히 안녕한 상태에 놓여 있는 것physical, mental and social wellbeing"으로 정의한다. 나는 여기에 영적인 건강을 추가하면 좋겠다고 생각한다. 신체적 건강을 넘어 정신적·사회적·영적 건강의 균형적 향상을 시도하는 게 바람직하다.

건강은 타고나는 것이기도 하지만 내가 관리해야 할 대상이기도 하다. 의료 전문가들은 현대인의 질병이나 때 이른 죽음의 3분의 2 이상이 우리의 생활 습관에 의해서 발생한 것이라고 말한다. 바꿔 말하면 생활 습관을 개선함으로써 질병을 예방하거나 늦출 수 있다는 의미다.

우리는 건강을 위해 갖춰야 할 생활 습관에 대해서 이미 잘 알고 있다. 담배를 피우지 않고 적정한 양 이상의 음주를 하지 않는 게 기본이다. 소금, 설탕, 지방이 높은 음식을 가능한 한 적게 섭취하고 정기적으로 운동을 해 적정한 체중을 유지해야 한다. 또한 근심·걱정과 스트레스 상태를 피하고 자주 웃는 것 역시 건강에 도움이 되는 습관이다. 일본의 의학자 신야 히로미는 『병 안 걸리고 사는 법』에서 이렇게 말했다.

> 1996년부터 '성인병'이라고 불리던 질환이 '생활 습관병'이라는 명칭으로 바뀌었습니다. 그러나 나는 기회가 있을 때마다 "이것은 '생활 습관병'이 아니라 '자기관리 결함병'입니다"라고 말합니다. 이미 병에 걸린 사람에게는 이 말이 심하게 들릴지도 모릅니다. 그런데도 내가 굳이 '자기관리 결함병'이라고 말하는 것은 자기관리를 확실히 한다면 질병을 예방할 수 있다는 것을 알리고 싶어서입니다.

생활 습관을 개선하고 절제된 생활을 하는 등 자기관리를 잘하는 것이 건강관리의 기본이라는 신야 히로미의 지적은 시사하는 바가 크다.

자기관리와 함께 정기적으로 검진을 받아 질병의 발생이나 진행 정도를 재빨리 파악해 치료하는 것 역시 건강관리의 중요한 방안이다. 이것을 가벼이 여기지 말고 사업가가 회사의 운명이 걸린 중요한 업무를 하듯 계획을 세워 의식적으로 챙길 필요가 있다.

암을 이기는 법

○─◦─○

미국 최고의 암 전문 병원으로 평가받는 곳이 텍사스대학교의 MD

앤더슨 암센터이다. 전 세계적으로 알려진 이 병원에는 미국뿐만 아니라 외국인들의 발길이 끊이지 않는다.

이 병원에는 한국인 종신 교수가 근무한다. 김의신 교수이다. 그는 두 차례에 걸쳐 '미국 최고의 의사'로 선정된 적이 있는 암 분야의 명의이다. 김의신 교수가 국내에서 강연하는 것을 들은 적이 있다. 그 내용이 매우 유용해서 소개하려 한다.

암의 원인은 정확히 모른다. 하지만 유전적 성향이 있음은 확실하다. 따라서 가족력에 암이 있는 사람이 특히 조심해야 한다. 아버지가 폐암에 걸린 적이 있거나 어머니가 유방암에 걸린 적이 있는 사람은 그 암에 대해 유의하고 공부해야 한다. 왜 그 암이 생겼는지 파악하는 게 중요하다. 담배를 많이 피운 게 원인이라면 자신은 절대 담배를 피워선 안 된다. 그리고 그 암에 대한 정기 검진도 자주 해야 한다. 남다른 관심을 가져야 한다.

그리고 식사 습관에 주의해야 한다. 김의신 교수는 담배보다 더 나쁜 게 동물성 기름이라고 한다. 튀김, 피자, 핫도그 등 기름에 튀긴 음식이나 지방이 많은 삼겹살 등은 피하는 게 좋다. 40대를 넘어서면 동물성 기름을 소화하는 효소가 줄어든다. 그래서 기름이 몸 안에 쌓이는데, 동양인들은 이게 내장 지방이 되는 경우가 많다고 한다. 이렇게 혈관 벽에 기름이 붙어 있다가 어느 순간 뚝 떨어지고, 몸 안을 돌다가 모세혈관에 달라붙는다. 이것이 뇌로 가면 중풍과 치매, 간으로 가면 지방간과 간암이 될 수 있다. 그리고 전반적으로 식사량을 줄이고 소식해야 한다.

꼭 암을 예방한다는 생각보다는 혈관성 병을 예방한다는 태도가 바람직하다고 한다. 그는 "나쁜 암은 진단 후 1년 안에 사망한다. 거기서 끝이다. 그런데 치매나 중풍 같은 혈관성 병은 10~20년씩 투병하며 가족을 힘들게 한다"고 경고하면서 "혈관성 병을 예방하다 보면 암 예방도 된다"고 강조한다.

암 치료에서는 긍정적인 태도와 의사에 대한 신뢰, 치료 기간의 자기 관리가 결정적이라고 한다. 미국인들은 대체로 의사에게 치료를 위임하고 자기 역할에 최선을 다하며 일상에 충실한데, 한국인들은 의사를 믿지 못하고 잘못된 치료 방식을 선택하며 치료 결과와 죽음에 대해 지나치게 고민하는 경향이 있다고 한다. 이것이 오히려 부작용을 일으킬 수 있다. 항암 치료 기간 중 잘 먹고 단백질 섭취를 높여야 하는데, 고기를 피하다가 체중이 빠지고 치료 효과를 떨어뜨리는 경우가 많다고 한다. 김 교수는 항암 치료 기간 중 동물성 기름이 적거나 불포화지방인 개고기나 오리고기를 권한다.

그는 이렇게 충고한다. "미국인은 기본적으로 삶과 죽음은 신이 결정한다고 믿는다. 그리고 병은 전적으로 의사에게 맡긴다. 자신은 마음과 몸을 어떻게 다룰 것인가에 집중할 뿐이다. 그래서 묵묵히 자신이 할 일을 한다. 항암 치료를 받으면서도 회사에 출근한다. 죽기 전날까지 일하는 사람도 봤다. 그러면 암에 대해서 걱정하는 시간이 훨씬 줄어든다. 미국인 암 환자들은 항암 치료를 받으며 구역질하는 경우가 드물다. 그런데 한국인은 다르다. 암에 걸리면 일단 직장부터 그만둔다. 그리고 종일 암과 죽음에 대해 걱정하기 시작한다. 그건 환자의 상태를 더 악화시킬 뿐이다. 그래서인지 한국인 환자는 대부분 구역질을 한다."

그리고 크리스천 의사로서 암에 걸렸을 때의 치유 철학을 설명했다. "겸손이 중요하다. 모든 종교에서 말하는 공통분모이기도 하다. 암에 걸렸을 때 겸손하게 자신을 완전히 포기하고 내려놓는 것이다. 어떤 사람은 신에게 모든 걸 맡기기도 했다. 그럴 때 뭔가 치유의 에너지가 작동했다. 기독교인의 눈으로 설명하면 이렇다. 암에 걸리는 것은 뭔가 시련을 줘서 나를 단련시키고자 함이다. 그렇게 마음을 먹어야 한다. 그렇게 마음을 먹으면 어느 순간에 '감사하다'는 생각이 든다. 암에 걸린 덕분에 내가 소중한 뭔가를 새롭게 깨닫게 되기 때문이다. 그럼 치유의 에너지가 작동한다. 그런데 '암 걸린 게 억울해 죽겠다'고 생각하는 사람은 힘들다. 오히려 암이 더 악화하기 쉽다. 그러니 마음가짐이 얼마나 중요한가."

치매, 공포보다 대비에 힘써야!

고령화 시대를 맞이하여 치매가 공포의 대상이 되고 있다. 라틴어에서 치매는 '정신이 없어진 것'을 뜻한다. 치매는 알츠하이머 치매가 약 70%, 혈관성 치매가 약 20% 기타 치매가 10% 정도이다. 치매 환자 중 여성이 71.6%이며 남성이 28.4%이다.

우리나라의 치매 환자 수는 2017년에 70만 명을 돌파했다. 또한

2015~2017년 사이에 치매 환자 증가율은 12%를 기록했다. 우리나라에서 한 해 치매 관리에 들어가는 돈은 13조 6,000억 원에 달한다. 치매 환자 1명당 연간 관리 비용은 평균 2,054만 원이다. 매일 치매 환자를 돌보는 데 9시간이나 든다. 치매와 맞서 국가와 개인이 전쟁을 벌이는 형국이다.

국가 차원이든 개인 차원이든 치매를 관리하고 대비해야 한다. 치매는 암과 함께 한국인이 가장 두려워하는 양대 질환이다. 순위를 보면 1위가 치매, 2위가 암이다. 치매는 암보다 무서운 병이다. 특히 우리나라에서는 인구 고령화에 따라 치매 환자가 급증하고 있다. 2050년이면 한국의 치매 환자는 노인 7명당 1명으로 짐작했을 때 270만 명으로 예상된다. 개인과 가정, 사회 전체에 엄청난 부담과 고통을 가져올 것이다.

세계 각국이 치매와의 싸움에 나섰다. 미국은 2025년까지 치매 치료법을 개발한다는 국가 목표 아래 연구개발에 전력하고 있다. 국립보건원 예산의 73.8%는 치매 관리에 쓰인다. 일본은 이미 2009년에 치매와의 전쟁을 선포했으며, 치매 연구 관련 예산을 150%나 증액했다. 네덜란드는 치매 환자들이 평범하게 살아갈 수 있는 호혜베이크 마을을 조성했다. 이곳에서 치매 환자들이 의식주를 스스로 해결할 수 있도록 여건을 마련했다. 그럼으로써 치매 진행 속도를 늦추는 효과가 있다. 우리나라도 치매 국가 책임제를 발표했고, 나라 전체의 치매 관리 비용 13조 6,000억 원 중 정부 비중을 20% 수준으로 높인다는 계획이다. 설문조사 결과를 보면 한국의 40대 이상 10명 중 8명이 치매를 걱정하고 있다. 그런데 걱정에 비해 실제 준비는 부족하다. 아무런 준비를 하지 않는 사람이 절반이나 된다.

같은 나이에 비해 인지 기능이 저하되는 '경도 인지 장애' 환자가 2012~2017년 사이 3배나 늘었다. 그중 69%가 여성이다. 이 경도 인지 장애 환자의 80%가 치매를 일으킨다. 대개 경도 인지 장애 진단 후 5년 이내에 치매가 생긴다. 따라서 경도 인지 장애부터 잘 관리해나가야 한다.

치매는 진행형 질환이다. 탈모와 마찬가지다. 증상이 완화될 가능성은 매우 낮다. 따라서 치매는 예방이 최선의 해결책이다. 삼성서울병원 신경과 과장인 나덕렬 교수의 책 『뇌美인』은 치매 예방법을 '진인사대천명盡人事待天命'이라는 한자성어로 표현하고 있다. 기억하기 쉬우면서 큰 도움이 되기에 소개한다.

진땀나게 운동하라

인정사정 없이 금연하라

사회활동을 많이 하라

대뇌활동을 적극적으로 하라

천박하게 술 마시지 마라

명을 연장하는 식사를 하라

그리고 한 가지, 치매라는 불행이 찾아왔을 때 자신과 가족이 그것을 극복해나갈 최소한의 준비가 필요하다. 바로 보험이다. 앞에서 말한 암의 경우도 보험이 매우 중요하다. 암은 치료비와 치료 기간 중 생활비, 치매는 간병비의 부담이 크다. 따라서 치료비와 치료 기간 중 생활비를 충분히 준비하는 암 보험, 경증부터 중증 치매까지 간병비를 폭넓게 보장하는 좋은 치매 보험을 선택하는 게 바람직하다.

성숙한 매력을 발산하라

영국의 사회학자 캐서린 하킴Hakim은 '매력 자본Erotic Capital'이라는 새로운 개념을 제시했다. 매력이 성공을 이루는 경쟁력이라는 뜻이다. 매력 자본은 외모뿐 아니라 활력, 세련미, 지성미, 유머 감각, 상대를 편하게 하는 능력 등 다른 이의 호감을 사는 모든 능력을 포괄한다. 자기계발 컨설턴트인 조관일 박사는 이러한 매력 자본이 노년에게 더 멋지게 구현될 수 있다고 말한다. 경륜과 지혜, 여유가 결합될 수 있기 때문이다. 그리고 구체적인 방법으로 5가지를 제시한다.

① 일부러라도 자주 웃을 것

② 이러쿵저러쿵 따지지 말 것

③ 품격 없는 행동을 삼갈 것

④ 사랑으로 충만할 것

⑤ 오늘을 만끽할 것[65]

《허핑턴포스트 US》에서 50대 이상의 매력적인 사람들을 조사해 그 공통점을 설명한 기사도 흥미롭다. 이 글은 나이에 어울리는 매력을 발산하라고 조언한다. "젊음의 마지막 한 조각까지 붙들고 매달리는 것만큼 매력 없는 모습도 없다. 우리는 자신의 모습을 편안히 받아들이는 게 훨씬 더 섹시하다"고 힘줘 말한다. 이 글에 따르면, 멋지게 나이 드는 사람들은 9가지 공통점이 있다.

① 그들은 마른 몸이 아니라 강한 몸을 위해 운동한다.

② 그들은 스트레스를 덜 받는다.

③ 그들은 후회와 원한을 버린다.

④ 그들은 매일 새로운 것을 배운다.

⑤ 그들은 메이크업을 과하게 하지 않는다.

⑥ 그들은 긍정적이다.

⑦ 그들은 충분히 잔다.

⑧ 그들은 건강에 좋은 것을 먹고 마신다.

⑨ 그들은 외모 변화를 받아들인다.[66]

착한 성공의
증인

증거를 찾아 나선 사람들

○━○

1959년 제작된 영화 〈벤허〉는 감독이 "오, 신이여! 이 영화를 정말 제가 만들었습니까?"라는 독백을 남길 만큼 걸작이다. 아카데미 시상식에서 역대 최다인 11개 부문을 석권해 현재까지도 전설적인 영화로 그 명성이 이어지고 있다. 이후 여러 차례 리메이크 영화가 나왔다.

〈벤허〉의 원작은 소설 『벤허』이다. 기독교적 색채가 강한 『벤허』의 작가 루 월리스Lew Wallace는 원래 무신론자였다. 애초 기독교의 허상을 만천하에 드러내겠다는 야심으로 글쓰기를 시작했다.

월리스는 성공한 인물이었다. 변호사·장군·외교관·작가로서 화려한 경력을 쌓았으며 세상 무서울 것 없이 자부심이 하늘을 찔렀다.

그는 기독교의 신화를 영원히 무너뜨릴 책을 써서 인류를 예수의 굴레에서 벗어나게 하겠다는 포부로 도서관에서 자료를 수집하며 연구에 매진했다. 책의 1장에서는 예수의 이야기가 허위임을 강조했다. 그러나 2장의 내용은 완전히 달라졌다. 수많은 자료를 검토하며 예수가 그리스도임을 인정하게 됐기 때문이다. 그는 무릎을 꿇었고 회심했다. 그리고 예수를 전파하는 책을 쓰기 시작했다. 소설 『벤허』는 이렇게 탄생했다.

《시카고트리뷴》 기자 리 스트로벨은 냉소적인 무신론자였다. 그는 예일대학 법학대학원 출신의 법률 전문 기자답게 명백한 증거만을 신봉했다. 눈에 보이지도 않고 입증하기도 어려운 기독교에 적대적이었다. 그러다 아내를 따라 교회에 다니기 시작하면서 서서히 기독교 신앙에 눈뜨게 된다. 그러나 그는 증거를 통해 예수를 규명하고 싶어 했다. 예수의 생애와 신성, 부활에 대해 다양한 전문가를 직접 만나 인터뷰했다. 그가 미심쩍었던 부분에 대해서 집요한 질문을 던지기도 했다. 이 과정을 거치는 동안 스트로벨은 부인할 수 없는 진실을 대하며 겸허하게 무릎을 꿇는다. 이후 그는 목사이자 기독교 서적 작가가 됐다.

루 월리스와 리 스트로벨은 증거를 바탕으로 기독교의 허상을 드러낼 수 있다고 확신했던 야심만만한 사람들이었다. 그러나 정반대의 증거 앞에서 뜻을 꺾고 회심을 결단할 수밖에 없었다. 강력한 진실이 그들을 움직였다.

두 무신론자의 마음을 바꿔놓은 결정적 계기 중 하나는 증인들의 존재였다. 예수를 만난 최초의 기독교인들은 자신의 운명을 극적으로 바꾸었다. 예수가 그리스도이며 부활했음을 직접 겪고 확신하지 않았다면 도저히 할 수 없는 삶의 모습을 선택했다. 인격과 성품도 전적으로 변화했으며 모진 고초와 순교를 기쁘게 받아들였다. 그들을 박해하는 사람을 원망하지 않았고 사랑을 품었다. 이런 증인들은 팔레스타인 지역의 소수 종파를 전 세계로 퍼뜨리는 데 씨앗이 됐다.

증인으로서의 삶

나는 증인으로 살고 싶다. 기독교인으로서 예수 그리스도의 증인이 되고 싶다. 누군가 나를 보면서 '아, 저 사람을 보니 정말 하나님이 살아 있는 것 같아'라고 느낄 수 있는 존재로 자라고 싶다. 지금의 내 모습은 이 바람과는 거리가 많이 있지만 말이다.

직업인으로서 나는 내가 부여받은 방식이 진정으로 옳은 길임을 증명하는 증인이 되려 한다. 내가 현명하거나 미래를 꿰뚫는 통찰력이 있거나 혁신을 향한 불굴의 의지와 추진력이 있어서 지금 이 자리에 있는 것은 아니다. 나는 미약한 존재이다. 하나님이 내 발걸음을 정해놓으셨다고 고백한다. 시시때때로 깨달음을 주며 이끄셨고 좋은 동료들과 함께하게 하셨다.

고객에게 유익을 끼치기 위해 최고로 헌신할 때, 착하게 일할 때 전인적 성장과 행복을 일굴 수 있음을 입증하는 것이 직업인으로서 나의 남은 역할이라고 생각한다.

　A+그룹도 마찬가지다. 이익을 좇기보다는 고객 편에 서서 투명하게 공개하고 성실하게 일하는 회사가 결국 성장한다는 사실을 보여주는 확실한 증거가 되기를 염원한다. 그러면 우리에게서 성공의 길을 발견하고 착한 경영을 선택하는 회사가 계속 나올 것이다. 이것이 이 시대 우리 회사의 사명이라 믿는다.

새로운 문화의
창조자

실천으로 문화를 만들자

개인의 습관이 반복되고 전파되면 한 조직의 관행이 된다. 관행이 정착되면 문화가 된다. 그 문화가 모여서 문명을 이룬다. 이것이 역사 발전의 원리라고 한다. 개인의 작은 신념과 습관이 문명으로 발전하기까지 수많은 곡절을 거친다. 그때 굳건한 철학에 따른 일관성을 유지하며 실천으로 옮기는 것이 중요하다고 생각한다.

지금의 중동 지방은 기독교가 발흥한 지역이기도 하다. 곳곳에 과거 기독교 선교의 성지가 있지만, 지금은 그곳에 이슬람 사원이 지어졌다. 개신교인인 나는 이것이 인류 역사의 불행이라고 생각한다. 그런데 왜 그런 일이 벌어졌을까? 기독교 정신을 현실에서 펼치지 못했기 때문이 아닐까?

노예제 이후의 봉건 사회가 펼쳐지던 아랍과 유럽 세계에는 부자 영주들이 가난한 농노들을 가혹하게 다뤘다. 그 영주들이 신봉하는 성경에는 "그들을 형제처럼 대하고 소유한 것을 공평하게 나누라"고 기록돼 있는데도 말이다. 자신의 이익만을 중시하는 영주들은 이 가르침을 대수롭지 않게 받아들였다. 종교의 가르침을 외면한 채 착취를 거듭했던 것이다.

이슬람의 창시자 마호메트는 이런 모순을 파고들었다. 그는 성경이 가르치는 바를 강조했다. 그는 「레위기」 25장 23절을 부르짖었다. "토지를 영구히 팔지 말 것은 토지는 다 내 것임이니라 너희는 거류민이요 동거하는 자로서 나와 함께 있느니라."

토지가 사람의 소유가 아니라 신의 것임을 선언한 마호메트는 수탈로 신음하던 약한 사람들의 마음을 파고들었다. 소작인들이 불길처럼 모여들었다. 이렇게 해서 이란, 이라크, 이집트 등이 삽시간에 이슬람 국가로 변했다.

유럽인들은 기독교인이라 자부하면서도 성서의 교훈을 생활 속에 받아들이지 않았다. 그래서 그 빈 자리에 생각지도 못했던 다른 것들이 파고들었다. 이슬람 혁명, 농민 혁명, 노동자 혁명, 공산주의 등이 발호하게 된 것이다.

지금도 세계 곳곳의 기독교는 형식적 틀로서 종교만 남고 진정한 신앙이 사라져가고 있다. 대표적 기독교 국가 영국에서는 성공회 예배당이 팔려나가고 있다. 교인이 없어서 그렇다. 팔려고 내놓아도 사는 사람이 없어서 이슬람 교인들이 산다. 그리고 그 건물을 이슬람 종교 시설인 모스크로 바꾼다. 지금 영국에는 예배당이 모스크로 변한 곳이 530곳이나 된다고 한다.

아무리 좋은 정신도 생활 속 실천을 통해 문화로 정착시키지 못하면 무용지물이 된다. 찻잔 속의 태풍으로만 존재하는 가르침이 세상을 바꿀 수는 없는 노릇이다.

성숙을 상징하는 숫자, 13

○─○

2019년 9월 12일이 지나면 A+그룹은 창업 13년차를 맞이한다. 그런데 이 '13'이라는 숫자가 묘하고 신비롭게 느껴진다. 서양, 특히 성경의 전통에서는 13이 불길한 숫자라고 알려졌는데, 이것은 오해에서 비롯된 것이 아닐까 생각해본다. 성경은 13에 긍정적인 의미를 부여하기 때문이다. 주로 성장과 성숙을 뜻한다.

유대인 남자아이들은 13세 때 '바-미쯔바Bar Mitzvah'라는 성인식을 치른다. '율법의 아들'이라는 뜻을 지닌 바-미쯔바 의식을 치르면 유대교 율법을 전수한 것으로 인정받는다. 그리고 이때부터 공동체의 일원으로서 어른들과 함께 중요한 일들을 의논하고 토론하며 참여할 자격을 얻게 된다. 즉, 13이라는 숫자는 충분히 교육받고 성숙하여 유업을 받게 되는 나이를 뜻한다. 성경에는 예수께서 12세에 성전에 갔다고 기록되어 있는데, 바-미쯔바 의식 이전의 교육 과정으로 짐작된다.

아브람은 86세에 아내의 여종인 하갈을 통해 이스마엘이라는 아들을 낳는다. 그리고 그로부터 13년이 지난 99세 때 천사로부터 아내에게서 적장자 '이삭'이 태어난다는 예언을 듣는다. 이때 할례를 하고 이름도 아브라함으로 바꾼다. 그로부터 1년 후 이삭이 태어난다. 아브라함에게 13년은 열국의 아버지요 믿음의 조상으로 진정한 성숙과 변화를 이루기 위한 준비 기간이었다.

요셉은 17세 때 신비로운 꿈을 꾸고 그것을 형제들에게 이야기했다가 미움을 산다. 결국 이집트에 노예로 팔려간다. 요셉은 보디발 장군의 노예로 10년간 일하고 모함을 받아 2년간 옥살이를 한다. 그런 후에 왕의 꿈을 해석하고 총리에 오른다. 그의 나이 30세 때이다. 아마도 요셉은 수석 노예로 일하면서 행정을 익혔을 것이며 왕실 감옥에서 인맥을 쌓았을 것이다. 12년간 총리가 될 준비를 했다는 뜻이다. 요셉에게 13은 준비와 훈련을 마치고 새로운 사명을 받는 시간이다.

다윗은 대략 17세 무렵에 사무엘로부터 기름 부음을 받았다. 그리고 골리앗을 쓰러뜨리고 왕과 국민의 사랑을 받았다. 하지만 얼마 지나지 않아 권력 위기를 느낀 사울 왕을 피해 오랜 도망자 생활을 해야 했다. 그런 인고의 세월을 거친 후 30세 때 왕위에 오른다. 다윗에게도 13년은 훈련과 연단기를 마치고 왕으로 새로운 사명을 시작하는 시간이다.

기독교를 탄압하던 사울은 기독교인들을 잡으러 다마스쿠스로 가는 길에서 예수님을 만나고 회심한다. 그리고 바울로 이름을 바꾼다. 바울이 회심 후 바로 사도의 직분을 받아 선교에 나선 것은 아니다.

아라비아 광야에서 3년, 고향 다소에서 10년이라는 영적 수련을 거친 후에 안디옥 교회를 섬기게 되고 비로소 선교에 나선다. 바울에게도 13년은 새로운 사명을 받기까지의 시간이 된다.

나는 이렇듯 특별한 13이라는 숫자에 깊은 매력을 느낀다. 우리 회사가 맞이하는 13년차도 성경 속 위대한 인물들의 13년차와 비슷하기를 바란다. 준비, 교육과 훈련, 연단과 성장을 모두 마치고 한 단계 높은 사명과 유업을 받았던 그들처럼 13년차의 A+그룹은 새롭고 차원 높은 사명을 받아들여야 할 것이다. 잘 준비되고 외형과 내실이 모두 성숙한 기업으로서 크고 아름다운 유업을 잇고자 한다.

문화 혁명을 이루는 기업

나는 우리나라가 인류 문화를 변화시키는 중대한 사명 앞에 있다고 믿는다. 20세기가 저물고 21세기가 찾아온 지 19년이나 됐다. 20세기 인류 사회의 획기적 사건 중 하나는 일본의 성장이다. 아시아의 작은 섬나라이며 패전국인 일본이 유럽 국가들을 제치고 경제 대국으로 성장한 것은 이변 중의 이변이다.

21세기는 미국과 중국이 패권 전쟁을 펼치는 혼란한 상황이 전개되고 있다. 어려운 상황이지만 한국에 새로운 도전 기회가 주어졌다고 볼 수 있다. 남북 간의 평화와 통일을 이루고 민족이 쌓아온 잠재력을 실현한다면 인류를 위해 큰일을 할 수 있을 것이다.

토지의 독점적 소유와 수탈로 분열과 파멸을 겪었던 아랍 사회와는 달리 대한민국은 건국 초기에 기틀을 잡았다. 1949년 농지개혁법農地改革法을 통해 농지를 농민에게 적절히 유상 분배함으로써 자영농 육성과 농업 생산력 증진이라는 과제를 이뤘으며 사회 분열의 씨앗을 없애버렸다. 북한 공산주의자들이 대중 속으로 파고들 여지도 차단했다. 특히 사회주의자인 조봉암을 초대 농림부 장관으로 임명하고 그가 토지 개혁을 추진하도록 맡긴 것은 놀라운 결정이라 할 수 있다. 이렇듯 우리는 세계사에 유례를 찾기 힘든 토지 개혁으로 새로운 나라의 틀을 세웠던 자랑스러운 역사를 지니고 있다. 현장의 농민을 진정한 주인으로 일으킨 문화적 토대를 닦았다.

이제 기업에도 이런 문화가 자리 잡아야 한다. 나는 A+그룹의 구성원이 진정한 주인이 돼 착한 전문가로서 고객을 섬기는 문화가 완전히 뿌리내리기를 바라고 있다.

실제로 A+그룹의 주인은 임직원들과 현장 설계사TFA들이다. 설계사와 직원들이 중심이 된 소액주주 지분율이 55.64%이다. 회사 창업 후 몇 차례의 증자를 했는데, 이때 직원과 설계사들이 주주로 참여하게 한 결과이다. 직원과 설계사들이 절반이 넘는 회사 지분을 보유하고 있으니 진짜 주인인 셈이다. 이런 소유 구조는 단기 성과나 개인의 수당에 연연하기보다 주인 의식을 갖고 정도 영업을 통해 고객 만족을 실현하는 착한 마케팅을 펼치면 모두에게 득이 되는 결과를 얻을 수 있다는 신념을 실천으로 표현한 것이다.

착한 마케팅을 펼쳐 궁극적인 이익을 펼친다면 회사는 가치 있는 성장을 이룰 것이며 그 열매는 회사의 주인인 구성원 모두에게 돌아가는 구조 속에서 '착한 사람이 그리고 착한 기업이 이긴다'는 명제는 그저 구호로만 떠도는 허망한 신념이 아니라 실천 속에 문화로 굳어질 것이다.

이름을 바로 세우기

공자의 정치 철학은 '정명正名' 사상으로 요약된다. 이름을 바로 세운다는 뜻이다. 자신의 신분·지위·직업·사회적 책임에 걸맞게 행동해야 하며 자신이 내세운 가치에 어긋나지 않게 살아야 한다는 것이다. 구성원이 이름을 바로 세우고 이름값을 하고 살면 사회가 이상적 모습을 갖추게 된다고 한다. 이름에 어울리는 실천이 뒤따라야 한다. 그렇지 않으면 자신의 이름을 더럽히면서도 화려한 수수와 억지 논리 속에 숨는 위선에 빠진다. 이것은 수치스러운 일이다.

프랑스의 영웅 나폴레옹 보나파르트가 군대를 순시하던 때의 일이다. 병사들의 막사에서 보나파르트의 이름을 거론하며 비난하는 말소리가 들려왔다. 가만히 들어보니 자신이 하지도 않은 일을 가지고 험담을 하고 있었다. 나폴레옹은 화가 나서 그 막사로 들어갔다. 그리고 "왜 있지도 않은 일로 지휘관을 모함하는가?" 하고 따져 물었다.

그러자 병사들은 "장군님을 비난하는 게 아닙니다. 우리 부대에 보나파르트라는 병사가 있는데, 그가 사악하고 교활한 사람입니다. 사기를 치고 다니며 다른 사람들을 힘들게 하기에 그를 비난한 것뿐입니다"라고 대답했다.

그 말을 들은 나폴레옹이 알아보니 실제로 그와 이름이 똑같은 병사 하나가 있었다. 동료 병사들이 비난한 것처럼 행실이 매우 나빴다. 나폴레옹은 병사 보나파르트를 불렀다. 그리고 이렇게 말했다.

"보나파르트라는 이름을 더럽히지 말게. 이름을 바꾸든지, 행동을 바꾸든지 둘 중 하나를 하게. 이건 명령일세."

나는 이 이야기를 우리 조직에 그대로 적용하고 싶다. 착한 기업 구성원이라는 이름에 걸맞게 살아야 한다. 그 숭고한 이름을 더럽혀서는 안 된다. A+그룹 구성원이라면 고객의 유익을 최우선으로 삼는 가치를 실제 업무 과정에서 실천해야 한다. 작은 부분에서 편법과 부정이 개입해서는 안 된다. 이렇게 착한 마케팅을 하는 사람만이 A+그룹의 구성원이라는 이름을 갖게 된다. 혹시라도 우리 조직 안에 눈앞의 이익에 매달려 착한 마케팅의 사명을 망각하는 사람이 있다면 그는 둘 중 하나를 선택해야 한다. 진정으로 착한 사람이 되거나, 아니면 회사를 떠나거나.

A+그룹이 걸어온 길 그리고 나아갈 길

A+그룹의 발자취

A+그룹은 보험 판매를 주력 사업으로 한 A+에셋을 모태로 발전을 거듭해왔다. 창업 초기부터 글로벌 금융위기라는 대외 변수와 만났으며 이후 계속 되는 경제 침체 환경에 처했지만 '착한 마케팅'을 기치로 삼고 고객과 함께 성장했다. 정직과 투명성을 바탕으로 고객에게 가장 유리한 선택을 제공한 것이 우리가 악조건에서 성장을 이룬 원동력이었다.

시장 환경의 급변 속에서도 우리의 착한 경영은 계속 될 것이며 새로운 시대에 부응하는 혁신을 이뤄내고자 한다.

A+에셋은 2007년 9월 금융 시장의 행복한 변화를 위한 첫발을 내딛었다. 1호 지점으로 서울지점을 개설했다. 그리고 전문적인 고객 서

비스와 마케팅 지원을 위해 그해 10월 CFP(국제 공인 재무설계사)센터를 야심차게 발족했다.

2008년은 고객 중심적 서비스 다각화를 이룬 해였다. 업계 최초 오더 메이드 보험 상품 'A+에셋 프리미엄(흥국생명)'을 개발해 판매하기 시작했다. 2월에는 설계사 교육을 위한 아카데미센터를 열었다. 창립 1년 만에 설계사TFA 1,000명을 돌파했다.

2009년에는 인재 육성을 위한 새로운 도전에 나섰다. 전산 시스템 'A+World'를 개발하고 계열사로 상조 서비스를 주력으로 하는 A+라이프를 설립했다. 신생 회사의 핸디캡을 딛고 계속 보험료 500억 원을 돌파해 업계를 놀라게 했다.

2010년에 새로운 도약을 위해 A+타워로 본사를 이전했다. 부동산 투자 자문을 위한 계열사 A+리얼티의 문을 열었다. 누적 고객 20만 명, TFA 1,820명으로 조직의 외형도 키웠다.

2011년에는 계열사 사업 안정과 신규 설립을 통해 그룹의 기반을 다졌다. A+라이프는 100억 원을 증자해 총자본금 200억 원으로 업계 최고 수준에 도달했다. 그리고 상조 브랜드 '효담'을 론칭했다. 이와 함께 보험 사고 조사 전문 회사인 A+손해사정과 대출 판매 전문 법인인 A+모기지를 설립했다. 13회차 유지율 93%를 달성했고 TFA 2,000명을 위촉했다.

2012년 고객 만족을 위한 힘찬 도약을 했다. 업계 최초의 보장 분석 전산 시스템인 TRD와 스마트폰용 영업 활동 지원 앱인 M-World 개발해 활용하기 시작했다. 사회봉사에도 적극 참여해 디지털조선일보가 주관하는 '사회적 책임 경영 우수 기업'에 선정됐으며 A+사랑나 눔회를 설립해 독거노인 지원 사업을 시작했다.

2013년 금융 시장에 '따뜻한 금융 착한 마케팅'을 선포했다. 경영 철학을 담은 책을 통해 회사의 가치를 본격적으로 드러냈으며 그해 6월 제2의 창업을 선언했다. 또한 건강관리 서비스 회사인 AAI헬스케어를 설립했으며 업계 최초로 2030세대를 위한 선진국형 보험 설계 전산 시스템 개발을 마쳤다.

2014년 금융권과의 제휴를 활발히 전개했다. 업계 최초로 고객 대상의 헬스케어 서비스를 시작했으며 영업 지원 모바일 홈페이지 'My Smart Home'을 열었다. 그해 12월부터 업계 최초로 인포모셜 광고를 시행했다.

2015년에는 '착한 보험 119 A+에셋'이라는 브랜드를 론칭했다. 길용우를 모델로 한 인포모셜 TV 광고를 진행했으며 그해 3월 초 49억 원의 신기록을 세웠다. 발달장애인 가족사진 촬영 및 후원 협약을 체결하는 등 사회봉사에도 깊은 관심을 두었고 독거노인 보호 유공자 보건복지부 장관상을 받기도 했다.

2016년에는 서초 나라종금빌딩을 매입해 새로운 강남 사옥 시대를 열었다. 그해 3월 초 61억 원을 달성해 기록을 갱신했고, 11월에는 대한민국 봉사 대상과 기획재정위원회상을 받았다.

2017년, A+에셋타워 신사옥으로 이전했다. 4월에는 진대제 전 장관이 이끄는 사모펀드PEF 운용사 스카이레이크인베스트먼트와 주식 매매 계약 등을 포함한 500억 원 규모의 투자 계약을 체결했다.

2018년, A+그룹은 전 계열사가 흑자를 기록하는 성과를 올렸다. A+에셋은 2018년 한 해 동안 환산 업적은 전년 수준인 월평균 21억 원에 머물렀으나 본사 간접비 축소 운영, 임차 비용 효율화 등을 통한 획기적인 비용 절감으로 영업이익이 사상 최대인 200억 원을 넘음으로써 GA 업계 최고의 실적을 보였다.

착한 마케팅을 나타내는 대표 지표인 불완전판매율은 2017년 0.61%에서 2018년 0.2%대로 대폭 개선됐고, 13회 유지율이 90%를 웃도는 획기적인 질적 성장을 이뤄냈다. 또한 TRD를 통해 데이터를 기반으로 한 영업 인프라를 만들어왔다. 13회 유지율이 글로벌 선진 보험사 지표인 96%에 약간 못 미친 것이 아쉬운 점이다.

A+라이프는 2018년, 총 250여 개 대형 법인 및 교회 등과 계약을 체결해 의미 있는 업적을 이뤘으며, 성공적인 증자를 통해 지급 여력 비율 157%로 상조 업계 최고의 재무 안정성을 갖췄다. 고객 부금 예치기관도 공제조합에서 신한은행의 지급보증으로 변경해 고객의 자산을 더욱 안정적으로 관리할 수 있게 됐다.

AAI헬스케어는 NHN그룹과 재계약을 하고 삼성화재와 92만 고객을 대상으로 신규 계약을 체결함으로써 21개 고객사, 가입 회원 수 150만 명을 보유한 명실상부한 최고의 헬스케어 전문 회사로 발돋움했다.

A+리얼티는 2018년 중국 대사관저 신축 부지 중개 계약을 성사시켰으며 부동산 중개 전문 시스템을 마련하고 업계 전문 인력을 영입하는 등 도약을 위한 인프라를 구축했다.

A+모기지는 정부의 강력한 대출 규제에도 불구하고 대출 판매 금액 4조 원이라는 역대 신기록을 달성해 7년 연속 흑자를 이뤄냈다.

이처럼 A+그룹의 모든 계열사는 그 위상과 브랜드를 크게 알리며 획기적인 성과를 이뤄냈다.

혁신의 방향성

A+그룹은 '금융 상품 종합 백화점'의 기존 사업 영역을 넘어 보험을 기반으로 한 고품격 라이프 케어 그룹을 비전으로 삼았다. 우리의 사명은 '고객을 행복하게' 하는 것이다. 이를 위해 우리는 웰스케어Wealth Care, 헬스케어Health Care, 에이징케어Aging Care(노후지원)의 3개 영역에서 고품격 서비스를 제공하고자 한다. 계열사 중 A+에셋과 A+리얼티, A+모기지는 웰스케어를, A+라이프와 AAI헬스케어는 헬스케어를, A+라이프와 A+효담 라이프케어는 에이징케어를 맡아 각각 힘을 쏟고자 한다.

세계 경제는 불확실성에 처해 있다. 주요 선진국의 통화 긴축으로 신흥국의 금융 시장 불안이 예상되고 있으며 미·중 무역 분쟁 장기화로 인한 경기 둔화 등으로 실물경제의 위축과 금융 시장 불안이 지속될 것으로 보인다. 국내 경제도 투자 부진, 수출 둔화, 고용 부진 등으로 중장기적으로 침체 국면에 접어들 것이라는 어두운 전망이 나오고 있다. 1인 미디어, 1인 마켓이 빠르게 확산되면서 소비자의 가치관이 변하고 있음도 예의주시해야 한다.

또한 4차 산업혁명과 기술 융복합의 빠른 진화로 산업의 의사결정이 철저히 데이터로 이뤄지는 시대가 가까워지고 있어 기업 간의 경쟁 구도가 근본적으로 바뀔 것이라 예측된다.

이런 환경에서 '100년 영속기업을 향한 글로벌 혁신의 A+그룹'을 모토로 경영 원칙을 수립했다.

A+그룹은 고객과 시장의 변화에 맞춰 사업 방식을 전면 혁신하려한다. 그동안 A+그룹은 '착한 마케팅'을 바탕으로 다른 회사가 따라올 수 없는 차별화된 서비스를 제공해 고객의 만족과 신뢰를 구축해왔다. 하지만 이에 안주하지 않고 새로운 창조와 혁신이 부가돼야 100년 영속하는 기업으로 발돋움할 수 있을 것이다.

먼저 데이터 기반의 비즈니스 혁신을 계열사 파인랩을 통해 추진할 것이다. 그룹이 보유한 빅데이터와 DTData Technology 기술, 7개 계열사 고유의 서비스를 융합해 4차 산업혁명 흐름에 맞는 다양한 고객 맞춤형 플랫폼을 조기에 구축·운영한다는 포부다.

또한 현장의 의견을 존중하고 현장과 소통하는 기업 문화를 만들 것이다. 경영 시스템과 운영 프로세스, 조직 구조 등 사업 운영 방식이 과거에 머물러 있다면 변화된 환경에 따라갈 수 없다. 따라서 본사에 집중된 의사결정 방식에서 벗어나 현장에서도 자유롭게 의견을 제시할 수 있는 열린 소통이 가능한 조직 문화를 이루려 한다.

고객과의 접점에서 취합한 문제점을 투명하게 공개하고 토론해 지속적으로 개선함으로써 회사 전체가 진화해나가는 기업 문화를 정착시킬 것이다.

착한 마케팅이라는 확고한 가치를 각인하고 최고의 전문성과 도덕
성, 성실성으로 무장한 구성원들과 함께 A+에셋은 변화와 혁신을 거
듭해 불황의 파고를 넘으며 착한 기업의 전형으로서 새로운 성공 모
델을 우리 사회에 제시할 것이다.

착함의 원리 | 착함善을 다시 생각한다

1 최광, 「다산 칼럼—두 가지 '용서받지 못할 罪'」, 《한국경제》, 2018년 4월 9일.

2 김낙훈, 「간디가 말한 일곱 가지 사회악」, 《다산저널》, 2018년 6월 22일.

3 차진호, 「'존경받는 직업' 소방관 3연속 1위」, 《동아일보》, 2016년 5월 17일.

4 https://namu.wiki/w/%EC%86%8C%EB%B0%A9%EA%B4%80%EC%9D%98%20%EA%B8%B0%EB%8F%84

5 〈SBS 뉴스〉, 2015년 6월 2일.

6 김선경, 「알고 쓰는 말글—알아야 면장한다」, 《경향신문》, 2014년 8월 21일.

7 김학준, 「묘지 팻말 사건의 충격」, 『매헌 윤봉길』, 동아일보사, 2008.

8 페터 비에리 지음, 문항심 옮김, 『페터 비에리의 교양 수업』, 은행나무, 2018, p.36.

9 랄프 왈도 에머슨 지음, 류시화 엮음, 「무엇이 성공인가」, 『지금 알고 있는 걸 그때도 알았더라면』, 열림원, 2014.

10 박철효, 「진짜 우정은 이런 것이다—박철효의 세상 이야기」, 『조은뉴스』, 2018년 1월 7일(정리 요약).

11 박시호, 〈박시호의 행복편지〉, happyletterpark.blogspot.com.

12 도종환, 「귀가」, 『부드러운 직선』, 창비, 1998.

13 석영중, 〈톨스토이 성장을 말하다〉(동영상 강의).

14 피터 드러커 지음, 이재규 옮김, 『경영의 실제』, 한국경제신문, 2006.

15 김삼웅, 『안중근 평전』, 시대의창, 2009(참고).

16 심훈·노자영, 『봄은 어느 곳에』, 범우사, 2007.

17 전성수, 『말씀으로 키운 자녀가 세상을 이긴다』, 두란노서원, 2009.

착함의 원리 II 미래는 착한 사람이 이끈다

18 김진홍, 〈구약성경과 페르시아 이야기〉, youtube.com/watch?v=veGDE
   9t6MOA

19 「혁신기업, 아마존의 明과 暗―조직의 학습 역량 vs. 승자 독식의 문화」,《리
   더스 경제》, 2019년 4월 17일(참고).

20 오종탁, 「짙어지는 인구소멸 그림자」,《시사저널》, 2019년 2월 27일(참고).

21 이기훈, 「신생아 1명당 1억? … 저출산 예산 30조 돌파」,《조선일보》, 2018년
   5월 21일.

22 김충령, 「미·중 무역 분쟁 피해 한국이 둘째로 클 것」,《조선일보》, 2018년
   8월 21일.

22 무역협회 국제무역연구원, 「미·중 무역 분쟁에 따른 국가별 국내총생산GDP
   영향 비교」, 2018.

23 황정환, 「협력사로 번지는 '불황 도미노'…」,《한국경제》, 2018년 7월 24일.

24 양준영·고경봉, 「韓 먹여 살릴 산업, 中에 다 따라잡혔다」,《한국경제》,
   2018년 8월 6일.

25 임도원·구은서, 「자영업의 '비명'… 올해 100만 곳 폐업」,《한국경제》,
   2018년 7월 30일.

26 레나 모제 지음, 이주영 옮김,『인간 증발: 사라진 일본인들을 찾아서』, 책세
   상, 2017.

27 KBS 방송, 〈대화의 희열 2-박항서 편〉, 2019년 5월 11일.

착함의 원리 III 착하게 성공하라

28 마쓰시타 고노스케 지음, 남상진·김상규 옮김,『마쓰시타 고노스케, 길을
   열다: 마쓰시타 고노스케 경영의 지혜』, 청림출판, 2009.

29 김규동, 「해는 기울고」,『김규동 시전집』, 창비, 2011.

30 성진혁, 「인터넷 독학으로 창던지기 우승」,《조선일보》, 2015년 8월 28일.

31 미즈키 아키코 지음, 윤은혜 옮김,『퍼스트클래스 승객은 펜을 빌리지 않는
   다: 비행기 1등석 담당 스튜어디스가 발견한 3%의 성공 습관』, 중앙북스,
   2013.

32 장석주, 「대추 한 알」, 『붉디붉은 호랑이』, 예지, 2005.

33 도종환, 「흔들리며 피는 꽃」, 『흔들리며 피는 꽃』, 문학동네, 2012.

34 조영탁, 「'인재의 숲' 조성한 경영의 신」, 휴넷(hunet.co.kr).

35 마셜 프래디 지음, 정초능 옮김, 『마틴 루터 킹』, 푸른숲, 2004.

36 로버트 마우어 지음, 김우열 옮김, 『오늘의 한걸음이 1년 후 나를 바꾼다』,
    더난출판사, 2006.

37 안톤 체호프 지음, 이상원 옮김, 「기우」, 『안톤 체호프 단편선』, 좋은생각,
    2003.

38 한스 베르너 리퀘르트 지음, 염정영 옮김, 『미루는 습관 극복하기』, 한스컨텐
    츠, 2006.

39 앨런 액슬로드 지음, 나선숙 옮김, 『두려움은 없다: 불굴의 CEO 루즈벨트』,
    한스미디어, 2004.

40 어니 젤린스키, 『모르고 사는 즐거움』, 중앙M&B, 1997.

41 메이허 지음, 김경숙 옮김, 『걱정하지 마라 90%는 일어나지 않는다』, 미래
    북, 2018.

42 마스노 순묘 지음, 김정환 옮김, 『9할: 걱정하는 일의 90%는 일어나지 않는
    다』, 담앤북스, 2014.

43 리더의 조건(https://story.kakao.com/ch/leader).

44 최진성, 『영업 대통령 최진실의 아름다운 열정』, 눈과마음(스쿨타운), 2009.

45 김상훈, 「경영 칼럼―마케팅이 '사기'가 아닌 '감동'이 되려면…」, 《조선일보》,
    2010년 9월 11일.

46 최재천, 〈귀뚜라미의 소통과 지식의 통섭〉, 차세대융합기술연구원 융합문
    화콘서트 강연 내용, 2012년 6월 13일.

47 한현구, 「거짓과 불신이 망국의 원인, 농담으로도 거짓을 말라」, 《아이굿뉴
    스》, 2019년 4월 12일.

48 이내화, 「외적 변수를 잘 읽어라」.

49 김진혁, 「삶 한가운데에서 한계를 이겨내는 방법」, 《브런치》, 2017년 7월
    19일.

50 이신영, 「하버드대의 영원한 멘토, "트랙 도는 경주마 아닌 야생마로 살라"」,
    《조선일보》, 2013년 3월 30일.

착함의 원리 IV **착한 리더로 섬기라**

51 정영호, 「서번트 리더십과 기업 경영」, 《월간CEO》, 2017년 5월.

52 유병주 · 김영희, 「서번트 리더십과 조직성과의 관계에 관한 연구」, 충남대학교. 2004.

53 김영식, 『장군의 전역사: 물과 땅과 바람과 불의 이야기』, 지식노마드, 2018.

54 편집부, 「직장인이 가장 좋아하는 리더는?」, 《IT WORLD》, 2011년 11월 1일.

55 스티브 라이치 지음, 정미우 옮김, 『메이저리그의 영웅들: 야구에서 인생을 배운다 』, 한스컨텐츠, 2006.

56 김영식, 앞의 책.

57 정두근, 『덕불고: 아무도 가지 않은 길』, 21세기북스, 2012.

58 김덕수, 『하늘에 새긴 영원한 사랑 조국: 공군조종사 오충현이 남기고 간 일기』, 21세기북스, 2013.

59 스튜어트 다이아몬드 지음, 김태훈 옮김, 『어떻게 원하는 것을 얻는가: 20년 연속 와튼스쿨 최고 인기 강의』, 에이트포인트, 2011.

60 「기업가 정신」, 〈네이버 지식백과―매일경제용어사전〉, 매일경제신문사.

61 이병철, 『호암자전: 삼성 창업자 호암 이병철 자서전』, 나남, 2014.

착함의 원리 V **메멘토 모리**

62 「이태석」, 『두산백과』(인용 및 일부 수정).

63 지미 카터 지음, 김은령 옮김, 『나이 드는 것의 미덕』, 이끌리오, 1999.

64 이지현, 「乙들에게 전하는 0.7 인생」, 《국민일보》, 2013년 5월 11일(참고).

65 조관일, 「멋지게 나이 드는 법―매력 신중년 5계명」, 《창의경영연구소 블로그》 (https://m.blog.naver.com/PostList.nhn?blogId=intecjo)

66 www.huffingtonpost.kr/2015/12/28/story_n_8887096.html

착한 사람이 이긴다

1판 1쇄 인쇄 | 2019년 7월 18일
1판 1쇄 발행 | 2019년 7월 25일

지은이 곽근호
펴낸이 김기옥

경제경영팀장 모민원 기획 편집 변호이, 김광현
커뮤니케이션 플래너 박진모
경영지원 고광현, 임민진
제작 김형식

디자인 제이알컴
인쇄 · 제본 민언프린텍

펴낸곳 한스미디어(한즈미디어(주))
주소 121-839 서울특별시 마포구 양화로 11길 13(서교동, 강원빌딩 5층)
전화 02-707-0337 | 팩스 02-707-0198 | 홈페이지 www.hansmedia.com
출판신고번호 제 313-2003-227호 | 신고일자 2003년 6월 25일

ISBN 979-11-6007-391-1   03320